Les institutions administratives

CHEZ LE MÊME ÉDITEUR

Collection Compact

droit

CHAGNOLLAUD Dominique, *Droit constitutionnel contemporain.*
Tome 1 : *Théorie générale. Les grands régimes étrangers*, 2001
CHAGNOLLAUD Dominique, *Droit constitutionnel contemporain.*
Tome 2 : *Histoire constitutionnelle. La Ve République*, 2001
COURBE Patrick, *Droit international privé*, 2000
DARCY Gilles, PAILLET Michel, *Contentieux administratif*, 2000
DEFRÉNOIS-SOULEAU Isabelle, *Je veux réussir mon droit*, 4e éd., 2001
JORGE Manuel, *Droit des affaires*, 2e éd., 2001
LEBRETON Gilles, *Droit administratif général*, 2e éd., 2000
MONIN Marcel, *Textes et documents constitutionnels depuis 1958*, 2001
PIEDELIÈVRE Stéphane, *Les sûretés*, 3e éd., 2001
PUIGELIER Catherine, *Droit du travail. Les relations individuelles*, 3e éd., 2001
VÉRON Michel, *Droit pénal des affaires*, 4e éd., 2001
VLACHOS Georges, *Droit public économique français et européen*, 2e éd., 2001

science politique

LERUEZ Jacques, *Le système politique britannique*, 2e éd., 2001
MAZET Pierre, *Aménagement du territoire*, 2000
MOREAU DEFARGES Philippe, *Les institutions européennes*, 6e éd., 2002
ROGER Antoine, *Les grandes théories du nationalisme*, 2001
SEILER Daniel-Louis, *Les partis politiques*, 2e éd., 2000
SENARCLENS Pierre (de), *La politique internationale*, 4e éd., 2002

Henri Oberdorff
Professeur des Universités
Directeur honoraire de l'Institut d'études politiques
de Grenoble

Les institutions administratives

3e édition

2002

ARMAND COLIN

Ouvrage sous la direction de Guy Hermet

DALLOZ

31-35 rue Froidevaux, 75685 Paris Cedex 14

Principales abréviations

AAI	Autorité administrative indépendante
AJDA	*Actualité juridique de droit administratif*
Arr.	Arrêté
art.	Article
CADA	Commission d'accès aux documents administratifs
chron.	Chronique
CGCT	Code général des collectivités territoriales
Circ.	Circulaire
CJCE	Cour de justice des Communautés européennes
CNIL	Commission nationale informatique et libertés
COB	Commission des opérations de bourse
CSA	Conseil supérieur de l'audiovisuel
DATAR	Délégation à l'aménagement du territoire et à l'action régionale
Décr.	décret
Décis.	Décision
Doc. fr.	Documentation française
doctr.	Doctrine
Gaz. Pal.	*Gazette du Palais*
GACE	*Grands avis du Conseil d'État*
IR	Informations rapides
JO	*Journal officiel*
L.	Loi
Prem. min.	Premier ministre
RFAP	*Revue française de l'administration publique*
RFDA	*Revue française de droit administratif*
RFSP	*Revue française de science politique*
somm.	sommaire
UE	Union européenne
v.	voir

Introduction

L'Administration est composée d'un ensemble de structures aux fonctions très variées. Elles ont toutes un dénominateur commun, la satisfaction de l'intérêt général et la gestion de la chose publique. Au premier abord, on est frappée par la diversité et la complexité du paysage institutionnel et administratif français. On évoque à son égard *l'appareil administratif* ou de *la machine administrative*.

Pour commencer, il est indispensable de donner quelques précisions méthodologiques, afin d'éviter les confusions, les erreurs d'appréciation, surtout en ces temps de brouillage idéologique. En plus, il est important de ne pas comparer de manière factice ou superficielle les institutions qui appartiennent, soit à la sphère publique, soit à la sphère privée.

❑ *Une première précision* concerne le terme d'institution. Elle évoque une structure juridiquement organisée, dotée de compétences, de moyens et de personnels, et chargée d'une mission ou d'une fonction. Elle est composée, soit d'un seul responsable, comme le Président de la République, le Premier ministre, le Médiateur de la République ou le maire, soit au contraire d'une collectivité responsable comme le gouvernement, le conseil général ou le conseil municipal. Elle a des compétences générales comme le Premier ministre, le préfet ou le maire ou au contraire des compétences spécialisées comme le ministre ou le directeur départemental d'un service déconcentré. Ces institutions ou ces administrations peuvent avoir une grande autonomie de fonctionnement ou être largement dépendantes de l'autorité centrale. Il s'agit donc de les étudier dans leur complexité et pas seulement de manière exclusivement juridique. L'étude fait appel non seulement au droit public et à ses catégories, mais aussi à la science administrative. La prudence scientifique s'impose, lorsqu'on connaît la difficulté de pénétrer de manière intime la réalité administrative.

❑ *La deuxième précision* concerne le caractère public de ces institutions ou de ces administrations par opposition à celles du secteur privé. Aujourd'hui, on distingue plus nettement la société civile de la société publique ou politique. Les institutions publiques appartiennent à l'espace public, les institutions privées à l'espace privé ou à la société civile. Les différences entre ces catégories d'institutions résident à la fois dans leurs fonctions, leurs missions et leur régime juridique. Ainsi, la notion de service public demeure pertinente, pour opérer une distinction entre le public et le privé, même si elle est parfois l'objet de vives critiques doctrinales. La notion d'intérêt général reste aussi très présente, car elle permet souvent de distinguer une activité publique d'une activité privée. Une institution publique a la plupart du temps pour mission la satisfaction d'un besoin d'intérêt général. Au contraire, une institution privée est plus tournée vers un intérêt privé au bénéfice de ses créateurs, comme par exemple les sociétés commerciales. Ces missions différentes justifient des régimes juridiques spécifiques. Une institution publique bénéficie souvent de moyens exorbitants du droit commun. Sa mission, ou sa finalité, explique sa soumission totale ou partielle aux règles du droit public : pouvoir normatif unilatéral, pouvoir contractuel spécifique, deniers publics, agents publics, usages préférentiels du domaine public ou de biens publics, caractère insaisissable des biens. À l'inverse, une institution purement privée ne peut utiliser que des règles de droit privé en matière de propriété, de contrats ou de responsabilité. Une liaison étroite existe entre la finalité de l'institution et son rattachement au secteur public et au secteur privé.

La distinction entre ces deux catégories institutionnelles peut se réaliser par référence à l'autorité initiatrice de l'institution. Elle est publique, si elle découle d'une initiative publique pour sa création, par une décision du parlement, du gouvernement ou d'une collectivité territoriale. Elle est publique si elle est dotée pour son fonctionnement de finances publiques ou d'agents publics. Elle est privée, s'il provient d'une initiative privée et dispose de ressources financières strictement privées.

Évidemment, le paysage administratif n'est pas toujours aussi clair. En effet, les différences semblent parfois s'estomper entre le public et le privé, par exemple lorsque les institutions publiques sont dotées *d'habits privés*, au plan juridique alors que la finalité de leurs activités reste publique. Cette démarche est employée pour faciliter le fonctionnement des activités concernées. C'est le cas des établissements publics industriels et commerciaux (EPIC) pour lesquels l'usage du droit privé est largement dominant. On parle alors de la gestion privée des services publics. Pour les usagers de ces services publics, la différence entre le privé et le public n'est plus toujours perceptible, sauf à se rappeler que le service reste public. Les exemples concrets sont nombreux avec : Électricité de France, Gaz de France, La Poste ou France Télécom (ce dernier exemple est devenu plus spécifique encore avec les évolutions récentes du droit des télécommunications). On peut aussi être en présence d'organismes privés chargés de la gestion d'un service public, comme dans le domaine de la sécurité sociale. À l'inverse, certaines activités privées assurent des missions qui les rapprochent beaucoup d'activités publiques, comme les activités caritatives, dans le domaine social ou médical.

❑ Enfin, *une troisième précision* est utile. Le terme d'institution publique fait référence à la fois à des institutions politiques et à des institutions administratives. Cela explique que les manuels et les ouvrages de droit public ou d'institutions n'évoquent pas directement les institutions publiques, mais d'un côté le droit constitutionnel, la science politique et les institutions politiques, de l'autre le droit administratif, la science administrative et les institutions administratives. Ce livre est plus particulièrement consacré à l'étude des institutions administratives.

Les institutions politiques découlent de notre organisation constitutionnelle. Elles permettent aux autorités politiques de disposer des moyens de gouverner ou de légiférer dans le cadre de l'État. Elles sont premières, puisqu'elles décident et orientent. Les institutions administratives constituent normalement des moyens au service du politique pour atteindre les objectifs qu'il a fixés. Elles sont secondes.

Cette distinction essentielle entre le politique et l'administratif ne rend pas forcément fidèlement compte de la réalité. Plusieurs institutions ont parfois à la fois une fonction politique et une fonction administrative. Cela est très net au sommet de l'État. Le Président de la République ou le Premier ministre sont des autorités politiques et administratives. Le Premier ministre a bien cette double fonction. Cela lui permet d'une part de gouverner, d'autre part de peser hiérarchiquement sur l'administration pour voir réaliser ses orientations de politiques publiques. Le ministre est également une autorité politique, comme membre du gouvernement mais aussi une autorité administrative comme chef d'une administration, un ministère. De leur côté, les autorités administratives ne peuvent mettre en œuvre des décisions qu'en ayant, aussi, un certain sens politique. Par exemple le préfet, autorité administrative, intègre, dans son action, des considérations qui relèvent du politique, sans pour autant devenir partisan. C'est la fameuse relation complexe du préfet et des notables. Le Conseil d'État, autorité administrative, conseiller et juge de l'administration, ne peut laisser totalement de côté des considérations politiques, surtout lorsqu'il doit conseiller le gouvernement. À son niveau, le droit n'est pas exclusif du politique, même s'il doit exclure une attitude partisane.

Ces précisions méthodologiques posées, l'observation des institutions publiques et de l'administration française incite à faire quelques constats généraux.

1. Un réseau d'administrations adapté à une société postindustrielle

L'administration publique française est très sophistiquée. Cette complexité peut être perçue de deux manières. Elle peut être assimilée à de la lourdeur, de l'opacité, de la bureaucratie, de l'inefficacité. Du fait de sa complexité, l'administration est parfois incompréhensible et impénétrable pour les administrés. On peut au contraire considérer qu'elle correspond bien aux exigences multiples d'une société complexe. L'administration est alors à l'image de la société, elle évolue au même rythme. Le réseau institutionnel est bien en adéquation avec une société postindustrielle. La France est l'un des États les plus développés du monde, son administration correspond alors à cette situation. Quatre approches permettent de caractériser globalement l'administration française.

a) Une approche fonctionnelle de l'administration

Sur un plan général, on peut caractériser plusieurs grandes fonctions.

L'administration veille à l'ordre public. Il s'agit de garantir la paix et la sécurité publique indispensables à l'épanouissement des libertés individuelles et collectives et à l'existence d'une vie paisible en société. La notion d'ordre public est très riche. Sur un plan strictement juridique, elle fait référence à la police administrative et sa fameuse trilogie : tranquillité, sécurité et salubrité publique. Mais, on peut aussi la concevoir de manière plus vaste en l'étendant à l'ensemble des institutions et administrations qui concourent à l'ordre public et à la sécurité publique comme l'armée, la justice ou la police, mais aussi les administrations éducatives ou sociales.

L'administration participe à la création et à la gestion des services publics nécessaires à la collectivité, surtout lorsque l'initiative privée est défaillante. Cela amène la puissance publique à intervenir, d'une part grâce à des activités qualifiées de régaliennes (sécurité, défense, justice…), d'autre part dans beaucoup d'autres domaines (économique, social, éducatif et culturel…). L'intervention publique est plus ou moins importante suivant les conceptions du rôle de l'État ou des personnes publiques.

L'administration contribue aussi à réguler l'ensemble des activités privées. Cette régulation prend des formes variées, soit une réglementation, soit une administration directe ou indirecte. L'activité normative de l'administration est riche. Elle consiste à participer à l'élaboration de la loi ou produire des actes réglementaires. L'administration surveille aussi l'application du droit dans l'ensemble du pays.

Sur un plan spécialisé, l'extrême diversité des activités administratives est une grande caractéristique. Chaque administration a sa propre fonction, son propre fonctionnement et d'une certaine manière sa propre culture liée à sa tradition. On a pu, à juste raison, parler de l'émiettement administratif ou d'une administration en miettes. Il existe une véritable division du travail dans ce réseau d'administrations. Chaque compétence justifie alors une administration spécialisée. Cette forte spécialisation fonctionnelle est visible aussi bien au niveau des ministères ou des administrations nationales qu'à celui des services déconcentrés de l'État ou des collectivités territoriales.

b) Une approche organique de l'administration publique

D'un point de vue organique, l'administration se présente comme un ensemble d'institutions aux statuts ou aux règles de fonctionnement très variés.

C'est d'abord l'État et son administration centrale et territoriale. Ce sont ensuite les collectivités territoriales et leurs établissements publics. Les collectivités territoriales comprennent elles-mêmes plusieurs catégories : les communes, les départements, les régions, les collectivités spécifiques comme les départements ou territoires d'outre-mer. Ces collectivités ont créé des structures complémentaires pour leurs actions. Ainsi pour faciliter la coopération intercommunale, des structures spécifiques ont été mises en place comme les syndicats de communes, les communautés urbaines ou les communautés d'agglomération. Enfin, les établissements publics constituent d'autres formes organiques de l'administration française. Cette catégorie se décompose en plusieurs types d'établissements publics adaptés aux différentes missions de service public, comme les établissements publics administratifs ou les établissements industriels et commerciaux.

Il existe donc une multiplicité d'institutions, dont certaines sont dotées de la personnalité morale. Ces institutions administratives peuvent être liées entre elles de manière hiérarchique, comme c'est le cas de la plupart des administrations de l'État. Au contraire, elles peuvent bénéficier d'une autonomie de fonctionnement, comme c'est le cas pour les collectivités territoriales. Au sein de l'administration centrale, on trouve aussi des administrations autonomes, situées hors du système hiérarchique, comme les autorités administratives indépendantes.

L'administration peut donc être appréhendée comme un ensemble d'institutions spécialisées. Cet ensemble constitue en un vaste réseau administratif. Suivant la nature des relations que ces administrations entretiennent, des principes différents de contrôle et de fonctionnement s'appliquent.

c) Une approche idéologique de l'administration publique

Cette approche valorise la question de la légitimité de l'action publique. Il s'agit de s'interroger sur la place de l'espace public par rapport à la société civile ou sur les limites et la nature de l'intervention publique. De nombreux qualificatifs de l'État sont mis en avant pour décrire son intervention et celle de son administration : *État gendarme* ou *État providence, État acteur* ou *État régulateur, État instituteur, État stratège*. Les philosophies politiques libérale ou sociale-démocrate se divisent, notamment, sur le point de savoir quel type d'État est nécessaire pour la France. Elles représentent souvent la base idéologique de ce débat. Cette approche idéologique de l'administration publique concerne à la fois l'amplitude et les modalités de l'action publique.

L'amplitude de l'action publique par rapport aux attributions de la société civile est une question récurrente pour la légitimité de l'interventionnisme publique. Il y a plusieurs années un Premier ministre en formulait les termes dans une circulaire : « Respect de la société civile : La société civile admettra d'autant mieux l'autorité de l'État que celui-ci se montrera capable de la comprendre. Il vous faudra dissiper l'illusion qui voit dans l'intervention de l'État la solution de tous les maux, en vous efforçant de modeler, dans chaque domaine, sans parti pris, ni dans un sens, ni dans un autre, ce que doit être le "juste État". Il faut pour cela assigner à l'action de l'État un début et une fin, de sorte que l'on sache quand son intervention n'est plus nécessaire dans un domaine et doit en revanche se redéployer dans un autre » (Circ. Prem. min. 25 mai 1988 relative à la méthode de travail du gouvernement, *JO* 27 mai 1988).

De son côté, Michel Crozier a proposé une stratégie du changement de l'action publique autour de sa fameuse problématique de *l'État moderne, l'État modeste au service de la société* (2e éd., Seuil, 1991). Le Président de la République précisait, en 1996 : « Il s'agira de faire en sorte que, dans la continuité de la conception française du service public, l'État accroisse son efficacité pour mieux servir les citoyens, mieux jouer son rôle de garant de l'intérêt général, contribuer davantage au renforcement de la cohésion sociale et de la compétitivité globale de notre pays, les deux étant intimement liés. L'État n'a pas à être modeste. Ce sont ses serviteurs qui ont un devoir de modestie. L'État doit être grand » (vœux du Président aux corps constitués, *Le Monde* 5 janv. 1996). La crise de l'État providence, mise en relief par Pierre Rosanvallon, ne peut que renforcer les interrogations sur la légitimité et l'efficacité de l'action publique (*La crise de l'État providence,* coll. Points, Seuil, 1981).

L'approche idéologique se penche aussi sur les modes de l'action publique qui se déclinent en trois possibilités : faire, faire faire ou réguler les activités privées. Là encore un Premier ministre a explicité cette gamme d'action : « Au fur et à mesure que les acteurs sociaux, économiques et culturels se révèlent aptes à se saisir de tâches d'intérêt général, l'action de l'État doit passer de la gestion directe, au faire faire, du faire faire à l'incitation et de l'incitation à la définition des règles du jeu » (Circ. préc. de 1988). Les modes de gestion des services publics constituent une forme d'adaptation à ces préoccupations.

Depuis plusieurs années, sous l'influence de la pensée libérale, on assiste dans les États européens à une forme de reflux de l'intervention publique, soit complet avec les mouvements de privatisation, soit partiel avec une adaptation des modes de gestion, par exemple par l'abandon de la gestion directe et le recours plus fréquent à la délégation de service public. Cette amplitude de l'action publique connaît une évolution sous l'influence de la construction européenne et du développement, depuis le traité sur l'Union européenne, du principe de subsidiarité. Ce principe très ancien a de nouveaux adeptes (v. Chantal Millon Delsol, *L'État subsidiaire,* coll. Leviathan, PUF, 1992) qui valorisent la notion d'État subsidiaire. En simplifiant la signification de ce principe, il consiste à trouver le niveau le mieux adapté à la gestion d'une activité. Il constitue donc un cadre renouvelé pour la division du travail entre l'espace public et l'espace privé. Mais d'un autre coté, les errements de certaines privatisations ou les dysfonctionnements de grands services publics privatisés font s'interroger sur la validité de formules trop libérales.

d) Une approche concrète de l'administration publique

L'importance de l'administration française se mesure concrètement au travers de quelques chiffres significatifs sur le nombre d'agents publics, de structures ou sur les budgets publics. L'importance du nombre des agents publics, fonctionnaires ou pas, est révélatrice du poids de l'administration dans notre société. Cet « appareil corporatif », comme le qualifie Jean-Louis Quermonne (*L'appareil administratif de l'État*, Seuil, 1991, p. 129) est si riche qu'il est difficile de le cerner dans sa totalité. Il n'est pas faux de dire que l'État ne connaît pas précisément le chiffre exact d'agents qu'il emploie à un moment donné. Il ne peut indiquer que le nombre d'emplois prévus chaque année au budget (v. Cour des comptes, *Rapport sur la fonction publique de l'État*, 2000). Les chiffres généralement cités font donc plutôt référence aux effectifs budgétaires. Ils sont issus du Rapport annuel de la Direction générale de l'Administration et de la fonction publique, plus précisément celui de 2001 consacré à la Fonction publique et la réforme de l'État (*Rapport annuel mars 2000-mars 2001*, Doc. fr. 2001).

Ainsi, on peut dénombrer, en 2001, pour la fonction publique d'État, 2 123 146 emplois budgétaires auxquels il faut ajouter les 455 000 agents employés, depuis la réforme de ce secteur, par La Poste et France Télécom. Ces personnels disposent d'un statut spécifique et ne sont plus directement comptabilisés dans les statistiques par le ministère de la Fonction publique. Les ministères les mieux dotés en personnel sont les suivants : Éducation nationale, 1 085 954 agents dont 954 232 pour l'enseignement scolaire ; Défense nationale, 424 767 pour le personnel civil et militaire sans comprendre les appelés ; Économie et finances, 179 705 agents ; Intérieur, 163 892 agents. Les établissements publics nationaux disposent de 252 995 agents. De son côté, la fonction publique territoriale est dotée de 1 507 300 agents (effectifs réels au 31 déc. 1998). Enfin, la fonction publique hospitalière représente près de 857 000 agents (effectifs réels au 31 déc. 1998). Ces chiffres montrent le poids de la fonction publique dans la population active de la France, 21,4 % de l'emploi total (31 déc. 1998), le rôle déterminant des employeurs publics, mais aussi expliquent le développement de multiples corporatismes dans l'administration française.

Les institutions elles-mêmes peuvent être dénombrées. L'État constitue, au nom de l'unité juridique, une seule personne publique. Mais, il dispose de multiples structures, soit d'administration centrale, plus de 450 sous-directions, plus de 2 000 bureaux, soit d'administrations déconcentrées, 100 préfectures et 233 sous-préfectures d'arrondissements (sans compter celles des chefs-lieux de département). Les collectivités territoriales sont très nombreuses en France, 36779 communes, 100 départements (96 en métropole, 4 DOM), 26 régions (21 en métropole, la collectivité territoriale de Corse et 4 outre-mer) auxquelles il faut ajouter les territoires d'outre et les collectivités à statut particulier. Il faut ajouter le très grand nombre d'établissements publics nationaux ou locaux.

Les budgets publics sont révélateurs de l'importance des administrations publiques comme des priorités des grandes politiques publiques. La dépense totale du budget général de l'État, prévue à la loi de finances de 2002 est de 316 milliards d'euros. La répartition pour les secteurs les mieux dotés est la suivante (en euros) : Éducation, recherche et développement, 66,36 milliards ; Défense nationale, 36,92 milliards ; Emploi et solidarité, 37,92 milliards.

2. Un réseau institutionnel, héritier d'une longue histoire administrative

La France est un vieux pays. Les institutions d'aujourd'hui restent inspirées par des principes souvent posés depuis des siècles. La continuité administrative est surprenante. Elle contraste avec la discontinuité politique et constitutionnelle. On a pu parler à juste raison de la permanence *d'une constitution administrative* de la France. L'observation de cet héritage administratif, explique mieux, comme en d'autres domaines, le paysage administratif actuel. Notre administration connaît des strates successives comme en géologie. Même lorsque des révolutions sont intervenues, elles n'ont pas nécessairement fait table rase des principes ou des structures de l'administration ancienne. Sur ce point aussi, Alexis de Tocqueville avait raison, en analysant l'Ancien Régime et la Révolution. Les apparentes ruptures n'ont pas éliminé toute forme de continuité.

Cette tradition administrative est liée à la conception française du rôle de l'administration publique. Pour François Burdeau, « en France, l'administration a constitué l'État » (*Histoire de l'administration française du XVIII*[e] *au*

XXe siècle, Montchrestien, 1994, p. 19). Une grande partie de l'exception française réside dans la place singulière et décisive de l'État et de son administration. En effet, l'État a toujours été conçu non seulement comme un instrument d'ordre mais surtout comme un producteur de sens et de cohésion. Pour Pierre Rosanvallon, « l'État a construit et produit la Nation » (*L'État en France de 1789 à nos jours*, Seuil, 1990, p. 100). Chaque période de notre histoire a contribué à confectionner le système administratif français.

❑ *Sous l'Ancien Régime*, des souverains ou de grands serviteurs de l'État ont eu le souci de l'administration de la France, des noms viennent à l'esprit Louis XI, Richelieu, Louis XIV ou Colbert. La centralisation administrative a permis de parfaire l'unité du royaume. L'institution des intendants de finances, de justice et de police affirme l'autorité du pouvoir étatique et une certaine uniformité de gestion. On comprend alors facilement qu'elle ait donné par la suite naissance à l'institution préfectorale. D'autres institutions fondamentales de l'administration d'État voient le jour à cette période, par exemple le Conseil du Roi auquel succédera le Conseil d'État. Le principe de grands corps de l'État est posé avec la création en 1750 du service des ponts et chaussées. La division en département ministériel y est instaurée. Si la carte administrative de la France est d'une rare complexité, les paroisses, les provinces ou les pays préfigurent déjà les découpages actuels. À la fin de l'Ancien Régime, les éléments essentiels de l'administration sont en place, y compris le concept de bureaucratie qui apparaît dès 1780.

❑ *La Révolution, le Premier consulat et l'Empire* ont posé les bases de l'administration moderne, par certaines ruptures avec l'Ancien Régime, tout en assumant en même temps une relative continuité. La Révolution remet en cause l'appareil administratif de l'Ancien Régime. Elle rationalise et uniformise l'administration centrale et territoriale pour mieux unifier la France au nom du principe d'égalité. La création du département et son organisation administrative par la loi du 22 décembre 1789, la consécration et le régime de la commune par la loi du 14 décembre 1789 fixent la nouvelle organisation de l'espace national. Ces découpages demeurent déterminants encore aujourd'hui. Les grands débats sur les modalités d'organisation et d'administration du territoire, soit la centralisation administrative et son corollaire l'uniformité territoriale, soit la décentralisation et l'épanouissement des libertés locales, commencent à cette époque. Ils perdureront longtemps.

Napoléon, souvent considéré comme le père de l'administration moderne, consolide et poursuit l'œuvre révolutionnaire par la mise en place de nouvelles institutions administratives. La loi du 28 pluviôse an VIII (17 févr. 1800) établit ce que Jean-Jacques Chevallier appelle la constitution administrative française (*Histoire des Institutions et des régimes politiques de la France de 1789 à nos jours*, Dalloz, 1972, p. 120 ; nouvelle édition, A. Colin, 2001) avec le préfet dans le département, le sous-préfet dans l'arrondissement, les maires, le conseil de préfecture (ancêtre du tribunal administratif), le conseil général, le conseil municipal. Toute l'organisation administrative du territoire est ainsi construite. Le Conseil d'État devient une pièce maîtresse du système administratif français. Il va le demeurer jusqu'à maintenant. L'œuvre administrative de Napoléon touche de très nombreux secteurs de l'action publique, comme par exemple l'instruction publique avec la loi du 10 mai 1806 créant l'Université impériale et un appareil administratif complet avec les lycées, les facultés, les académies, les recteurs ou les inspecteurs d'académie.

❑ *Les monarchies constitutionnelles, la IIe République ou le second Empire* ont plus modifié l'organisation politique que l'organisation administrative même si des tendances décentralisatrices apparaissent. On assiste plus à des adaptations administratives qu'à des transformations fondamentales. Néanmoins chaque régime a apporté sa part institutionnelle. La Restauration crée l'Inspection des finances et la Caisse des dépôts et consignations. La monarchie de Juillet donne naissance au service public de l'instruction, aux concessions de service public ou au régime juridique de l'armée.

❑ *La IIIe République* contribue, à son tour largement, à l'édification de notre système administratif. Son œuvre est multiforme. Elle marque de son empreinte notre patrimoine architectural tant elle construit de bâtiments ou d'équipement publics. L'administration se voit, se montre. Elle aménage nos villes : écoles, lycées, universités, hôpitaux, casernes, musées, théâtres, préfectures, gares et chemins de fer. Elle stabilise et conforte l'administration décentralisée avec les lois de 1871 pour le département et de 1884 pour l'administration communale. Elle donne naissance, en 1872, à la justice administrative déléguée, donc au Conseil d'État moderne et au Tribunal des conflits. Cette nouvelle organisation de la juridiction administrative est à l'origine du droit administratif contemporain et de la jurisprudence. À cette époque se développe le fameux cœur à deux voix entre les grands juristes du Conseil d'État et de l'Université (Édouard Laferrière, 1848-1901 ; Maurice Hauriou 1856-1929 ; Léon Duguit 1859-1928). Les doctrines administratives se confectionnent. L'interventionnisme public se poursuit dans de nouveaux domaines, notamment économiques et sociaux, soit par la création de nouvelles administrations comme les ministères du commerce, de l'industrie, de l'agriculture ou du travail, soit par des pratiques comme le socialisme municipal, soit par la constitution de société d'État comme la Société nationale des chemins de fer (1937).

❑ Avec *la Libération et la IVe République*, l'État augmente ses interventions dans les secteurs économiques et sociaux en fonction des exigences de la reconstruction, mais aussi sous l'influence d'une conception renouvelée du rôle de l'État. Des nationalisations permettent d'étendre le secteur public. La sécurité sociale est créée. Une certaine rationalisation de l'action publique est mise en œuvre, soit par la consolidation du Secrétariat général du gouvernement, soit par la planification avec le Commissariat au Plan, soit avec la politique urbaine ou l'aménagement du territoire. La question de la réforme administrative est à nouveau à l'ordre du jour. L'ordonnance du 9 octobre 1945 en est la preuve. Elle donne naissance aux instituts d'études politiques pour démocratiser l'accès à la fonction publique, à l'école nationale d'administration (ENA) pour améliorer et uniformiser la formation des corps de hauts fonctionnaires, au corps d'administrateurs civils et à la direction générale de la fonction publique. La loi du 19 octobre 1946 organise le premier statut général de la fonction publique pour en unifier les règles, en professionnaliser et en démocratiser le fonctionnement.

❑ *La Ve République* a pour mission de donner à la France des institutions politiques permettant à l'État d'avoir de l'autorité. Il s'agit de procurer aux plus hautes autorités de l'État le pouvoir de gouverner réellement. Ce cap décisif a eu de nombreuses conséquences sur le plan de l'action publique et de l'organisation administrative, ce qui apparaît tout au long de ce livre.

3. Un appareil administratif, objet d'un procès permanent

La critique de l'administration est une constante du discours politique français. Elle est aussi malmenée par les administrés. Faire le procès de l'État et de son administration remporte toujours un certain succès, parfois démagogique, auprès des Français. Kafka, Balzac ou Courteline ont contribué, avec d'autres dans la littérature, à donner une image peu avenante de l'administration. Les ouvrages politiques ou scientifiques abondent sur ce thème. Les colloques aux titres évocateurs sont fréquents, sur ce thème : *Où va l'État ? Quel avenir pour l'État ? L'administration française est-elle en crise ?* Les campagnes présidentielles apportent leur lot d'interrogations ou de critiques sur la bureaucratie ou la technocratie. Cette attitude récurrente à l'égard de l'administration suppose l'existence d'une forme de modèle idéal d'administration publique. On peut en dessiner quelques traits : une administration qui rend les services qu'on attend d'elle avec compétence, efficacité, sans lourdeur excessive, sans secret inutile, sans arrogance déplacée en ayant le souci de sa propre évaluation.

Les « *maladministrations* » sont régulièrement dénoncées dans des rapports administratifs officiels comme ceux du Conseil d'État, de la Cour des comptes, du Médiateur de la République ou des inspections générales. La presse et les médias se font facilement les porte-parole des usagers mécontents des services publics. Des associations d'usagers des services publics s'organisent. Des travaux historiques ou sociologiques passent en revue les dysfonctionnements administratifs.

Par exemple, l'école française de la sociologie des organisations avec Michel Crozier a observé successivement : *Le phénomène bureaucratique* (Seuil, 1963), *La société bloquée* (Seuil, 1970) ou *L'État moderne-l'État modeste* (préc.). Pour les Xe et XIe plans, des analyses des administrations publiques et de l'État, après des diagnostics parfois sévères, proposent des modernisations : Commission sur l'efficacité de l'État dirigée par François de Closets et le rapport *Le pari de la responsabilité* (Commissariat au Plan, 1989) ; Commission Christian Blanc sur « État, administration et services publics de l'an 2000 » et le rapport *Pour un État stratège, garant de l'intérêt général* (Doc. fr., 1993). Une mission présidée par Jean Picq s'est interrogée sur les responsabilités et l'organisation de l'État. Elle a établi un rapport sur le thème : *L'État en France, servir une nation ouverte sur le monde* (Doc. fr., 1995).

Les critiques majeures portent tour à tour sur : le poids de l'État et de la machine administrative, le pouvoir administratif, la lenteur des procédures administratives, l'inertie ou l'impuissance publique, l'inflation normative, l'insuffisante transparence administrative, l'inadaptation des structures administratives, l'excessive centralisation et le corporatisme des fonctionnaires.

4. Une administration en permanente adaptation

La réforme de l'administration est un souci permanent des gouvernements. Ces derniers comportent souvent, ces dernières années, en leur sein un ministre plus particulièrement chargé de la fonction publique et de la réforme de l'État. Sur une période d'une vingtaine d'années, on peut aisément constater de permanentes adaptations. Cinq axes caractérisent les évolutions contemporaines de l'administration française.

La gestion des ressources humaines, ou de manière plus générale la gestion publique, a été modernisée. Les statuts de la fonction publique de l'État, des collectivités territoriales ou des hôpitaux ont été refondus ou adaptés en 1983 et 1986. Des préoccupations modernes de gestion des ressources humaines en milieu administratif sont venues compléter la traditionnelle gestion des corps et des carrières. Une meilleure adaptation des personnels aux emplois et aux métiers a été recherchée. Les techniques de gestion empruntées au secteur privé ont été transposées ou adaptées à l'administration comme le management public. L'évaluation des politiques publiques a été intégrée dans le processus décisionnel, même si elle est loin d'être totalement intégrée dans la culture administrative. Les technologies de l'information sont largement utilisées par les administrations jusqu'à y compris les systèmes d'aide à la décision. Le développement accéléré des sites Internet et Intranet dans les administrations marque une volonté de les mettre en phase avec les évolutions technologiques.

Les relations entre l'administration et les administrés ont été fortement améliorées par la reconnaissance de nouveaux droits mais aussi par une meilleure communication. Plusieurs lois importantes, ou textes réglementaires, sont intervenus pour construire ces nouvelles relations : la loi du 6 janvier 1978 sur l'informatique, les fichiers et les libertés ; la loi du 11 juillet 1978 sur la communication des documents administratifs ; la loi du 17 juillet 1979 sur la motivation des actes administratifs ; le décret du 28 novembre 1983 sur l'amélioration des relations entre l'administration et les usagers ; la loi du 12 avril 2000 relative aux droits des citoyens dans leurs relations avec les administrations. De leur côté, les politiques de renouveau du service public ou de réforme de l'État ont apporté des séries de modernisations. La communication publique s'est développée. Elle améliore la compréhension et la lisibilité de l'action publique.

Les mutations de l'administration concernent aussi la question de la distribution du pouvoir administratif dans le cadre de la décentralisation comme dans celui de la déconcentration administrative. À partir de 1982, au travers d'un impressionnant ensemble de lois et de règlements, un processus de décentralisation a été engagé afin de renforcer la démocratie et l'autonomie locales. Cette politique de décentralisation s'est opérée dans le cadre du principe constitutionnel de libre administration des collectivités territoriales, sans remettre en cause l'unité de la République. De nouveaux droits et de nouvelles libertés ont été attribués aux collectivités territoriales. La dernière étape de ces réformes est consacrée, notamment, à la démocratie de proximité avec la loi du 27 février 2002. Cette œuvre décentralisatrice concerne aussi bien les institutions que les compétences des communes, des départements et des régions. De son côté, l'État s'est engagé dans une politique de déconcentration de sa propre administration, de manière plus significative à partir de 1992, en rationalisant l'administration du territoire.

Le droit et le contentieux administratif ont aussi fait l'objet d'importantes évolutions. Plusieurs lois, notamment en 1987, 1995 et 2000, ont modernisé la justice administrative, aussi bien les institutions que les procédures. Elles en ont amélioré le fonctionnement, afin de mieux servir les justiciables dans des délais raisonnables. Cela est passé par la mise en place de nouvelles juridictions, comme les cours administratives d'appel, mais aussi de nouvelles procédures comme l'injonction, l'astreinte et surtout le référé adapté au traitement du contentieux administratif. Depuis quelques années, le droit, son usage et sa mise en œuvre font l'objet d'une attention particulière sur de nombreux points par une relative maîtrise de l'inflation normative, un recours systématique à la codification ou à l'évaluation des législations.

Enfin, nos administrations s'adaptent aux conséquences de l'appartenance de la France aux Communautés et à l'Union européennes. Le statut d'État membre induit de multiples effets. Il s'agit d'abord d'une adaptation des structures administratives pour mieux défendre et représenter les intérêts de la France dans la construction communautaire. Ensuite, les processus décisionnels nationaux se moulent aux exigences de la co-administration de l'Europe et des politiques communautaires. Enfin, l'Europe influence la philosophie générale de l'administration française en véhiculant une approche plus libérale qu'interventionniste. On en voit les effets notamment sur notre conception du service public. Certaines transformations récentes de grands services publics découlent assez directement de l'impact européen.

CHAPITRE 1

Les principes généraux de l'administration française

L'administration française est le produit d'une longue histoire qui lui a donné sa physionomie contemporaine. Elle a été confectionnée par strates successives pour s'adapter aux besoins de chaque époque. Mais, elle reste fondée sur des principes rarement remis en cause. Il est frappant de constater cette grande continuité administrative, y compris sur un plan conceptuel. Il est donc essentiel de présenter les principes généraux de l'administration française au regard des missions dont elle a la charge.

I. L'ancrage constitutionnel de l'administration

Cet ancrage constitutionnel est devenu essentiel compte tenu de l'importance contemporaine de la jurisprudence constitutionnelle. En effet, le pouvoir politique doit tenir compte de l'État de droit organisé par la Constitution et garanti par le Conseil constitutionnel, y compris dans l'organisation de l'administration publique.

Avant la Ve République, on évoquait régulièrement l'idée d'une « constitution administrative de la France » disposant d'une forme d'autonomie par rapport à la constitution politique. On pouvait alors considérer, avec une certaine perplexité, la discontinuité constitutionnelle et la continuité administrative. Cette permanence a permis la confection d'une théorie de l'État et de son administration sans nécessairement un ancrage constitutionnel très fort. Les composantes de cette théorie sont notamment les éléments suivants : la centralisation administrative, le pouvoir hiérarchique, le secret administratif, l'intérêt général et le service public, le principe de la légalité et le contrôle juridictionnel. Cette constitution administrative a présenté d'indéniables avantages. Elle a souvent permis une relative stabilité sociale malgré des soubresauts politiques. Elle a assuré la continuité des activités publiques, le pays étant alors plus souvent administré que gouverné. Mais, l'inconvénient de cette référence quasi exclusive à la constitution administrative réside justement dans la prééminence de l'administratif sur le politique, donc dans un impact limité des orientations politiques concurrencées par la continuité administrative. Néanmoins, si le rattachement reste plus modeste à la constitution formelle, le Conseil d'État, par son œuvre jurisprudentielle, contribuera à donner des assises juridiques à l'administration, à travers les principes généraux du droit ou la tradition républicaine, en se référant à la Constitution du moment.

Avec la Ve République, l'ancrage constitutionnel de nos administrations est plus déterminant, compte tenu de la place de la Constitution rappelée régulièrement par la jurisprudence du Conseil constitutionnel. On dispose de bases constitutionnelles plus solides aussi bien pour nos administrations que pour le droit public. La référence formelle à la Constitution est plus précise.

Plusieurs décisions du Conseil constitutionnel concernent directement les questions institutionnelles publiques, comme par exemple : les nombreuses décisions sur les lois de finances ; la décision 119 DC du 22 juillet 1980 sur la validation d'actes administratifs ; les décisions 132 DC et 139 DC des 16 janvier et 11 février 1982 sur les lois de nationalisation ; les décisions 137 DC et 138 DC du 25 février 1982 sur les lois de décentralisation ; les décisions 196 DC et 197 DC sur l'évolution de la Nouvelle-Calédonie ; la décision 248 DC du 17 janvier 1989 sur la liberté de communication ; les décisions 290 DC du 9 mai 1991 et 2001-454 du 17 janvier 2002 sur la Corse ; les décisions 308 DC, 312 DC et 313 DC des 9 avril, 2 septembre et 23 septembre 1992 sur le traité sur l'Union européenne (v. L. Favoreu et L. Philip, *Les grandes décisions du Conseil constitutionnel*, Sirey, 11e éd., p. 781). L'intérêt théorique de ces décisions de jurisprudence constitutionnelle est évident. La Constitution renferme une véritable théorie de l'État républicain, donc une philosophie de l'État. Le Conseil d'État n'est plus le seul détenteur de cette théorie. Le Conseil constitutionnel joue lui aussi un rôle essentiel comme interprète de la Constitution. Le contrôle de constitutionnalité des lois donne plus de réalité juridique à la Constitution en complétant notre État de droit. Cette théorie constitutionnelle de l'État contient plusieurs principes essentiels : l'unité républicaine, la séparation des pouvoirs, une répartition des compétences entre les pouvoirs, une délimitation des compétences publiques mêlant une tradition libérale (déclaration de 1789) à un certain interventionnisme public (préambule de 1946), une administration centrale et déconcentré, des collectivités territoriales de la République ou les conditions essentielles d'exercice de la souveraineté.

A. La Constitution et la distribution des pouvoirs

La Constitution de 1958 a été imaginée et conçue pour renforcer la puissance de l'État, dans sa facette exécutive et gouvernementale face aux évolutions du parlementarisme sous la IVe République. Pour le général de Gaulle, le régime des partis paraissait impropre au gouvernement et à la prise de décisions. Si elle maintient un système parlementaire, donc le principe de la séparation des pouvoirs, elle a le souci de l'efficacité de l'action publique. Cela ne facilite pas la qualification de ce type de régime : parlementaire rationalisé, semi-présidentiel ou présidentialiste. La Ve République renforce l'exécutif, rationalise le législatif et maintient plus une autorité judiciaire qu'un véritable pouvoir judiciaire.

L'ensemble de l'exécutif dispose d'un pouvoir supérieur à celui qu'il exerçait sous la IVe République. Le Président de la République est devenu la clé de voûte du régime non seulement par ses pouvoirs constitutionnels, mais aussi par sa légitimité acquise du suffrage universel. Il dispose d'une gamme étendue de pouvoirs : pouvoir de nomination du Premier ministre et des ministres, pouvoir réglementaire, pouvoir de dissolution de l'Assemblée nationale, pouvoir diplomatique, pouvoir de veiller à la continuité de l'État notamment en cas de crise, pouvoir militaire comme chef des armées. Ces pouvoirs lui permettent d'influencer profondément l'action publique, surtout dans les périodes politiques de concordance entre la majorité présidentielle et la majorité parlementaire. En effet, les périodes, dites de cohabitation, diminuent assez profondément l'influence du Président de la République. De leur côté, le Premier ministre et le gouvernement ont les moyens de gouverner réellement, par exemple en bénéficiant d'un important pouvoir réglementaire et d'une forte capacité d'influence sur le législatif à l'occasion de la procédure législative. En plus, ils disposent de l'administration et de la force armée pour mettre en œuvre l'action publique.

Le Parlement a bien la compétence de faire la loi et de contrôler l'action gouvernementale comme dans tout régime parlementaire. Mais le parlementarisme a été fortement rationalisé. Si la loi reste une norme fondamentale, elle a vu sa place modifiée depuis 1958. Cela n'a pas manqué d'influer sur le rôle et la place du Parlement. La loi est une norme encadrée par la Constitution qui en définit le domaine. La loi est contrôlée par le Conseil constitutionnel. Le dernier mot n'appartient donc plus forcément au Parlement.

La loi est conditionnée par le droit international, et surtout par le droit communautaire. Le législateur national est ainsi soumis aux exigences du droit communautaire qu'il doit appliquer. Le gouvernement peut intervenir directement dans la procédure législative, y compris en étant à l'origine de la très grande majorité des textes que le Parlement examine et vote. Les possibilités de contrôle du gouvernement par le Parlement sont amoindries par l'existence de majorités stables à l'Assemblée nationale, souvent de soutien au gouvernement.

L'autorité judiciaire est dotée des moyens juridiques nécessaires à l'exercice de ses fonctions sans avoir été érigée en un véritable pouvoir judiciaire. Des raisons historiques expliquent aisément cette situation un peu surprenante dans un pays démocratique. Il s'agit plus d'un grand service public de la justice bénéficiant de garanties d'indépendance pour ces magistrats, comme le principe de l'inamovibilité des magistrats du siège, que d'un pouvoir judiciaire au même titre que les autres. Dans les faits, des changements semblent en produire. Ils renforcent le rôle de l'autorité judiciaire.

B. La Constitution et le pouvoir normatif dans la République

La Constitution de 1958 opère une distribution du pouvoir normatif entre les autorités publiques. Elle procède à un encadrement général de ce pouvoir. Le pouvoir normatif est celui qui permet aux autorités politiques et administratives de prendre des mesures générales et impersonnelles qui bouleversent l'ordonnancement juridique. Les normes sont, soit des lois, soit des règlements qui s'imposent aux citoyens ou aux administrés à un moment donné. Les innovations les plus marquantes de la Ve République, parfois qualifiées de révolution juridique, ont été atténuées par la pratique et par les jurisprudences administrative et constitutionnelle, notamment la délimitation du domaine de la loi.

La Constitution encadre, de manière générale, le pouvoir normatif des autorités publiques en fixant les normes constitutionnelles à respecter. Elle est la source essentielle de l'État de droit qu'elle organise directement ou par référence à la tradition républicaine. La Constitution a inspiré successivement le Conseil d'État et le Conseil constitutionnel dans la recherche et la confirmation des principes généraux du droit, des principes fondamentaux reconnus par les lois de la République ou des principes à valeur constitutionnelle. Ces principes s'imposent aux autorités publiques à l'occasion de l'élaboration des normes législatives et réglementaires. La Constitution détermine aussi la hiérarchie des normes et en impose le respect.

La Constitution distribue le pouvoir normatif entre les institutions. Elle opère une répartition des compétences entre le Parlement et le gouvernement. Avec l'article 34, elle détermine un domaine de la loi réservé exclusivement au Parlement, en énumérant les matières qui le concerne. Elle fixe l'amplitude de l'intervention du législateur, qui définit, soit les règles, soit les principes fondamentaux suivant la nature du secteur concerné. Avec l'article 37, la Constitution détermine le domaine réglementaire en le concevant de manière large. En effet, le gouvernement dispose à la fois du pouvoir réglementaire d'application de la loi, mais aussi du pouvoir réglementaire autonome pour initier une action publique. Sa capacité d'intervention directe peut être accrue par le recours aux ordonnances prévues par l'article 38. Elle distribue aussi le pouvoir réglementaire entre plusieurs autorités ou le refuse à d'autres. Si le Président de la République et le Premier ministre sont titulaires du pouvoir réglementaire, les ministres n'ont pas de pouvoir réglementaire général sauf exception. En revanche, certaines autres autorités de l'État se voient reconnaître une parcelle de pouvoir réglementaire, comme les autorités administratives indépendantes.

C. La Constitution et l'administration publique

La Constitution et le bloc de constitutionnalité nous informent sur l'administration publique, ses structures, ses compétences et ses modes de fonctionnement. Cela constitue l'expression constitutionnelle de l'Administration publique selon la formule d'Albert Lanza (*L'expression constitutionnelle de l'Administration française*, LGDJ, 1984).

Il s'agit d'abord d'une référence générale à l'administration. La Déclaration des droits de l'homme et du citoyen de 1789, intégrée dans la Constitution de 1958, pose le caractère indispensable de l'administration publique, notamment des emplois publics et de leur mode de recrutement (art. 6), comme de la force publique (art. 13). Le financement de l'administration repose sur des fonds publics nourris par des contributions publiques (art. 14). Le contrôle de l'administration est indispensable, car « la société a le droit de demander compte à tout agent de son administration » (art. 15). La Constitution, de son côté, fixe la place de l'administration qui est au service du gouvernement (art. 20). Elle définit le lien de dépendance de l'administratif face au politique qui doit être la règle dans une démocratie. Par contre, elle ne se prononce pas sur l'organisation de l'administration centrale comme le nombre et les compétences des ministères. Elle laisse donc un large pouvoir discrétionnaire au Président de la République et au Premier ministre avec non seulement le soin de composer le gouvernement, mais aussi celui de distribuer des affaires publiques entre les ministères. Afin de stabiliser la structure gouvernementale, il est parfois proposé que son organisation soit fixée par la loi ou par une loi organique (J. Picq, L'État en France, servir une nation ouverte sur le monde, rapport précité).

La Constitution fixe ensuite les limites de l'intervention publique et donne un fondement constitutionnel aux grands services publics. Lorsque la classe politique s'interroge sur la place de l'État et disserte sur plus ou moins d'État, il est toujours utile de se reporter à la Constitution. En effet, elle détermine de manière assez précise les finalités de l'État comme puissance publique et comme organisateur de services publics. Par exemple, il revient à l'État de permettre la réalisation du droit à l'éducation et à la culture par l'organisation d'un service public de l'éducation, de l'école maternelle à l'enseignement supérieur. « L'organisation de l'enseignement public, gratuit et laïque à tous les degrés est un devoir d'État » (Préambule de 1946). De même, l'État a l'obligation de veiller à la santé publique. « La Nation garantit à tous, notamment à l'enfant, à la mère et aux vieux travailleurs, la protection de la santé, la sécurité matérielle, le repos et les loisirs » (Préambule de 1946). Il en découle l'obligation de création et de fonctionnement de grands services publics éducatifs, hospitaliers ou sociaux. La Constitution donne aussi à l'État des responsabilités de souveraineté comme rendre la justice, assurer la sécurité civile et militaire du pays ou promouvoir les intérêts de la France dans le monde.

Pour chacune de ces missions, il est indispensable de faire fonctionner des services publics, donc des administrations publiques adéquates. La notion de service public à fondement constitutionnel est riche de conséquences sur les frontières de l'État et ses modes d'intervention. La Constitution fixe les règles générales de fonctionnement des services publics : l'égalité devant le service public ou la nécessaire continuité du service public. La Constitution donne une orientation très claire sur les personnels employés par l'État et les collectivités publiques. Les emplois publics sont normalement occupés par des fonctionnaires ayant un statut. Là encore, on peut en déduire une série de conséquences. Le mode de recrutement doit être surtout le concours pour permettre le respect du fameux principe d'égalité. « Tous les citoyens étant égaux à ses yeux (la loi) sont également admissibles à toutes dignités, places et emplois publics, selon leur capacité, et sans autre distinction que celle de leurs vertus et de leurs talents » (Déclaration des droits de l'homme et du citoyen, art. 6). La relation entre l'État et ses employés doit être, dans la majorité des cas, statutaire et non contractuelle.

Plusieurs principes de l'organisation administrative du territoire découlent directement de la Constitution. Elle donne un fondement constitutionnel à la déconcentration par l'entremise du délégué du gouvernement dans chaque département, c'est-à-dire du préfet, en lui attribuant plusieurs fonctions essentielles : « la charge des intérêts nationaux, le contrôle administratif et le respect des lois » (art. 72).

Elle détermine aussi le principe de la décentralisation par l'intermédiaire des collectivités territoriales qui s'administrent librement par des conseils élus (art. 72). Ces collectivités sont les communes, les départements et les territoires d'outre-mer. Les autres collectivités peuvent être créées par la loi, comme c'est le cas pour les régions. Cette décentralisation doit se mouler dans le cadre d'un État unitaire, sans le remettre en cause. On a pu parler d'une « décentralisation à la française ».

Si le texte de la Constitution est parfois insuffisamment explicite sur l'administration publique, ses missions et son organisation, il reste au Conseil constitutionnel la possibilité de recourir à la technique du principe fondamental reconnu par les lois de la République pour donner un fondement constitutionnel à l'administration. Il a pratiqué de cette manière pour la justice administrative en rappelant, à l'occasion de ses décisions de 1980 et 1987, que son existence et ses compétences ont un fondement constitutionnel. En tout état de cause, l'ancrage constitutionnel de l'administration constitue une référence déterminante et permet de mieux comprendre aujourd'hui le système administratif français.

II. Les fonctions de l'administration publique dans une démocratie

L'administration gère des affaires. Dans la mesure où il s'agit d'une administration publique, elle le fait dans le cadre déterminé de la démocratie. Elle est au service des autorités politiques légitimes qui fixent les objectifs à atteindre. En même temps, elle est surtout au service de l'intérêt général des citoyens. Cela décompose les fonctions administratives en trois éléments essentiels.

A. L'administration et la gestion

Avant d'avoir une dimension publique, l'administration est d'abord organisée pour administrer et gérer des personnes, des biens ou des services, donc avoir une activité de gestion. Évidemment, puisqu'elle est publique, sa finalité est toujours l'intérêt général. À l'heure où le management a une importante primordiale dans les méthodes de gestion, considérer l'administration publique sous cet angle de la gestion est essentiel. Le détour par le dictionnaire est toujours utile : *administrer signifie fournir ce qui est utile, gérer des affaires publiques ou privées.*

Sous l'angle de la gestion, la différence n'est donc pas forcément si grande entre l'administration publique et l'administration privée, même si les finalités sont distinctes. On peut trouver des similitudes entre la fonction administrative publique et la fonction administrative privée. D'ailleurs au début du siècle, de célèbres études ont voulu poser les principes d'une gestion scientifique de l'administration des hommes et des services sans forcément se préoccuper de la distinction privée-publique : Henri Fayol avec *Administration industrielle et générale* (1917 réédité en 1970) ; Taylor avec *Les principes du management scientifique* (1911). Plus tard, l'école de la sociologie des organisations s'attache à étudier tout type d'organisation. Pendant longtemps, une vision trop spécifique de l'administration publique a empêché des comparaisons fructueuses, sur le plan de la gestion, entre le privé et le public, même s'il ne faut pas assimiler les deux logiques.

a) Une fonction subordonnée

La fonction administrative est subordonnée à la fonction de direction, donc à la fonction politique. Normalement l'administration n'a pas le choix des fins. Pour Jean Rivero, « Publique ou privée, la fonction administrative est donc, avant tout, une gestion… gérer n'est pas régir ; gérer, c'est porter, régir, c'est diriger. Porter : le mot suffit à assigner à la fonction administrative un caractère subordonné ; dans les caravanes de montagne, le porteur n'est pas le guide. L'administration n'inclut pas le choix des fins ; son rôle est de réunir et de mettre en œuvre les moyens nécessaires pour atteindre le but qui lui est assigné » (*La fonction administrative,* L'Encyclopédie française, t. X, *L'État,* 1964, p. 329). Comme on le dit parfois dans l'armée, l'intendance suivra. Cette fonction tournée vers l'exécution est convenablement remplie lorsque la fonction politique joue elle-même bien son rôle, en fixant effectivement des objectifs. La confusion ou l'inversion des rôles n'est pas bonne dans une démocratie.

b) La continuité administrative

La continuité administrative prolonge naturellement la continuité de l'État. On ne peut admettre une administration à éclipses. La gestion des affaires publiques ne peut se faire de manière intermittente. Cette permanence permet d'abord d'assurer le déroulement normal des rythmes démocratiques. Grâce à la continuité administrative, les alternances politiques peuvent se dérouler sans difficulté majeure pour la gestion des affaires publiques. On a pu l'observer en France, ces dernières années. Cette continuité est ensuite très précieuse pour les citoyens et les administrés. Elle constitue l'un des principes de fonctionnement des services publics. La continuité emporte enfin des conséquences sur les droits et les obligations des agents publics, notamment les fonctionnaires, par exemple dans l'exercice réglementé du droit de grève.

c) L'efficacité administrative

Pendant longtemps, on a faussement considéré que l'administration était si spécifique par sa mission que les questions de gestion ne devaient pas être au centre des préoccupations administratives. On rapprochait cela de l'absence d'impératif de rentabilité. Une forme de confusion était alors opérée entre rationalité, efficacité et rentabilité ou profit. Or, un service public, même gratuit pour l'usager, même non rentable au sens économique du terme, doit être convenablement géré. La gabegie, la mauvaise utilisation des deniers publics doivent être combattues justement au nom de l'intérêt général qui suppose une bonne gestion de l'administration. Des préoccupations gestionnaires ont incité régulièrement les pouvoirs publics à recourir successivement à des outils adaptés comme la rationalisation des choix budgétaires (RCB), le management public ou l'évaluation des politiques publiques. Évidemment, l'introduction du souci d'une bonne gestion se heurte parfois aux difficultés de quantification des activités de certains services publics, comme l'éducation, la culture ou la sécurité. Comment mesurer de manière satisfaisante l'efficacité d'un système éducatif ou d'une activité de police ? Et pourtant, il paraît indispensable de s'en préoccuper, malgré les difficultés spécifiques d'appréciation.

d) La complexité de l'action publique et la nécessaire coordination

La fonction administrative se décompose en une série d'activités qui concourent toutes à l'action publique dans un domaine déterminé. L'administration produit des règles, met en œuvre des activités et gère des personnes et des services. Elle contribue aussi, par certains de ses services à identifier des besoins. L'action publique s'est complexifiée dans la mesure où souvent elle consiste plus à conduire une politique publique qu'à gérer simplement une activité. Les analyses scientifiques des politiques publiques sont très éclairantes pour mieux comprendre le fonctionnement des administrations contemporaines (v. notamment Y. Meny, J.-C. Thoenig, *Politiques publiques*, PUF, Thémis, 1989, B. Jobert, P. Muller, *L'État en action*, PUF, 1987, P. Muller, Y. Surel, *L'analyse des politiques publiques*, Montchrestien, Clefs, 2e éd., 2000).

Par exemple, la politique de sécurité routière vise à réduire le nombre d'accidents et de morts sur les routes françaises. L'objectif politique est fixé. Pour l'atteindre, l'administration doit mettre en place une pluralité de mesures : produire des règles pour la circulation automobile (limitation de vitesse, ceintures de sécurité obligatoires, fixation de normes de consommation d'alcool pour les conducteurs...) ; création de services de sécurité ou de secours ; amélioration du réseau routier ou autoroutier. Si l'administration de la sécurité routière est une synthèse d'actions, elle suppose aussi la coordination suffisante de services publics.

La politique de la ville est un autre exemple. Elle a pour objectif global d'éviter la dégradation des conditions de vie dans les villes et notamment dans les quartiers, dits difficiles. Là encore l'objectif politique est défini, il reste à l'administration le soin de l'atteindre. Cette politique ne peut réussir que grâce à la coordination d'actions très complémentaires : regroupement des fonds publics consacrés à cette action ; coordination des actions de police et de sécurité ; développement d'actions sociales, éducative et culturelle ; mise en place d'équipements publics ; amélioration du cadre de vie et de l'urbanisme.

La politique d'aménagement du territoire permet la même démonstration. En effet, les lois de 1995 et de 1999 supposent une pluralité de mesures administratives : définition de directives territoriales d'aménagement, création de schémas régionaux d'aménagement et de développement du territoire et de schémas de services collectifs ; allocations de ressources aux opérateurs pour orienter le choix de leurs implantations...

Ces exemples montrent les exigences de la coordination entre plusieurs services et administrations aussi bien au niveau central que territorial. Une bonne qualité du découpage des affaires publiques entre les ministères et les administrations facilite grandement cette question primordiale de la coordination interministérielle.

B. L'exécution des décisions politiques

L'administration est au service du politique. Elle a un rôle second, donc une fonction d'exécution.

Les auteurs classiques font depuis longtemps ces distinctions entre le politique et l'administratif. Pour Macarel, « le gouvernement, pris dans son sens le plus large et qui est le plus vrai, c'est le pouvoir qui fait les lois, qui a pour mission spéciale de diriger la société dans les voies de son développement et de pourvoir sans cesse à sa conservation et à son bonheur. D'autre part, l'administration, c'est l'action vitale du gouvernement ; et sous ce rapport, elle en est le complément nécessaire : il est la tête, elle en est le bras de la société. L'autorité administrative est donc celle qui, par l'exécution des lois d'intérêt général, pourvoit sans cesse à la sûreté de l'État, au maintien de l'ordre public et à la satisfaction de tous les besoins de la société » (*Cours d'administration et de droit administratif*, t. I, 2e éd., 1852, p. 12). Pour Maurice Hauriou, « la fonction administrative consiste essentiellement à faire les affaires courantes du public, à la différence de la fonction gouvernementale qui consiste à résoudre les affaires exceptionnelles qui intéressent l'unité politique et à veiller aux grands intérêts nationaux » (*Précis de droit administratif et de droit public*, 12e éd, 1933, p. 13). Ces formulations permettent bien de circonscrire l'administration à un domaine second d'exécution des orientations politiques, une forme de répartition du travail au sein des institutions publiques.

Sur le plan constitutionnel, cette répartition des rôles est clairement établie. Le Président de la République dispose seul, ou en conseil des ministres, du pouvoir de nomination du Premier ministre, des ministres (Constit., art. 8) et aux emplois civils et militaires les plus importants (Constit., art. 13). Le gouvernement conduit et détermine la politique de la

Nation, il dispose de l'administration et de la force armée (Constit., art. 20). Le Premier ministre dirige l'action du gouvernement et nomme aux emplois civils et militaires, sous réserve des pouvoirs du Président de la République (Constit., art. 21).

Le fonctionnement d'une démocratie représentative exige l'obéissance de l'administration aux autorités politiques qui détiennent leur légitimité du suffrage universel. Les autorités politiques sont choisies par le peuple à l'occasion d'élections disputées. L'administration a donc la mission exigeante de se soumettre loyalement aux orientations souhaitées par les autorités politiques. La démocratie représentative fonctionne aussi bien au plan national que décentralisé avec les mêmes conséquences. Cette nécessaire soumission justifie le pouvoir hiérarchique, l'obligation d'obéissance. L'expression de grands commis de l'État pour les hauts fonctionnaires est très éclairante. Ainsi, l'administration évolue dans un cadre politique et constitutionnel qui s'impose à elle.

Pourtant, il est important de souligner que les rapports entre l'administratif et le politique sont plus complexes et ambivalents que cette présentation théorique, de même nature que les relations du maître et de l'esclave. Les apparences sont parfois trompeuses. On évoque souvent la bureaucratie, la technocratie, voire même parfois « l'énarchie » pour caractériser ces relations complexes. L'administration ne peut se résumer à cette seule fonction d'exécution. Elle dispose aussi d'une forme d'autonomie par rapport au politique, pour des raisons qui lui sont propres. Cette autonomie administrative a plusieurs facettes.

Le temps administratif n'est pas le temps politique. On peut régulièrement observer le décalage parfois très important entre l'adoption d'une loi par le Parlement et sa mise en œuvre réelle par l'administration. On peut alors s'emporter face à l'inertie administrative. Combien de réformes souhaitées par des responsables politiques n'ont pu voir le jour du fait de cette inertie ? (C. Lepage, *On ne peut rien faire madame le ministre*, Albin Michel, 1998). L'extrême technicité actuelle de l'action publique ou de la machine administrative exige une formation adéquate pour la diriger. Cela explique, au moins dans notre pays, la valorisation des techniciens de l'administration aux dépens des amateurs du suffrage universel. La littérature sur le thème du pouvoir administratif abonde avec des titres plus ou moins évocateurs : *Le phénomène bureaucratique* (M. Crozier, préc.), *L'administration au pouvoir, Fonctionnaires et politiques sous la Ve République* (C. Debbasch, Calmann-Lévy,

1969), *La bureaucratie en France aux XIXe et XXe siècles* (G. Thuillier, Economica, 1987) ; *La République des fonctionnaires* (T. Pfister, Albin Michel, 1988) ; *Le premier des ordres, les hauts fonctionnaires aux XIXe et XXe siècles* (D. Chagnollaud, Fayard, 1991).

Cette montée d'un pouvoir administratif s'explique par le rôle éminent joué par les administrations pour l'élaboration des politiques publiques. En effet, les administrations, notamment centrales, sont impliquées à tous les stades. Elles font émerger la demande sociale, par des analyses préalables des secteurs concernés, en évaluant et sélectionnant les demandes et en faisant des propositions au politique. Elles mettent en forme les projets, pour transformer une idée en un texte juridique, législatif ou réglementaire. Elles mettent en œuvre la politique choisie en rassemblant les moyens nécessaires. Elles assurent le suivi, contrôlent et évaluent la politique publique choisie. Elles assurent enfin la permanence administrative indépendamment des changements politiques qui peuvent intervenir au cours de l'action publique entreprise. C'est ainsi que peut apparaître une forme d'autonomie administrative.

C. La satisfaction de l'intérêt général

La mission primordiale de l'administration demeure la satisfaction de l'intérêt général qui est le centre de gravité des affaires publiques. La notion d'intérêt général est la justification de l'intervention publique et de ses modalités souvent exorbitantes du droit commun. Il s'agit de satisfaire des besoins considérés comme essentiels pour la collectivité ou de répondre à des demandes sociales.

Cette notion d'intérêt général est à la fois permanente et contingente. Elle est permanente car elle fait corps avec l'existence d'autorités publiques. On a pu parler de l'idéologie de l'intérêt général (J. Chevallier [dir.], *Variations autour de l'idéologie de l'intérêt général,* PUF, 1979 ; v. aussi Conseil d'État, *L'intérêt général*, rapport public 1999, *EDCE*, Doc. fr., 1999). En même temps, elle est contingente car son contenu peut varier en fonction du temps, des circonstances, du lieu ou des options politiques des autorités légitimes à un moment donné. Cela renvoie à la théorie de l'État et à ses fonctions.

Une intervention publique peut-être considérée comme en phase avec l'intérêt général, donc légale à un moment donné, et par la suite perdre cette qualité du fait de changement politique. Les pouvoirs publics, avec eux l'administration publique, sont maîtres du contenu de l'intérêt général, mais leur activité est contrôlée, par exemple par le juge administratif. Leurs interprétations sont donc susceptibles d'être remises en cause, surtout si le fondement juridique est incertain.

On peut d'abord considérer, avec la doctrine libérale, qu'il existe des attributions naturelles de l'État qui légitiment son intervention (police, justice, défense nationale...) et qu'en revanche, les autres interventions ne sont pas obligatoirement de sa compétence. D'autres idéologies, comme la social-démocratie, prônent un autre modèle d'intervention publique plus économique et social.

On peut aussi recourir à la Constitution qui délimite préalablement les interventions de la puissance publique dans des domaines considérés comme relevant de sa compétence. Comme nous l'avons déjà évoqué plus haut, dans ce texte fondamental, on peut découvrir des services publics à fondement constitutionnel qui suppose une intervention de l'État ou des collectivités publiques. À l'inverse, les autres secteurs relèvent normalement de l'initiative privée. Délimiter l'intérêt général revient à circonscrire les compétences publiques, notamment étatiques. L'une des principales préoccupations du rapport Picq de 1995 sur l'État en France (préc.) a été justement de définir le champ des interventions publiques et de resituer l'État.

L'examen des lois adoptées par le Parlement qui organise l'intervention publique, est très éclairant sur les contours de l'intérêt général. Elles créent de nouveaux services publics, définissent de nouveaux droits (droit au logement, droit au transport, droit à la sécurité...), ou structurent de nouvelles politiques publiques. Elles donnent ainsi un contenu concret à l'intérêt général.

La jurisprudence administrative s'est souvent prononcée sur la légalité des interventions publiques, notamment celles des collectivités territoriales. Elle s'est ainsi penchée sur les contours de l'intérêt général. Le Conseil d'État a fixé, à plusieurs reprises, les critères de la légalité des services publics locaux face à la liberté du commerce et de l'industrie, notamment dans le cadre de jurisprudences sur le socialisme municipal de l'entre-deux-guerres ou sur l'interventionnisme économique local. Ces jurisprudences donnent un contenu juridique à la notion d'intérêt général et, en même temps, démontrent bien son caractère contingent. Un arrêt fort célèbre ouvre cette jurisprudence *Chambre syndicale du commerce en détail de Nevers* (CE Sect. 30 mai 1930, *GAJA*, Dalloz, 2001, p. 282). Il détermine clairement le cadre de l'intervention locale de la manière suivante : « Les entreprises ayant un caractère commercial restent en règle générale réservées à l'initiative privée, les conseils municipaux ne peuvent ériger des entreprises de cette nature en services publics communaux que si, en raison des circonstances particulières de temps et de lieux, un intérêt public justifie leur intervention en cette matière ».

Ainsi, les conditions de l'intervention sont claires dans ces domaines : un principe général de répartition des compétences entre le public et le privé, une intervention possible dans le secteur économique en fonction des circonstances locales spécifiques et d'un intérêt public réel face à une initiative privée défaillante. Par la suite, la jurisprudence est précisée dans plusieurs matières en admettant l'intervention publique : la création de bains douches ou lavoirs municipaux (CE Ass. 19 mai 1933, *Blanc, Rec.* 540) ; la création de restaurants économiques pour indigents (CE Ass. 19 févr. 1943, *Ricordel, Rec.* 43) ; la création de parc de stationnement (CE Sect. 18 déc. 1959, *Delansorme, Rec.* 692) ; la création de théâtres ou de cinémas municipaux (CE Sect. 12 juin 1959, *Syndicat des exploitants de cinématographes de l'Oranie, Rec.* 563), la création d'un terrain de camping dans une station balnéaire (CE Sect. 17 avr. 1964, *Cne de Merville-Franceville, Rec.* 251), la création d'un cabinet dentaire (CE Sect. 20 nov. 1964, *Ville de Nanterre, Rec.* 563) ; la construction d'un bâtiment à usage de commerce d'alimentation, bar, restaurant (CE 25 juill. 1986, *Cne de Mercœur c/ Morand, DA* 1986, n° 489) ; l'organisation d'un service public de bases de données juridiques (CE 17 déc. 1997, *Ordre des avocats à la cour de Paris, Rec.* 491) Cette jurisprudence traditionnelle est en partie reprise par le législateur à l'occasion des lois de décentralisation qui, à la fois, autorisent l'interventionnisme économique local et, en même temps, en fixent les limites pour ne pas contrevenir à la liberté du commerce et de l'industrie. La rédaction actuelle de cette disposition est très éclairante : « L'État a la responsabilité de conduite de la politique économique et sociale ainsi que de la défense de l'emploi. Néanmoins, sous réserve du respect de la liberté du commerce et de l'industrie, du principe d'égalité des citoyens devant la loi ainsi que des règles de l'aménagement du territoire définies par la loi approuvant le plan, la commune peut intervenir en matière économique et sociale dans les conditions prévues au présent chapitre et à l'article L. 2253-1 » (CGCT, art. L. 2251-1).

Pour pouvoir satisfaire les exigences de l'intérêt général, les institutions publiques, suivant leur rang et leur importance, disposent de moyens exorbitants du droit commun. Cela permet de faire prévaloir l'intérêt général sur les intérêts particuliers. L'intérêt général justifie les pouvoirs de l'administration : l'acte administratif unilatéral, le contrat administratif, l'expropriation pour cause d'utilité publique... La satisfaction de l'intérêt général suppose aussi un certain comportement des administrations à l'égard des administrés et des usagers. Elles doivent offrir, pour tous, de manière continue des services publics de qualité. Les relations administrés-administration doivent s'établir dans la transparence et la confiance.

III. Les formes juridiques de la présence administrative

La présence administrative se révèle par ses modes d'action qui la différencie très nettement du secteur privé. L'administration est aussi composée d'une pluralité de personnes publiques dotées de statuts juridiques spécifiques.

A. L'action administrative

L'action administrative peut prendre trois formes fondamentales comme le propose Jean Rivero par son découpage de la fonction administrative : la décision, l'exécution et le contrôle. Chacune de ces formes recouvre une figure juridique précise. La décision se traduit par la production de normes juridiques. L'exécution se déroule dans le cadre de l'organisation et le fonctionnement de services publics. Le contrôle dispose de plusieurs facettes : contrôle de la légalité, contrôle de l'opportunité, contrôle administratif ou contrôle juridictionnel.

1. Le pouvoir normatif, expression de la puissance publique

L'étendue et la nature du pouvoir normatif dépendent de la qualité et de la compétence de l'autorité publique. Comme nous l'avons examiné plus haut, la Constitution distribue le pouvoir normatif général entre l'exécutif et le législatif. Nous n'abordons ici que le pouvoir normatif de l'exécutif et de l'administration publique en distinguant le pouvoir de l'État et celui des collectivités territoriales.

DÉFINITION

Le pouvoir normatif est le pouvoir de prendre des mesures générales et impersonnelles s'appliquant, soit à l'ensemble de la population ou à une partie des citoyens, soit à l'ensemble du territoire national ou seulement à une partie de ce territoire.

a) Le pouvoir normatif des autorités exécutives de l'État

Il ne faut pas oublier que tout en ayant un pouvoir propre les autorités exécutives participent à la confection de la loi adoptée par le Parlement. La majorité des lois adoptées est d'initiative gouvernementale. Cette participation intervient à toutes les étapes de la procédure législative. Ainsi, l'administration centrale a souvent la charge de la préparation technique et juridique du projet de loi avant son adoption par le Conseil des ministres et son dépôt sur le bureau des assemblées. Elle transforme ainsi un projet politique en un texte juridique. Plusieurs institutions contribuent à cette élaboration des projets de lois : le Conseil d'État par ses avis sur le projet, le secrétariat général du gouvernement gardien de la cohérence de l'activité législative du gouvernement et le ministre chargé des relations avec le Parlement.

Les autorités exécutives disposent du pouvoir réglementaire. D'après la Constitution, seules deux autorités disposent d'un pouvoir réglementaire général, le Président de la République et le Premier ministre. Il s'agit du pouvoir de prendre des règles en toutes matières non attribuées au législateur sur l'ensemble du territoire. Les ministres n'ont pas de pouvoir réglementaire général. À leur suite, d'autres autorités disposent, ou peuvent disposer, de pouvoir réglementaire : les préfets, les responsables des établissements publics et certaines autorités administratives indépendantes (CNIL, COB, CSA).

Le pouvoir réglementaire présente un aspect matériel et un aspect formel. Pour l'aspect matériel, on distingue traditionnellement deux types de pouvoir réglementaire. Le premier est le pouvoir réglementaire d'application de la loi. Il est souvent sollicité par la loi elle-même pour son exécution. Il découle de l'article 21 de la Constitution. Le second est qualifié de pouvoir réglementaire autonome. Il est organisé par l'article 37 de la Constitution. Il permet une intervention normative spécifique indépendamment de l'existence d'une loi.

Sur le plan formel, le pouvoir réglementaire est un décret ou un arrêté. Sans que l'on distingue formellement qu'ils appartiennent au pouvoir réglementaire d'application ou au pouvoir réglementaire autonome, il existe plusieurs types de décrets : les décrets du Président de la République, les décrets délibérés en conseil des ministres et les décrets du Premier ministre. Ce dernier est, depuis 1958, l'autorité réglementaire de droit commun. Les formes plus secondaires de l'activité réglementaire sont les arrêtés, notamment des ministres ou des préfets.

b) Le pouvoir normatif des autorités décentralisées

De leur côté, les autorités décentralisées ou les organes délibérants comme les exécutifs, encore plus depuis les lois de décentralisation, disposent aussi d'un pouvoir réglementaire. Néanmoins, la décentralisation n'a pas remis en cause l'unité de l'ordre juridique français et donc la dévolution constitutionnelle du pouvoir normatif. Les récentes évolutions législatives du statut de la Corse ont apporté un certain nombre de précisions sur le pouvoir normatif des collectivités territoriales, surtout par les appréciations portées par le Conseil constitutionnel sur un projet de dévolution nouvelle du pouvoir normatif. En effet, à l'issue du processus dit de Matignon, des évolutions législatives ont été proposées pour la Corse visant à préciser et à amplifier les capacités juridiques de la collectivité territoriale de Corse. Le Conseil constitutionnel, dans sa décision n° 2001-454 DC du 17 janvier 2002 concernant la loi relative à la Corse, a rappelé d'une part que « le pouvoir réglementaire dont dispose une collectivité territoriale dans le respect des lois et des règlements ne peut s'exercer en dehors du cadre des compétences qui lui sont dévolues par la loi » et « ne peut remettre en cause le pouvoir réglementaire d'exécution des lois que l'article 21 de la Constitution attribue au Premier ministre », d'autre part qu'« en dehors des cas prévus par la Constitution, il n'appartient qu'au Parlement de prendre des mesures relevant du domaine de la loi ». Cela rappelle bien l'unité de l'ordre juridique français et les limites du pouvoir normatif des collectivités territoriales. Ce pouvoir, sans être initial, est, d'une part un pouvoir d'application locale de la loi ou des règlements nationaux, d'autre part un pouvoir d'organisation de la collectivité concernée.

2. L'organisation d'activités publiques : le service public

L'administration agit aussi en créant des activités et en les faisant fonctionner. Il s'agit de la dimension matérielle de l'action administrative, par la création de service public. Comme l'intérêt général, la notion de service public est complexe, lourde de significations et de symboles. On a pu dire qu'elle est au cœur de la culture administrative française.

Le service public représente une certaine idée de l'État. Comme le souligne Jacques Chevallier, « la notion de service public apparaît ainsi en France, du fait même de sa multifonctionnalité et de sa polyvalence, comme la pièce maîtresse, la véritable clef de voûte de la construction étatique… elle a forgé le mythe d'un État capable d'avoir réponse à tout » (*Le Service public*, PUF, 1994, p. 4). Cela renvoie au débat abordé plus haut sur les interventions de l'État ou des collectivités publiques. Suivant la mouvance idéologique, la notion de puissance publique est valorisée pour limiter l'État aux activités de souveraineté ou, au contraire, celle de service public est mise en avant car considérée comme le meilleur moyen de répondre aux différents besoins d'intérêts généraux. L'opposition entre ces deux notions essentielles a joué un rôle moteur dans la confection du droit administratif français. Elle a donné lieu, au début du siècle, à des joutes doctrinales bien connues entre Léon Duguit et Maurice Hauriou. Ce débat n'a pas cessé (v. Conseil d'État, *Services public, services publics : déclin ou renouveau*, rapport public 1994, *EDCE*, Doc. fr., 1995).

Le service public est revenu sur le devant de la scène, ces dernières années, avec les effets de la construction communautaire sur la conception française du service public. Cela a permis de s'interroger sur l'existence d'un « service public à la française » (v. notre réflexion « *Signification de la notion de « service public à la française* » dans R. Kovar et D. Simon (s/dir.), *Service public et Communauté européenne : entre l'intérêt général et le marché*, travaux de la CEDECE, 2 tomes, Doc. fr., 1998, tome 2, p. 89).

Le service public n'est pas seulement une notion, mais surtout une réalité administrative très diversifiée par les activités érigées en service public comme par les régimes juridiques ou les modes de gestion employés. On peut dénombrer au moins quatre domaines où apparaissent des services publics qui correspondent aux quatre grandes catégories d'attribution de l'administration, comme le met en avant Bernard Gournay (*L'administration*, PUF, 1986) :

– les activités régaliennes et de souveraineté : justice, police, affaires étrangères, défense nationale ;

– les activités économiques : trésor, services fiscaux, industrie, transports, télécommunications, agriculture, commerce, artisanat, équipement;

– les activités sociales : urbanisme, logement, sécurité sociale, santé publique, administration du travail, environnement ;

– les activités éducatives et culturelles : éducation nationale, recherche, culture, sports.

Dans chacune de ces activités, on peut observer l'existence d'un ou de plusieurs services publics permettant de remplir cette mission considérée comme d'intérêt général. L'ensemble de ces services publics obéit aux mêmes règles fondamentales qui constituent les lois du service public, dites aussi « lois de Rolland » (en référence à Louis Rolland qui les a ainsi désignées).

D'abord, ils doivent respecter le principe de continuité, un principe à fondement constitutionnel. Ils doivent fonctionner de manière continue et sans heurts pour satisfaire au mieux l'intérêt général. Cette exigence pèse lourdement sur la défense naturelle des intérêts professionnels des agents publics, par exemple à l'occasion de grève.

Ensuite, les services publics doivent respecter le principe d'égalité des citoyens devant leur usage, principe lui aussi à fondement constitutionnel. Il rend impossible des discriminations non justifiées entre les usagers des services publics.

Enfin, les services publics sont soumis au principe d'adaptation, appelé aussi principe de mutabilité. Cela suppose non seulement une adaptation aux évolutions de la demande sociale, mais aussi une modernisation de leur fonctionnement. La politique de renouveau du service public, entreprise à compter de 1989, en est une application.

Les modes de gestion des services publics sont très variés, ils permettent de trouver la solution juridique la plus adaptée au type de service concerné. Tantôt la gestion est exclusivement publique avec un régime juridique utilisant surtout le droit public, tantôt la gestion est privée avec un régime juridique utilisant principalement le droit privé, mais dans les deux cas, il s'agit toujours de services publics. On peut ainsi distinguer trois grands modes de gestion :

– une gestion directe par l'administration sous la forme de service en régie ;

– une gestion par l'intermédiaire de personne morale de droit public, comme l'établissement public, soit administratif, soit industriel et commercial ;

– une gestion par l'intermédiaire d'une personne privée, par exemple dans le cadre d'une concession de service public ou de délégation de service public.

3. Le contrôle ou la régulation des activités publiques et privées

L'administration a aussi une fonction de contrôle, donc de surveillance du fonctionnement des activités publiques et privées. On peut parler *d'une fonction gendarme* de l'administration. Ce contrôle a pour objectif de vérifier le respect de règles par les activités surveillées, et éventuellement de condamner et de sanctionner. L'une des fonctions de la police administrative est justement de réglementer de nombreuses activités notamment privées.

Aujourd'hui, on évoque la notion de régulation, moins marquée par l'idée de sanction, mais plus par celle de veiller au bon fonctionnement d'une activité afin de l'améliorer. On peut passer ainsi insensiblement du contrôle à la régulation. Ce contrôle, ou cette régulation, s'exerce sur les citoyens, sur les collectivités territoriales et les établissements publics et sur l'administration d'État. Il peut revêtir plusieurs formes adaptées au but recherché : contrôle administratif, contrôle juridictionnel ou contrôle financier. Nous évoquerons ici, essentiellement le contrôle administratif. Cette activité est soit mal connue, soit mal ressentie par les administrés notamment. Le juge n'est donc pas le seul à contrôler l'application de la loi.

a) Le contrôle sur les citoyens et leurs activités

Il s'agit pour l'administration de vérifier l'application des lois et règlements. Il ne suffit pas que des textes existent, il est indispensable qu'ils soient respectés. Il en va de la crédibilité de l'administration et du droit. Ce contrôle est d'autant plus nécessaire que de nombreuses activités ne sont possibles qu'après une déclaration ou une autorisation préalables. De nombreux corps de contrôle ont été créés pour accomplir cette mission et vérifier le respect des législations économique, fiscale, douanière, sociale, sanitaire. On peut citer : l'inspection des impôts, l'inspection du trésor, l'inspection des douanes, l'inspection du travail, l'inspection de l'action sanitaire et sociale, l'inspection de la répression des fraudes… Ces inspections interviennent directement ou indirectement, elles peuvent prendre, après des procès-verbaux de constats d'infraction, des sanctions administratives, suivies ou non de poursuites pénales.

b) Le contrôle des collectivités territoriales et des établissements publics

La décentralisation pratiquée dans notre pays est assortie d'un contrôle de la légalité de l'activité des collectivités territoriales. Il se déroule en deux temps, d'abord un contrôle administratif exercé par le préfet qui examine la légalité des actes, et en cas de doute, ensuite un contrôle juridictionnel après saisine du tribunal administratif par le préfet. Ce contrôle des actes qui symbolise l'unité normative française, a pour fonction de vérifier le respect des lois et règlements par les autorités délibérantes et exécutives des communes, des départements et des régions. Il n'est pas exclusif du contrôle sur les personnes. Ce contrôle administratif peut être accompagné par un contrôle financier exercé par les chambres régionales des comptes.

Les établissements publics sont eux aussi soumis à un contrôle administratif sous la forme d'une tutelle sur les actes et sur les personnes. Cette tutelle est plus ou moins forte suivant la marge d'autonomie laissée par l'autorité de création à l'établissement public. L'État contrôle ainsi les établissements publics nationaux.

c) Le contrôle de l'administration par elle-même

L'administration se contrôle elle-même. Il s'agit d'une forme d'autocontrôle. L'administration veille ainsi au bon fonctionnement, non seulement de ses services, mais aussi du comportement satisfaisant de ses agents. C'est à ce niveau qu'intervient aussi la question de la déontologie administrative. Pour exercer ces missions de contrôle, des corps d'inspection spécifiques ont été créés : l'inspection générale des finances, l'inspection générale de la police nationale, l'inspection générale de l'administration. Il existe aussi des institutions, souvent à caractère juridictionnel, dont la vocation est justement ce type de contrôle : la Cour des comptes, la Cour de discipline budgétaire et financière… Cette activité de contrôle doit, d'une part sanctionner les dysfonctionnements, d'autre part proposer des mesures d'amélioration du fonctionnement des services publics contrôlés. Dans cette deuxième fonction, le contrôle se rapproche d'une démarche, très prisée aujourd'hui, celle de l'évaluation des politiques publiques.

B. Les personnes publiques

L'administration est composée d'un ensemble de personnes publiques dotées de la personne morale, être juridique distinct des personnes physiques. Ces personnes publiques présentent les caractéristiques de toutes les personnes morales, mais se différencient de celles de droit privé par leur mission. Néanmoins, toutes les structures administratives ne disposent pas de ce statut juridique. Elles constituent souvent seulement une des composantes d'une personne publique plus importante, comme c'est le cas pour la plupart des administrations de l'État.

1. Les caractéristiques de la personnalité juridique en droit public

L'intérêt de la personnalité morale pour une institution administrative est de disposer d'une autonomie de gestion, d'organisation, d'un budget et d'un patrimoine propre pour mener à bien une mission d'intérêt général.

> DÉFINITION
>
> Une personne morale est un groupement de personnes physiques et de biens disposant de la personnalité juridique et titulaire de droits et d'obligations.

a) Le principe de spécialité

Une personne morale a un domaine de compétences déterminé par l'objet pour lequel elle a été créée. Ainsi, la personne publique doit limiter son action à la mission qui lui a été fixée au moment de sa création. On appelle cela le principe de spécialité des personnes morales. Cette spécialité est plus ou moins étendue suivant la nature de la personne concernée. Cela ne manque pas d'entraîner des discussions doctrinales, notamment lorsque l'autonomie est valorisée par rapport à la spécialité.

Le principe de spécialité s'applique bien dans le cas des établissements publics, comme les hôpitaux, les établissements scolaires ou universitaires. L'activité de ces établissements correspond à leur mission. Dans l'hypothèse inverse, l'action devient illégale. L'appréciation des éventuels débordements est faite par le juge administratif ou par l'autorité de tutelle.

Ce principe de spécialité s'applique aussi, mais de manière plus complexe, aux collectivités territoriales, comme la commune, le département ou la région. Il s'agit de la question de la distribution des compétences entre les types de collectivités territoriales. Les compétences sont normalement délimitées, d'une part par la loi, d'autre part par la jurisprudence. On évoque la notion d'affaires locales. Le Conseil d'État a développé la notion d'intérêt local pour délimiter les capacités d'intervention des collectivités locales. Ces notions restent très difficiles à circonscrire, car il n'existe pas forcément d'affaires naturellement locales. Tout dépend des choix politiques, et législatifs, dans la répartition des compétences. En plus, cette spécialité peut varier en fonction du temps ou du lieu. Lors de l'adoption des lois, dites de décentralisation, une forme de division des compétences a été opérée entre chacun des niveaux de collectivités territoriales et l'État, justement par un essai de spécialisation.

Enfin, l'État, comme personne morale, devrait lui aussi se voir appliquer le principe de spécialité. Cela est difficile, car il est une personne morale très particulière, dans la mesure où il a la compétence de sa compétence. En effet, il dispose de la souveraineté, attribut plus déterminant que la simple autonomie. Néanmoins, on évoque régulièrement pour l'État aussi, la question de sa compétence. Aujourd'hui, elle est juridiquement déterminée par les termes de la Constitution dont le respect est imposé, par exemple à l'État législateur, par le contrôle du Conseil constitutionnel. Il s'agit d'une application constitutionnelle du principe de spécialité de l'État. De son côté, la construction communautaire entraîne aussi une nouvelle délimitation des compétences entre l'État et l'Union européenne, comme l'indique l'article 88-1 de la Constitution.

b) Le principe d'autonomie

Ce principe d'autonomie des personnes morales de droit public comprend plusieurs facettes : une autonomie d'organisation, une autonomie de gestion et une autonomie financière.

❑ Chaque personne morale est distincte de l'autre. Chacune dispose d'une *autonomie d'organisation*. Elle peut s'organiser comme ces instances de direction le jugent utiles, sauf si l'acte de création prédétermine l'ensemble de l'organisation. Cette autonomie d'organisation repose elle-même parfois sur un système de choix des responsables, notamment par l'élection, comme pour les collectivités territoriales, mais aussi pour les établissements publics professionnels, les chambres de commerce et d'industrie, les chambres d'agriculture ou les établissements d'enseignement supérieur comme les universités.

❑ À partir des missions préalablement déterminées, la personne morale définit les moyens à mettre en œuvre pour atteindre ses missions, ainsi que les politiques d'action à entreprendre. Il s'agit d'une *autonomie de gestion*. Elle peut procéder à des recrutements de personnels. Elle peut contracter avec des partenaires et aussi agir en justice, si cela s'avère nécessaire.

❑ Chaque personne morale bénéficie d'un budget individualisé et différencié de celui, c'est *l'autonomie financière* et budgétaire. Elle dispose d'un patrimoine propre, donc de biens nécessaires à la réalisation de sa mission qu'elle accroît en fonction de ses besoins et de ses possibilités. Elle peut aussi bénéficier de ressources directes de nature fiscale et de subventions accordées par d'autres personnes publiques, comme c'est le cas des collectivités territoriales.

L'autonomie ne signifie pas l'indépendance. En effet, elle est contrôlée dans le cadre d'un processus de tutelle. Une analyse plus fouillée de chacune des situations des personnes morales de droit public peut révéler la relativité de l'autonomie, par exemple vis-à-vis de l'État. La personnalisation morale d'une activité ou d'un service relève plus de la quête de l'amélioration de la gestion des services publics que de la recherche d'une autonomie complète par rapport à l'autorité créatrice, alors que la décentralisation repose plus sur le principe constitutionnel de libre administration des collectivités territoriales.

c) Les prérogatives de puissance publique

Seules les personnes morales de droit public disposent de prérogatives de puissance publique dans la mesure où elles assument une mission dite de service public. Là encore, la notion d'intérêt général légitime ces prérogatives. Cela est si vrai que, parfois, des personnes privées chargées d'une mission de service public se voient confier justement ce type de prérogatives. Selon la très juste expression du professeur Chapus, il faut distinguer les prérogatives d'action et les prérogatives de protection (*Droit administratif général*, tome I, Montchrestien, 2001, p. 470). Les prérogatives d'action permettent d'imposer aux tiers des charges ou des obligations sous plusieurs formes : acte administratif unilatéral, utilisation du contrat administratif, réquisition de biens, expropriation pour cause d'utilité publique, prélèvement de recettes fiscales, recouvrement forcé de créances… Les prérogatives de protection garantissent de manière continue le bon fonctionnement de la personne morale de droit public : insaisissabilité des biens, absence de voies d'exécution forcée, intangibilité des ouvrages publics, existence de situation de monopole pour la gestion d'un service public.

2. La diversité des personnes publiques

a) L'État

L'État est bien une personne morale. Il est la personne publique par excellence détentrice de la souveraineté interne et internationale. On peut donc dire de lui qu'il dispose de la compétence de sa compétence. En effet, il détermine lui-même son champ d'intervention et celui des autres personnes morales. Il contrôle le respect de ses distributions de compétences. Cette vision, un peu théorique, doit être nuancée dorénavant par l'existence d'un contrôle de constitutionnalité et par la construction communautaire.

L'État a donc la compétence de sa compétence dans le respect de la Constitution, et maintenant dans celui des traités communautaires. Bien qu'il comporte de nombreuses composantes, l'unité juridique de l'État demeure l'un des principes de base du droit public français. Il y a bien une unité de la personnalité juridique de l'État (B. Delcros, *L'unité de la personnalité juridique de l'État*, LGDJ, 1976).

b) Les collectivités territoriales

Les collectivités territoriales de la République sont les communes, les départements et les territoires d'outre-mer (Constit., art. 72). Le législateur a ajouté à cette courte énumération, par la loi de décentralisation du 2 mars 1982, les régions et par des lois spécifiques, des collectivités aux statuts particuliers, par exemple, la Corse, Saint Pierre et Miquelon ou Mayotte. Ces collectivités bénéficient de la personnalité juridique, de l'autonomie de gestion et de compétences. Elles permettent l'expression de la démocratie locale. Elles se différencient des circonscriptions administratives qui n'ont pas de personnalité juridique.

c) Les établissements publics

Les établissements publics constituent la troisième forme d'organisations des personnes publiques. On utilise pour qualifier cette forme d'organisation le terme d'institutions publiques spécialisées. Pour des raisons d'interventionnisme économique, de modes de gestion des services ou d'efficacité de gestion administrative, l'État et les collectivités territoriales ont utilisé très souvent le cadre juridique de l'établissement. On parle de décentralisation par services. De nombreuses activités d'intérêt général sont organisées sous la forme d'établissements publics créés, soit par l'État, il s'agit alors d'établissements publics nationaux, soit par les collectivités territoriales, on parle alors d'établissements publics locaux. Cela permet une gestion plus adaptée à la réalisation de la mission grâce justement à l'autonomie par rapport à l'administration créatrice. Ce recours à l'établissement est si fréquent qu'il a fait craindre, de manière récurrente, une crise de cette notion (R. Drago, *Les crises de la notion d'établissement public,* Pedone, 1950). En effet, cela a abouti à une diversification des types d'établissement public avec aujourd'hui : les établissements publics administratifs, les établissements publics industriels et commerciaux, les établissements publics à caractère scientifique, culturel et professionnel ou les établissements publics territoriaux. En même temps, un recours trop systématique à la structure établissement public entraîne un démembrement de l'activité publique aussi bien de l'État que des collectivités territoriales.

Il existe ainsi environ 1 200 établissements publics nationaux et près de 50 000 établissements publics locaux. Ces derniers ont beaucoup augmenté du fait des transformations introduites par la décentralisation. Compte tenu de la nature de ce livre, nous avons décidé de ne pas traiter dans un chapitre particulier les établissements publics, mais simplement d'y faire parfois allusion (v. O. Dugrip et L. Saïdj, *Les établissements publics nationaux*, LGDJ, 1992).

IV. La répartition du pouvoir administratif

La France est une République unitaire et indivisible sur le plan politique, il en découle de nombreuses conséquences sur le plan administratif. D'abord, sur le sol français, l'État n'a pas de concurrent pour lui disputer ses compétences à la différence d'un système fédéral. L'État s'identifie largement à la Nation et à la République. Ensuite, le pouvoir normatif général lui appartient en exclusivité, soit par la loi, soit par le règlement. Là encore il s'agit d'une grande différence avec les États fédéraux ou régionalisés. Enfin, s'il existe des collectivités infra-étatiques de la République, elles sont essentiellement des institutions administratives et non politiques.

Lors d'une décision de 1991 concernant le statut de la collectivité territoriale de Corse, le Conseil constitutionnel a rappelé les principes d'organisation de la République française en donnant sa position sur la nouvelle notion employée par le législateur à propos du peuple corse. Cette décision riche d'enseignements distingue bien les aspects politiques et constitutionnels des aspects administratifs. En effet, pour le Conseil constitutionnel, le législateur ne peut créer des catégories juridiques composantes du peuple français, donc faire ainsi des divisions de nature politique : « la mention faite par le législateur du peuple corse, composante du peuple français est contraire à la Constitution, laquelle ne connaît que le peuple français, composé de tous les citoyens français sans distinction d'origine, de race ou de religion » (Décis. n° 290 DC du 9 mai 1991, *GDCC*, Sirey, *op. cit.*, p. 755). En revanche, le Conseil constitutionnel admet que le législateur peut décider d'innover sur le plan administratif en créant une organisation administrative spécifique à la région de Corse : « qu'ainsi cette organisation spécifique à caractère administratif de la collectivité territoriale de Corse ne méconnaît pas l'article 72 de la Constitution » (préc., p. 758). De même des adaptations sont possibles, si elles ne sont pas contraires à la Constitution comme, par exemple, pour l'enseignement de la langue corse dans les écoles maternelles et élémentaires à condition qu'il demeure facultatif et donc ne mette pas en cause le principe d'égalité, ni aucun autre principe ou règle de valeur constitutionnelle (Décis. n° 2001-454 DC du 17 janv. 2002, *op. cit.*).

Tant que le législateur respecte les termes de la Constitution, il peut organiser la répartition du pouvoir administratif dans le cadre de notre État unitaire. La centralisation politique ne va pas forcément de pair avec la centralisation administrative ou l'uniformité. Il est possible d'opérer une décentralisation administrative sans remettre en cause l'unité politique de l'État et de la République. La répartition du pouvoir administratif peut prendre plusieurs formes : la centralisation, la déconcentration ou la décentralisation. La France pratique simultanément les trois modes d'organisation suivant les types d'activités concernés.

A. La centralisation, la déconcentration

Définition

La centralisation est un système d'administration reposant sur l'attribution de pouvoirs de décision à des autorités administratives strictement soumises au pouvoir hiérarchique des autorités politiques et administratives centrales.

La centralisation comprend plusieurs ingrédients : l'unicité et la concentration du pouvoir de décision, une structure hiérarchique et un principe d'obéissance. La décision du centre s'applique de manière uniforme sur un ensemble territorial. Dans un système centralisé, toutes les impulsions et décisions proviennent du centre. L'État central est alors reconnu comme le seul apte à prendre les décisions fondamentales. Lorsque des fonctionnaires sont répartis sur le territoire pour y exercer une autorité administrative, ils restent soumis hiérarchiquement au pouvoir central. Ils reçoivent des directives qu'ils sont chargés d'appliquer, leurs capacités d'initiative restant limitées.

L'histoire administrative de la France a permis la construction d'un État centralisé. La centralisation administrative a longtemps été considérée comme le complément indispensable de la centralisation politique. L'emploi de ce système administratif a profondément marqué notre pays bien au-delà de l'organisation administrative. La centralisation est l'une des clés de compréhension de la société française. On peut facilement le constater au travers du poids de la capitale dans notre pays par opposition à la province. Paris est le siège non seulement des administrations centrales, mais aussi des grandes entreprises, des centrales syndicales, des chaînes nationales de télévision ou de radio, sans parler des grands équipements culturels. Cela est le résultat d'une organisation administrative centralisée sans contrepoids suffisant. Cela explique aussi la nécessité de procéder plus qu'ailleurs à une politique d'aménagement du territoire, donc de rechercher à équilibrer la capitale.

Un système trop strictement centralisé est quasiment impraticable dans un pays moderne, car il entraîne nécessairement un engorgement du centre par un embouteillage de problèmes anodins, toute décision sur le territoire supposant une intervention des autorités centrales. Il appelle des corrections, la déconcentration en fait partie.

> DÉFINITION
>
> La déconcentration est un système d'administration consistant à confier des pouvoirs de décision à des autorités administratives réparties sur le territoire et placées à la tête de circonscriptions administratives. Ces autorités restent soumises au pouvoir hiérarchique des autorités centrales.

La déconcentration ne doit pas être confondue avec la décentralisation. En effet, elle constitue, sans changer de système administratif, une forme d'aménagement de la centralisation. Elle permet d'alléger le centre en confiant des responsabilités à des autorités administratives représentantes de l'État et du gouvernement. Elle rapproche les administrations des administrés. Il s'agit par exemple du préfet et de ses services dans le département. Il peut prendre un certain nombre de décisions sans obligatoirement en référer aux administrations centrales. Ainsi, à propos des crédits déconcentrés, on a pu parler de mécanismes anti-remontés. Ces dernières années, la déconcentration est à l'honneur, elle constitue l'un des objectifs de la politique de réforme de l'État. Deux textes engagent une politique de déconcentration, la loi du 6 février 1992 sur l'administration du territoire de la République et le décret du 1er juillet 1992 portant charte de la déconcentration. Ils visent à mieux répartir des compétences entre l'administration centrale et l'administration déconcentrée. La première est chargée de la conception et de l'impulsion des actions administratives. La seconde est chargée plus précisément de leur exécution sur le territoire. Ils cherchent aussi à mieux organiser le fonctionnement de l'ensemble de l'administration déconcentrée.

B. La décentralisation

> DÉFINITION
>
> La décentralisation est un système d'administration autorisant une collectivité humaine ou un service public à s'administrer eux-mêmes dans le respect de la légalité. Ils sont dotés de la personnalité juridique, d'autorités et de ressources propres.

La décentralisation territoriale se reconnaît par trois critères fondamentaux : les affaires locales, les autorités locales et le contrôle de la légalité de leurs activités. Comme le définit le Code général des collectivités territoriales, à la suite de la Constitution, « les communes, les départements et les régions s'administrent librement par des conseils élus » (art. L. 1111-1). Il s'agit de la traduction juridique du principe constitutionnel de libre administration. La décentralisation permet dans le cadre de la démocratie locale l'administration du territoire. La France connaît deux sortes de décentralisation : la décentralisation territoriale et la décentralisation fonctionnelle ou par service. La première concerne les collectivités territoriales et leur libre administration, la seconde, les établissements publics et leur autonomie d'action.

1. Les critères d'une administration décentralisée

a) La notion d'affaires locales

Le principe de spécialité s'impose à toutes les personnes publiques qui ont ainsi chacune leur domaine de compétence. Pour les collectivités territoriales, on parle plutôt des affaires locales ou de l'intérêt local. Cela permet de distinguer les affaires locales des affaires nationales restant de la compétence de l'État, donc des affaires qui concernent directement les besoins spécifiques des habitants de la collectivité concernée.

Le Code général des collectivités territoriales évoque, pour chacune des catégories des collectivités, cette notion d'affaires locales de la même manière : « le conseil municipal règle par ses délibérations les affaires de la commune » (art. L. 2121-29) ; « le conseil général règle par ses délibérations les affaires du département » (art. L. 3211-1) ; « le conseil régional règle par ses délibérations les affaires de la région » (art. L. 4221-1). Ainsi, chaque collectivité a la capacité générale de délimiter ce qui lui paraît appartenir aux affaires locales, en veillant à ne pas déborder sur la compétence des autres et à respecter celles de l'État. Elle le fait sous le contrôle du juge administratif qui vérifie l'existence réelle d'un intérêt local.

En plus de cette clause générale de compétence, le législateur s'est efforcé de spécialiser chaque niveau de collectivité territoriale par une répartition des compétences. Cette forme de division du travail classe ce qui doit relever plutôt de l'État, de la région, du département ou de la commune. Plusieurs critères justifient le découpage. D'abord, certaines affaires publiques se prêtent à ce classement par niveau, comme le système éducatif de l'école primaire à l'université en passant par le collège et le lycée. Ensuite, la rationalité administrative intervient, par exemple pour les équipements de proximité réservés plutôt aux communes. Enfin, le pragmatisme, éclairé par le principe de subsidiarité, permet de répartir les compétences.

b) Les autorités locales

Les collectivités territoriales sont administrées par des conseils élus. La Constitution définit ainsi la décentralisation (art. 72). Les responsables de la gestion des affaires locales doivent être issus, par l'élection, de la collectivité territoriale concernée. Il s'agit d'une des différences les plus nettes avec le système de la déconcentration. En effet, dans ce cas, les responsables sont des fonctionnaires et non des élus. Ces autorités élues sont des représentants légitimes des citoyens qu'elles soient exécutives ou délibérantes. Depuis 1982, l'élection est le mode normal de choix des autorités locales : élections municipales pour le conseil municipal, élections cantonales pour le conseil général et élections régionales pour le conseil régional. D'ailleurs, c'est bien à compter de la première élection au suffrage universel des conseillers régionaux que la région est passée du statut d'établissement public à celui de collectivité territoriale. Depuis 1982, les exécutifs de l'ensemble des collectivités territoriales sont des élus locaux.

c) Le contrôle de la légalité

La décentralisation donne une autonomie d'action aux autorités locales dans le cadre des affaires locales. Mais cette autonomie est juridiquement encadrée, elle ne constitue pas une indépendance. Le pouvoir hiérarchique de la déconcentration cède la place à un contrôle de la légalité des actes dans la décentralisation. Cette dernière ne modifie, dans notre pays, ni l'ordre juridique, ni l'unité de la République. Cette spécificité s'est accentuée depuis les lois de décentralisation de 1982 qui font une application plus conforme de la Constitution avec un contrôle administratif (art. 72). Il s'agit aujourd'hui d'un contrôle administratif de la légalité des actes des collectivités territoriales exercé par le préfet, suivi éventuellement d'un contrôle juridictionnel par le juge administratif. Ce contrôle intervient *a posteriori*, il concerne la légalité et non l'opportunité des actes.

2. Les formes de décentralisation : territoriale ou fonctionnelle

De manière classique, on distingue la décentralisation territoriale et la décentralisation fonctionnelle.

❑ *La décentralisation territoriale* concerne les collectivités territoriales, ou locales, c'est-à-dire les communes, les départements, les régions. Elles disposent de la personnalité juridique, de budgets propres, de compétences et de personnels. Elles sont dirigées par des élus. Cette décentralisation territoriale a plusieurs fonctions. Elle permet d'abord de mieux administrer le territoire par une plus grande proximité entre les responsables et les citoyens. L'efficacité de la gestion découle alors du découpage territorial. Elle vise ensuite à faire vivre la démocratie locale en confiant aux élus locaux la gestion des affaires locales. La légitimité politique doit alors rejoindre l'efficacité gestionnaire. Enfin, elle autorise une participation plus directe des citoyens à la vie locale.

❑ *La décentralisation fonctionnelle* est plus modeste dans sa fonction. Elle vise à mieux gérer un service public ou une activité publique, par l'entremise d'une personne morale de droit public distincte de l'État ou des collectivités territoriales. La plupart du temps, il s'agit d'un établissement public doté d'une autonomie de gestion.

La frontière n'est pas forcément toujours très grande entre ces deux types de décentralisation lorsqu'on est en face d'établissements publics territoriaux comme les communautés urbaines ou les communautés d'agglomération. Elle réside surtout dans le mode de désignation des responsables de ces structures. Par contre, elle est plus nette pour les établissements publics spécialisés.

V. L'organisation du travail administratif

On peut distinguer plusieurs formes d'organisation du travail administratif. Elles reposent chacune sur une certaine conception de l'administration et de la gestion de la chose publique. L'observation de l'histoire des structures administratives montre le souci permanent des autorités publiques d'adapter ces structures aux missions à réaliser.

La distinction imaginée, naguère, par Edgar Pisani, entre l'administration de mission et l'administration de gestion garde sa pertinence, même si elle ne rend plus totalement compte de l'organisation actuelle du travail administratif. Il opposait alors l'administration de gestion « formaliste, peu évolutive, repliée sur elle-même » à l'administration de mission « adaptée à un problème, à un temps, à un lieu ». L'administration de mission « est localisée, elle est spécialisée ; elle doit s'éteindre le jour où le problème est résolu. Elle exige des programmes développés sur de nombreuses années, l'unité de commandement et l'unité de budget. Elle est légère, elle a le goût de faire faire, elle est réaliste et mouvante » (*RFSP*, juin 1956). Si l'on peut comme J.-L. Quermonne détecter des générations d'administrations de mission (*L'appareil administratif de l'État*, Seuil, 1991, p. 102), elles se distinguent parfois moins qu'avant de l'administration de gestion, et ne recoupent pas les administrations autonomes ou juridiquement personnalisées.

Deux classifications semblent plus opératoires : une classification administrative, en fonction de la nature de la fonction attribuée, une classification juridique, par la catégorie juridique employée pour la gestion.

A. Les différents types d'administration

De nouvelles distinctions s'imposent ici en liaison avec les fonctions assignées à l'administration concernée : notamment, l'administration de gestion, l'administration de mission, l'administration de régulation.

1. L'administration de gestion

Cette catégorie concerne l'administration qui a la fonction d'exécuter des prestations de service public, matérielles ou pas, gratuites ou payantes, obligatoires ou facultatives au profit d'usagers ou d'administrés. Elle est l'administration du quotidien ou du permanent. Ces activités ont un caractère répétitif et non exceptionnel. Elle gère une activité ou un secteur. Elle doit avoir un certain rendement ou une certaine efficacité. Cette catégorie d'administration est la plus développée. Elle dispose de *la plus grande surface de contact* avec les usagers qui y sont très habitués. Il s'agit de la grande armée des guichets.

L'administration de gestion présente plusieurs caractères essentiels. D'abord, elle emploie un grand nombre de personnels qui pèsent très lourd dans les finances publiques de l'État comme des collectivités territoriales. Ensuite, elle réalise un nombre impressionnant d'opérations quotidiennes et de services sur l'ensemble du territoire. Enfin, les opérations effectuées par ce type d'administrations sont relativement répétitives. On comprend alors qu'elles utilisent un grand nombre de personnels d'exécution ou qu'elles recourent de plus en plus à l'informatique.

Compte tenu de leur importance et de leur poids dans le système administratif français, le défi de leur modernisation est plus délicat à relever. La pesanteur ou le corporatisme peuvent se révéler des obstacles incontournables. Pourtant, elles font aussi beaucoup d'efforts pour s'adapter ou se transformer.

On peut citer de nombreuses administrations de gestion composées à la fois de l'administration centrale du ministère et de l'administration déconcentrée ou décentralisée (sur le plan fonctionnel). L'administration de l'éducation nationale comparée, en son temps, à l'armée rouge par Olivier Guichard, qualifiée de plus grande armée du monde par Edgar Faure ou de « mammouth » par Claude Allègre, tous anciens ministres de l'éducation nationale, est un très bon exemple d'une administration de gestion d'un grand service public avec : 1 085 954 agents, un budget de 66,37 milliards d'euros, 65 228 écoles publiques (ou privées sous contrat), plus de 11 000 collèges et lycées et près de 80 universités (C. Durand-Prinborgne, *L'administration scolaire*, Sirey, 1989). D'autres administrations entrent dans cette catégorie : l'administration des postes et ses 18 000 bureaux de poste ; l'administration des finances et l'administration des douanes avec ses 179 705 agents (chiffres des emplois budgétaires 2001) ; l'administration de la défense, ses 424 767 personnels civils et militaires (non compris les appelés et volontaires, chiffre des emplois budgétaires 2001), son budget de 37,92 milliards d'euros, ses 3 607 brigades de gendarmerie réparties sur l'ensemble du territoire.

2. L'administration de mission

Les administrations dites de mission ne gèrent pas à proprement parler de service. Elles mettent en œuvre des moyens et des méthodes adaptés pour atteindre un objectif. Elles se distinguent des administrations de gestion par une activité de synthèse, d'impulsion, d'incitation ou de prospective. Elles ont souvent un caractère temporaire et non permanent.

Il s'agit d'administration dite « ad hoc », constituée pour une période donnée et pour un objet donné. Cette démarche correspond à des besoins administratifs spécifiques : le dépassement du quotidien et de la routine ; la recherche de réponses mieux adaptées à certains objectifs. Ces administrations sont apparues par exemple pendant des périodes de crise ou de mutation sociales. La référence classique est la *Tennessee Valley Authority* voulue par le président Roosevelt aux États-Unis comme l'une des réponses aux conséquences sociales de la crise de 1929. En France, l'administration de mission est d'abord expérimentée lors de la mise en place du Commissariat général au Plan après la Seconde Guerre mondiale.

a) Le dépassement des contraintes de l'administration de gestion

Elles permettent de ne pas trop subir les lourdeurs ou les pesanteurs administratives. Ainsi, elles ne sont pas forcément soumises aux contraintes juridiques et statutaires habituelles pour le recrutement de leur personnel. Elles peuvent bénéficier de systèmes dérogatoires dans le domaine budgétaire et financier, par exemple grâce au regroupement des fonds pour un objet déterminé. Elles ont un temps de réaction accéléré pour répondre aux sollicitations des autorités publiques.

Elles permettent aussi de dépasser la très grande spécialisation administrative par des démarches de synthèse indispensables à certaines opérations. Elles peuvent donner vie à une réelle interministérialité. Les exemples foisonnent. L'organisation des Jeux olympiques d'hiver à Grenoble en 1968 et à Albertville en 1992 a nécessité la mise en place de ce type d'administration, pour leur préparation et leur réalisation qui suppose au moins la création d'équipements, la mise en place de services temporaires, la coordination d'acteurs publics et privés. La création du Centre national d'art et de culture Georges Pompidou, dit Centre Beaubourg, a exigé, de manière transitoire, avant la constitution d'un établissement public adapté, la mise en place d'une démarche de mission dans la mesure où il s'agissait de regrouper dans un même lieu un musée d'art moderne, une bibliothèque de lecture publique, un centre d'art contemporain et un institut de recherche acoustique et musical. Plusieurs grands chantiers présidentiels se sont engagés suivant la même démarche administrative : le musée d'Orsay, Le Grand Louvre ou la très grande bibliothèque.

b) Les tâches temporaires

L'aménagement d'une région ou la réalisation d'un équipement implique aussi de passer par une administration de mission. On utilise alors la structure souple de la mission interministérielle d'aménagement comme, par exemple, pour le Languedoc-Roussillon qui aura eu une vingtaine d'années d'existence pour atteindre son objectif. Cette mission est une structure légère regroupant des représentants de plusieurs ministères (intérieur, équipement, agriculture, tourisme, finances), des autorités déconcentrées locales (préfet de région ou de département, services déconcentrés de l'État) et des autorités décentralisées. Elle dispose de services techniques, d'une agence d'urbanisme, de moyens financiers individualisés pour son fonctionnement et les opérations à mener à bien. Il s'agit pour l'État d'assurer la conception urbanistique d'ensemble et de réaliser les grandes opérations d'infrastructure. Le projet mené à son terme, l'administration de mission cède la place à une administration de gestion du type syndicat mixte Languedoc-Roussillon dans lequel on retrouve la région, cinq départements et des sociétés d'économie mixte.

c) Les tâches nouvelles

On retrouve ici aussi la réalisation de grands projets architecturaux ou culturels évoqués plus haut qui ne peuvent être concrétisés que par l'intermédiaire d'administration de mission. L'administration classique est mal adaptée à une tâche nouvelle d'envergure. Dans les années 1970, la définition et la mise en œuvre de nouvelles politiques dans le domaine de l'énergie à l'issue des chocs pétroliers et des brusques augmentations du prix du pétrole brut ont amené les pouvoirs publics à rechercher aussi des structures administratives adaptées à ces défis. Là encore, on a eu recours à l'administration de mission avec une succession de structures : un délégué aux énergies nouvelles en 1975 ; une agence pour les économies d'énergie en 1978 ; un commissariat à l'énergie solaire ; l'agence française pour la maîtrise de l'énergie ; et, enfin, depuis 1991, l'agence de l'environnement et de la maîtrise de l'énergie. Bien d'autres préoccupations de politiques publiques ont suscité la création d'administrations spécialisées de mission, comme notamment la délégation à la sécurité routière.

d) Les tâches de coordination, d'impulsion ou d'expertise

Deux grands exemples viennent à l'esprit dans ce cadre. Le Commissariat général au Plan, inspiré et dirigé à l'origine par Jean Monnet, est la première expérience d'administration de mission. Structure légère au fonctionnement original, cette administration a pour fonction la conception et la programmation du développement économique et social de la France dans le cadre d'un plan quinquennal indicatif. La Délégation à l'aménagement du territoire et à l'action régionale (DATAR) a été créée, en 1963, pour faire prendre conscience des impératifs du développement harmonieux du territoire ou des nécessités de rééquilibrer Paris et la région parisienne par des métropoles d'équilibre. La délégation est un organisme de coordination et d'impulsion. Elle veille à ce que les administrations techniques ajustent leurs actions respectives. Le développement des administrations de mission répond effectivement à des besoins non couverts par l'administration de gestion, mais soulève aussi quelques interrogations. En effet, mis à part les administrations de la première génération, comme le Commissariat général au Plan ou la DATAR, ou la deuxième génération comme les missions interministérielles d'aménagement, ces administrations semblent représenter des moments dans un processus de gestation de futures administrations de gestion comme dans le cas de l'administration de l'environnement. Trop insister sur leur adaptabilité ou leur mobilité dévalorise les administrations de gestion qui, au fond, constituent la base de l'administration quotidienne française. Elles peuvent aussi accentuer les effets négatifs des démembrements administratifs.

3. L'administration de régulation

Une troisième catégorie d'administration a vu le jour du fait des préoccupations de régulation des activités publiques ou privées. La régulation est une démarche distincte de la gestion et de la mission, mais aussi des activités de simple contrôle. Elle est relativement inspirée de l'administration américaine et de deux types de ses institutions, soit les agences fédérales, soit les commissions indépendantes à vocation réglementaire.

Ce mode d'administration s'est développé pour permettre une régulation indépendante de domaines dits sensibles : l'informatique, l'audiovisuel, les télécommunications, les marchés financiers, les relations administrés-administration. Il s'agit de les mettre à l'abri de pressions politiques ou politiciennes, d'influence économique ou de corporatisme professionnel et pour faciliter leur épanouissement plus impartial. En France, ces administrations sont organisées sous la forme d'autorités administratives indépendantes. Si cette catégorie n'est pas forcément facile à délimiter, ces autorités ont toutes des caractères communs : une organisation spécifique distincte de l'administration ordinaire, l'absence de personnalité juridique, des garanties d'autonomie de fonctionnement et parfois des pouvoirs de réglementation mais surtout des pouvoirs de régulation. Plusieurs exemples peuvent être cités : le Médiateur de la République, la Commission nationale informatique et libertés (CNIL), le Conseil supérieur de l'audiovisuel (CSA), l'Autorité de régulation des télécommunications (ART), la Commission d'accès aux documents administratifs (CADA) ou la Commission des opérations de bourse (COB).

B. Les modes de gestion des services publics

Aujourd'hui, on peut considérer qu'il existe essentiellement trois modes de gestion des services publics : la gestion directe, la gestion par une personne publique individualisée, la gestion déléguée à une personne privée. Il revient à l'autorité, à l'initiative du service, de faire le choix du mode de gestion le plus adapté au bon fonctionnement de ce service. L'autorité voit parfois son pouvoir de choix limité par des considérations qui s'imposent à elle, par exemple lorsqu'elle a, d'une part, l'obligation de faire fonctionner certains services dits obligatoires pour des raisons constitutionnelles ou législatives, d'autre part, d'employer strictement une démarche de droit public. L'État impose parfois aux collectivités territoriales certains modes de gestion suivant les services à organiser (v. notamment la circulaire du 7 août 1987 relative à la gestion par les collectivités locales de leurs services publics locaux : champ d'application et conditions d'exercice de la gestion déléguée de ces services, *JO* 20 déc. 1987).

1. La gestion directe ou la régie

L'administration qui a la charge d'une activité de service public gère elle-même ce service sans intermédiaire. Le service n'a alors aucune individualité particulière. Il n'a pas le statut juridique de personne morale autonome. La gestion directe présente plusieurs avantages, notamment : la maîtrise complète du service par l'administration, aucune multiplication des structures, une meilleure adaptation de cette gestion strictement publique aux services publics administratifs, une absence de dispersion budgétaire, la pratique plus aisée de tarifs sociaux et une meilleure correspondance avec la satisfaction d'un besoin d'intérêt général. Mais elle présente aussi des inconvénients : une inadaptation à certains services industriels et commerciaux, un coût financier parfois excessif au regard des moyens de la collectivité concernée (v. J.-F. Lachaume, C. Boiteau, H. Pauliat, *Grands services publics*, A. Colin, 2e éd., 2000).

La gestion directe reste très utilisée par l'administration pour de nombreux services publics, surtout administratifs. Par exemple, pour l'administration de l'État, la gestion directe concerne la majorité des grands services publics classiques comme la justice, la police, la défense, les affaires étrangères, les finances (services fiscaux, douanes ou trésor). Évoquer la gestion directe pour les services de l'État revient à en décrire l'organisation et le fonctionnement de son administration centrale et de ses services déconcentrés. Pour les collectivités territoriales, la gestion directe est souvent utilisée en dehors des services obligatoires pour les activités suivantes : les bibliothèques, les musées (79 %), les piscines (84 %), les espaces verts (70 %), le nettoiement (79 %) ou l'éclairage public (60 %) (A.S. Mescheriakoff, *Droit des services publics*, PUF, 1991, p. 307). Pour les services en gestion directe, on emploie parfois aussi le terme juridique plus complexe de régie.

On distingue la régie directe de la régie indirecte ou autonome. Dans le premier cas, elle ne dispose d'aucune autonomie avec l'administration créatrice du service, dans le second, il existe des éléments d'autonomie, notamment financière. Ainsi, on rencontre au niveau de l'État de véritables régies industrielles et commerciales : la Direction des Journaux officiels, la Documentation française, le Mobilier national, l'Union des groupements d'achats publics, les monnaies et médailles, les arsenaux et poudreries, le service des alcools, sans compter aussi la manufacture des porcelaines de Sèvres ou celle des Gobelins. La SEITA fut longtemps une régie de ce type avant d'être transformée en société anonyme d'État. Certaines de ces régies disposent de budgets annexes à celui de l'État. Les collectivités territoriales pratiquent beaucoup plus la régie indirecte ou autonome.

Ce domaine de la gestion directe des services publics connaît une récente évolution liée à la réforme de l'État afin de donner une certaine autonomie à des services de l'administration d'État tout en étant placé sous l'autorité d'un ministre. Il s'agit *des services à compétence nationale*, innovation créée par décret en 1997 (Décr. 9 mai 1997 modifiant loi d'orientation 6 févr. 1992 relative à l'administration territoriale de la République et Décr. 1er juill. 1992 portant charte de la déconcentration, Décr. 9 mai 1997 relatif à la création et à l'organisation des services à compétence nationale ; v. J.Ferstenbert, « Une troisième catégorie de services de l'État ? », *AJDA*, 1997, p. 315).

Dorénavant, les administrations civiles de l'État se composent, d'une part d'administrations centrales et de services à compétence nationale, d'autre part des services déconcentrés. Ces nouveaux types de « services à compétence nationale peuvent se voir confier des fonctions de gestion, d'études techniques ou de formation, des activités de production de biens ou de prestation de services ainsi que toute autre mission à caractère opérationnel présentant un caractère national et correspondant aux attributions du ministre sous l'autorité duquel ils sont placés » (Décr. 9 mai 1997, art. 5). On est face à une structure intermédiaire entre l'administration centrale classique et l'établissement public, afin de donner une autonomie fonctionnelle à des activités opérationnelles. Ce type de structure favorise la délégation de responsabilité en relation avec la réforme de l'État. Il est adapté à la mise en place de projets de service et de centres de responsabilité. Il est encore difficile de mesurer les conséquences de la création de « ces excroissances de l'administration centrale » (R. Chapus, préc., 2001 p. 221). Néanmoins, il existe maintenant des exemples dans cette catégorie de services avec : le service d'études techniques des routes et autoroutes du ministère de l'équipement ou la direction nationale d'enquêtes fiscales.

2. La gestion par une personne publique individualisée

La démarche la plus classique est le recours à la notion d'établissement public gérant un service public, c'est-à-dire une personne morale de droit public distincte de l'administration qui l'a créé et dotée d'une autonomie de gestion notamment financière. Cette formule apparemment très pratique est très largement utilisée par l'État. On peut dénombrer près de 1 200 établissements publics nationaux. Ces établissements emploient 252 995 agents (Chiffres, au 31 décembre 1998, extraits du Rapport sur la fonction publique déjà cité, p. 146). La forte utilisation de cette formule et la création de nombreuses catégories ont fait perdre son unité à la notion initiale.

En effet, on peut citer, pêle-mêle, pour les établissements publics administratifs : les chambres de commerce et d'industrie, les chambres des métiers, les chambres d'agriculture, les parcs nationaux, l'Agence nationale pour l'emploi (ANPE), les instituts régionaux d'administration (IRA), l'École nationale d'administration (ENA), la bibliothèque nationale, le Conservatoire du littoral...

Pour la catégorie des établissements publics industriels et commerciaux, on peut évoquer : le Bureau de recherches géologiques et minières (BGRM), le Centre national d'études spatiales (CNES), les voies navigables de France, l'Office national des forêts (ONF), les Charbonnages de France, le Commissariat à l'énergie atomique (CEA), Électricité de France (EDF), Gaz de France (GDF), la Société nationale des chemins de fer (SNCF), la Régie autonome des transports parisiens (RATP)...

Pour les établissements à caractère scientifique, culturel et professionnel, on peut citer : les universités, le Collège de France, l'École française de Rome...

Enfin, les établissements publics scientifiques et technologiques sont par exemple : le Centre national de la recherche scientifique (CNRS), l'Institut national de la recherche agronomique (INRA), l'Institut national de la santé et de la recherche médicale (INSERM)... (v. O. Dugrip et L. Saïdj, préc., 1992).

Très souvent, les organismes qui portent le nom d'agence sont juridiquement organisés sous la forme d'établissement public : Agence de l'environnement et de la maîtrise de l'énergie, Agence du médicament, Agence nationale pour l'emploi (ANPE), Agence nationale pour la valorisation de la recherche, Agence nationale d'accréditation et d'évaluation en santé... Leur développement, ces dernières années, a pu faire penser à la naissance d'une nouvelle catégorie d'institutions administratives (v. « Les agences, nécessité fonctionnelle ou nouveaux démembrements de l'État », in ENA, *Le travail gouvernemental,* Doc. fr., 1996 et aussi J. Chevallier, « Les agences : effet de mode ou révolution administrative ? », in *Études en l'honneur de Georges Dupuis*, LGDJ, 1997). Pour l'instant, on peut néanmoins constater que, sur le plan strictement juridique, il s'agit soit d'établissements publics, soit d'autorités administratives indépendantes. De leur côté, les collectivités territoriales ont elles aussi recours à l'établissement public pour gérer leurs services publics.

Il existe maintenant une autre structure permettant de gérer un service public*, le groupement d'intérêt public* (GIP). Initiés par la loi de 1982 sur la recherche, les GIP peuvent dorénavant être utilisés dans de nombreux domaines : universitaire (loi de 1984), le secteur de la gestion de la montagne (loi de 1985), pénitentiaire pour les activités de formation des détenus (loi de 1987), action sanitaire et sociale (loi de 1988). Il s'agit de personnes morales qu'on peut qualifier de droit public, regroupement de plusieurs partenaires de droit public ou de droit privé réunis pour permettre la gestion d'une activité de service public.

Plus récemment, une nouvelle catégorie d'établissement public vient d'être créée par la loi du 4 janvier 2002 avec les établissements publics de coopération culturelle. Cela montre le succès de la formule des établissements publics.

3. La gestion déléguée à une personne privée

On évoque dans cette hypothèse la gestion privée du service public. Cette voie est utilisée pour faciliter le fonctionnement du service. Ses modalités de fonctionnement sont alors les plus proches de celles du secteur privé par l'utilisation du droit commun, comme le droit du travail ou le droit commercial. C'est aussi une façon d'échapper aux contraintes des règles de droit public, par exemple de la comptabilité publique ou de la gestion du personnel selon les règles de la fonction publique. L'investiture, ou la délégation, est d'abord organique et ensuite, ou en plus, statutaire.

Sur un plan organique, il s'agit soit de personnes juridiques privées spécialement créées pour gérer un service public, soit de personnes privées existantes qui se voient confier la gestion d'un service public. Pour le premier exemple, on peut citer pour montrer la diversité des secteurs concernés : les caisses primaires de Sécurité sociale, les sociétés autoroutières sous la forme de société d'économie mixte, les sociétés d'aménagement foncier, les syndicats d'initiative. Dans le deuxième cas, on peut citer notamment : les ordres professionnels, les fédérations sportives qui sous la forme d'associations contribuent à une mission de service public (loi de 1984 sur l'organisation et la promotion des activités physiques et sportives). Dans le cadre des services publics locaux, les collectivités territoriales font appel à des opérateurs privés qui se voient déléguer la gestion de services publics, on peut le constater pour plusieurs activités : les transports publics, les pompes funèbres, les ordures ménagères, le chauffage urbain, la distribution de l'eau, le câblage télévisuel... (J.-C. Froment et J. Sayah (dir.), *Le service public local*, PUG, 1998).

La modalité la plus fréquemment utilisée est *la concession de service public*. Elle constitue un contrat administratif, par lequel une personne publique, le concédant confie à une personne privée, le concessionnaire, le soin de faire fonctionner un service public, à ses risques et périls, en se rémunérant par des taxes ou des rétributions du service rendu payées par les usagers. Le contrat de concession fixe les droits et les obligations réciproques des cocontractants.

D'autres modes de gestion sont possibles : l'affermage, la régie intéressée ou la gestion en gérance. Sans faire disparaître ces différents modes d'organisation, le législateur a voulu, en 1993 et 1995 (lois relatives aux marchés publics et aux délégations de services publics), clarifier et rendre plus transparent ces opérations de gestion privée de services publics en les englobant dans le concept générique de *délégation de service public*. Cette dernière doit, dans tous les cas, répondre à des conditions précises : la saine concurrence, la transparence de la délégation, la régularité et l'impartialité des conventions de délégation.

L'administration centrale de l'État

L'État présente une réelle unité juridique. Ses administrations centrales comme ses administrations déconcentrées appartiennent à une même personne publique, l'État. En revanche, au moins sur le plan administratif, il se distingue des collectivités territoriales ou des établissements publics qui constituent un ensemble de personnes morales.

L'État dispose d'un appareil administratif central, essentiellement localisé dans la capitale, dont la vocation est nationale. On parle souvent plus simplement de l'administration centrale de l'État qui représente 36 483 emplois budgétaires (Rapport annuel sur la fonction publique et la réforme de l'État, Doc. fr. 2001) auxquels il faut ajouter les emplois des établissements publics nationaux ayant leur siège dans la capitale. Lorsque certains de ses services sont localisés en province, ils restent membres de l'administration centrale comme dans les cas suivants : le service de l'état civil des Français à l'étranger du ministère des affaires étrangères ou le service du casier judiciaire du ministère de la justice à Nantes, l'école nationale de la magistrature à Bordeaux ou l'école nationale de l'administration à Strasbourg. L'État dispose aussi d'une administration territoriale, sous la forme de services déconcentrés. Il s'agit alors de services publics ou d'autorités administratives répartis sur le territoire ayant des compétences délimitées à une circonscription administrative.

Les structures administratives sont spécialisées dans une fonction déterminée. La direction et l'impulsion sont l'œuvre du Président de la République, du Premier ministre, du gouvernement et des ministres. Le contrôle est exercé par les inspections générales et les juridictions administratives, comme le Conseil d'État ou la Cour des comptes. Ensuite, l'administration centrale dispose de structures d'expertise, de mission ou de régulation. Enfin, l'administration est aussi consultative, cette fonction est remplie par des institutions spécifiques. La Ve République a, de manière générale, renforcé le rôle du pouvoir exécutif et, à sa suite, celui de l'administration à son service, notamment l'appareil administratif central.

I. Les institutions de direction et d'impulsion

Ces institutions ont souvent la particularité, d'être simultanément politiques et administratives. Elles remplissent effectivement une double mission. Il n'est pas forcément aisé de distinguer, dans leur pratique, ce qui relève du politique et ce qui relève strictement de l'administratif. Nous évoquons ici surtout la dimension administrative (v. H. Oberdorff, « L'administration des sommets de l'État en France », *RFAP*, 1997, p. 411).

A. Le Président de la République : une autorité administrative

Le Président de la République a évidemment une place particulière dans les institutions de la Ve République. Comme on le sait, cette dernière a confectionné un bicéphalisme de l'exécutif en valorisant fortement la fonction présidentielle par l'onction du suffrage universel. Dans la pratique de la Ve République, cette dyarchie s'est révélée inégalitaire au profit du Président justement pour des raisons politiques. On a pu dire que le Président de la République était la clé de voûte des institutions, donc l'élément déterminant dans la direction gouvernementale. En revanche lors des périodes de cohabitation politique (1986-1988 ; 1993-1995 ; 1997-2002), cette dyarchie est conduite vers un autre équilibre entre les deux têtes de l'exécutif.

Les textes juridiques ne rendent donc pas forcément compte du fonctionnement réel de nos institutions. L'observation de la pratique est déterminante. Cette pratique découle elle-même de la coïncidence politique entre la majorité présidentielle et la majorité parlementaire. Dans le cas d'une réelle coïncidence, le Président peut exercer en plus de ces pouvoirs constitutionnels formels, une réelle influence sur le Premier ministre ou le gouvernement. Au contraire, lorsque les majorités ne sont pas de même nature, il faut en revenir à une application plus stricte de la Constitution. L'influence du Président en est alors largement amoindrie. Ces observations sont encore plus vraies dans le cadre des pouvoirs politico-administratifs du Président. Nous n'étudions, ici, pas tous les pouvoirs constitutionnels du chef de l'État.

1. Les attributions administratives du Président et ses moyens d'influence sur l'action administrative

a) Les pouvoirs de nomination

Le Président nomme le Premier ministre et les ministres sur proposition du Premier ministre et met fin à leurs fonctions (Const., art. 8). Le choix du

Premier ministre est essentiel et permet d'influencer l'action gouvernementale. Il ne s'agit pas d'un pouvoir formel, mais réel. Ce pouvoir est discrétionnaire même s'il tient compte de la réalité politique du moment. Le choix des ministres résulte d'une discussion et d'un accord entre le Président et le Premier ministre. Mais là encore, le rôle du Président est déterminant pour l'organisation et le fonctionnement de l'administration centrale. En effet, le décret de nomination des membres du gouvernement fixe non seulement la hiérarchie gouvernementale, mais aussi la répartition des compétences entre les ministres, donc le découpage des affaires publiques.

Le Président nomme aux emplois civils et militaires de l'État (Const., art. 13). Ce large pouvoir de nomination, organisé par la Constitution et par une loi organique, distingue les nominations effectuées par le Président de la République en Conseil des ministres des autres, directement faites par lui. Pour la première catégorie, il s'agit des emplois suivants : les conseillers d'État, le grand chancelier de la Légion d'honneur, les ambassadeurs, les conseillers-maîtres à la Cour des comptes, les préfets, les représentants du gouvernement dans les territoires d'outre-mer, les officiers généraux, les recteurs d'académies, les directeurs d'administrations centrales, mais aussi les emplois de direction des entreprises publiques. Pour la seconde catégorie, on peut citer les autres membres du Conseil d'État et de la Cour des comptes, les magistrats de l'ordre judiciaire, les professeurs de l'enseignement supérieur, les officiers des armées de terre, de mer et de l'air, les membres des corps dont le recrutement est assuré par l'ENA.

b) Les pouvoirs de décision

En vertu de l'article 5 de la Constitution, le Président a d'abord un pouvoir général d'arbitrage qui lui permet à la fois de veiller au respect de la Constitution, mais aussi d'assurer le fonctionnement régulier des pouvoirs publics ainsi que la continuité de l'État. Pendant longtemps, l'idée d'un domaine réservé du Président par rapport justement au Premier ministre a été développée, notamment pour les questions internationales et de défense. Si la Constitution établit effectivement une division des rôles, il ne semble pas y avoir de domaine réservé dans la gestion des affaires publiques. Le Président, dans le respect des pouvoirs constitutionnels du Premier ministre et du gouvernement peut s'intéresser à tout domaine, justement en vertu de cette disposition constitutionnelle. La question de la délimitation des compétences est plus aiguë en période de cohabitation.

Le Président de la République préside le Conseil des ministres (Const., art. 9). Cette présidence n'est pas formelle ou protocolaire mais réelle, elle ne ressemble pas à ce qui se passait sous les Républiques précédentes. L'ordre du jour du Conseil des ministres est d'ailleurs établi par le Président de la République en concertation avec le Premier ministre. Le Conseil des ministres, qui exprime la collégialité gouvernementale, est formellement le lieu essentiel où se concrétise juridiquement l'action publique.

Par ailleurs, le Président de la République préside d'autres conseils importants comme les conseils et comités supérieurs de défense, ces présidences découlent des compétences du Président comme chef des armées (Const., art. 15). Il est, à ce titre, le détenteur de l'emploi des armes nucléaires depuis le décret du 14 janvier 1964 relatif aux forces aériennes stratégiques, confirmé par celui du 12 juin 1996 portant détermination des responsabilités concernant les forces nucléaires. Ces responsabilités, à l'égard de la défense, induisent des relations privilégiées du Président avec le ministre de la défense et le chef d'état-major des armées. Il préside aussi le conseil de sécurité intérieure en vertu du décret du 15 mai 2002 qui le restructure.

Le Président participe aussi à l'exercice du pouvoir réglementaire. Il signe tous les décrets et les ordonnances délibérés en conseil des ministres. Pour ces derniers textes, le Président Mitterrand, en 1986, a interprété l'article 13 de la Constitution comme un pouvoir discrétionnaire de signer, ou de ne pas signer, les ordonnances et non comme une compétence liée l'obligeant à le faire. Dans la pratique, l'exercice du pouvoir réglementaire est essentiellement le fait du Premier ministre.

Le Président, en vertu de la Constitution (art. 5 et 14) et de la tradition, est très impliqué dans la politique étrangère de la France dont il détermine les grandes orientations, sans pouvoir l'administrer compte tenu des moyens administratifs limités dont il dispose (S. Cohen, *La monarchie nucléaire*, Hachette, 1986 ; H. Védrine, *Les mondes de François Mitterrand*, Fayard, 1996). On voit bien les limites de cette distribution des rôles dans ce secteur, par exemple pour la conduite de la politique européenne de la France. Ce domaine suppose une étroite collaboration entre le Président et le ministre des affaires étrangères, comme entre le Président et le Premier ministre.

c) Les moyens d'influence du Président sur l'action administrative

La Constitution donne au Président de la République des pouvoirs pour intervenir dans la gestion des affaires publiques. Mais on peut dire que, de manière plus concrète, le Président de la République a une capacité d'influence à géométrie variable suivant les conditions politiques du moment, en fonction de la similitude des majorités présidentielle et parlementaire. La pratique constitutionnelle à partir de 1986 a ouvert une nouvelle lecture de la Constitution. Il faut donc distinguer deux périodes possibles pour mesurer la réalité de l'influence présidentielle.

Dans l'hypothèse de similitude de majorité (1958-1986, 1988-1993, 1995-1997, 2002-...), la capacité d'influence du Président de la République est complète. Le régime politique est beaucoup plus présidentialiste que parlementaire. Cette lecture de la Constitution éclaire alors de manière particulière les pouvoirs présidentiels. Par exemple, il revient au gouvernement dirigé par le Premier ministre de déterminer la politique de la France, comme le précise l'article 20 de la Constitution. Mais fort de sa légitimité politique qui ne rencontre pas vraiment d'obstacle au sein du Parlement, le Président peut orienter, comme il le souhaite, les grands axes de l'activité gouvernementale. La pratique des directives présidentielles au gouvernement sous Valéry Giscard d'Estaing en a été la démonstration la plus visible (M. Gaillard, *Les directives présidentielles*, PU de Lyon, 1979). La présidence du Conseil des ministres lui facilite naturellement cette orientation. Le pouvoir de nomination à certains emplois civils et militaires lui permet aussi des choix en relation avec ses orientations.

En revanche, dans les périodes de cohabitation (1986-1988, 1993-1995, 1997-2002), le régime politique devient plus parlementaire. La fonction du Premier ministre est fortement revalorisée. La capacité d'influence du Président sur l'action publique et administrative s'en trouve réduite au strict respect de la lettre de la Constitution. Par exemple, la présidence du Conseil des ministres lui permet d'indiquer sa position, mais pas de décider d'une orientation du gouvernement. De même, si son pouvoir de nomination est formellement maintenu, son influence réelle dans ce domaine devient limitée. Il ne peut pas bloquer l'action gouvernementale, mais éventuellement simplement en limiter la marge de manœuvre. Dans ces situations, on découvre les limites d'un pouvoir présidentiel qui ne peut plus s'appuyer sur une solidarité politique avec le Premier ministre. La nature des cohabitations, conflictuelle ou douce, peut compliquer encore plus la tâche présidentielle.

Ces situations politiques de cohabitation rejaillissent nécessairement sur le rythme et la nature de l'action publique, avec des effets indéniables sur l'administration centrale de l'État. Les avis sont partagés sur les dysfonctionnements causés par la cohabitation au sommet (v. O. Schrameck, *Matignon Rive Gauche, 1997-2001*, Seuil, 2001 ; D. Chagnollaud, *Un président peut en cacher un autre*, Paris, Flammarion, 2000).

2. Les services de la présidence de la République

Sous les Républiques précédentes, le Président de la République avait un rôle plus limité. Il exerçait une magistrature morale plus qu'une autorité d'impulsion. Il n'avait donc besoin que d'un entourage modeste. Avec la Ve République, la fonction présidentielle a été renforcée, aussi bien en droit qu'en fait, compte tenu de l'élection du Président au suffrage universel. Son importance a rejailli sur celle de son entourage appelé à jouer un rôle d'impulsion dans la gestion des affaires publiques.

Néanmoins, les services de la présidence en France demeurent avant tout une administration d'état-major et non une administration de gestion. Cela ne les rend que très peu comparable, par exemple à ceux de la présidence des États-Unis.

On peut estimer à 500 les personnels civils travaillant à l'Élysée dont aujourd'hui une soixantaine de collaborateurs directs. Tout en étant les héritiers du secrétariat général, de la maison civile et de la maison militaire des Républiques précédentes, les services de la présidence se sont étoffés à partir de la présidence du général de Gaulle, qui a ajouté un service proprement administratif le secrétariat général pour la Communauté (v. J. Massot, Chef de l'État et chef du Gouvernement, Doc. fr., 1993). Depuis la suppression de ce dernier, les services de la présidence comportent aujourd'hui, en dehors des services nécessaires à l'intendance des résidences présidentielles, notamment le palais de l'Élysée, ou à leur protection et à celle du Président, trois structures : le cabinet, le secrétariat général et l'état-major particulier. Ces dernières structures ne sont pas des administrations de gestion.

a) Le cabinet du Président de la République

Le cabinet du Président, organisé autour d'un directeur de cabinet et composé d'un chef de cabinet et de conseillers techniques, a en charge, suivant les tempéraments et les souhaits des présidents, les activités suivantes : la gestion de l'organisation matérielle des activités présidentielles, l'emploi du temps, les déplacements, les contacts avec les partis politiques, les relations avec la presse et les médias, la marche des services annexes de l'Élysée...

L'existence et les fonctions de ce cabinet ont beaucoup varié avec chacun des présidents. Certains ont éprouvé le besoin de disposer de conseillers ou de chargés de mission directement rattachés à leur personne. Cela donne alors à ces collaborateurs un rôle prééminent à la présidence. Ces collaborateurs directs sont plus ou moins officieux. On pense à Pierre Juillet et Marie-France Garaud avec le Président Georges Pompidou, à Jacques Attali avec le Président Mitterrand (v. J. Massot, *La présidence de la République*, Doc. fr., 1977). Les membres du cabinet sont souvent des fidèles du Président.

b) Le secrétariat général de la présidence de la République

Le secrétariat général de la présidence de la République est l'héritier de celui des Républiques précédentes, mais sa composition, comme son rôle, se sont largement amplifiés. Organisé autour d'un secrétaire général et d'un secrétaire général adjoint, il comprend une vingtaine de conseillers techniques ou de chargés de mission, certains d'entre eux étant des chefs de file. Ce nombre est adapté aux secteurs et aux compétences plus ou moins directes du Président. Les membres du secrétariat général sont spécialisés par grand secteur administratif afin de suivre plus particulièrement pour le Président les affaires des départements ministériels. Ils appartiennent majoritairement à la fonction publique. Ils sont souvent issus des grands corps, donc fréquemment anciens élèves de l'ENA, mais ils peuvent aussi avoir eu un parcours plus politique. Le Président a évidemment une grande liberté de choix de ses collaborateurs. Lorsqu'ils sont fonctionnaires, la règle veut qu'ils soient mis à la disposition du Président par leur corps d'origine. Il n'existe pas à ce niveau de statut de fonctionnaires de la présidence de la République.

Les fonctions du secrétariat général et de ses membres sont multiples. D'abord, il s'agit d'informer le plus complètement possible le Président pour lui permettre de mieux suivre les grands dossiers du moment. Ensuite, ils peuvent faire savoir dans les instances interministérielles auxquelles ils participent de manière discrète qu'elle est la position du Président, sans pouvoir eux-mêmes décider. Enfin, ils contribuent, notamment le secrétaire général, à la préparation technique du Conseil des ministres en collaboration avec le secrétaire général du gouvernement. Le secrétariat général de la présidence prépare aussi les différentes réunions qui peuvent se tenir à l'Élysée, soit institutionnalisées comme les conseils (Conseil de défense, Conseil de politique nucléaire ou Conseil du Pacifique Sud), soit provoquées, au cas par cas, par le Président de la République ou ses collaborateurs comme les conseils restreints, les conseils ou réunions interministériels.

Dans la terminologie de la Ve République, les réunions sont dénommées conseils lorsqu'elles se tiennent à l'Élysée et de comités lorsqu'elles ont lieu à Matignon. La réunion des ministres autour du Président de la République, généralement appelée conseils restreints, est aussi une pratique institutionnelle de la Ve République.

Les services de la présidence de la République ont bien la forme d'une administration d'état-major très légère qui, « par le fait même, ne peut ni se substituer aux importants organismes qui siègent auprès du Premier ministre, ni intervenir directement dans la gestion courante de l'administration et qui, avec une efficacité et des possibilités incomparablement plus grandes, font ce que faisaient déjà les collaborateurs du Président de la IVe République. » (F. de Baecque, *Qui gouverne la France ?*, PUF, 1976, p. 105 ; v. aussi S. Cohen, *Les conseillers du Président*, PUF, 1980). Le Conseil d'État a eu l'occasion de préciser dans un arrêt que le secrétariat général de la présidence de la République n'était justement pas une administration centrale (CE 5 mai 1976, *Union des syndicats CFDT des administrations centrales*). L'impact réel des services de la présidence dépend donc étroitement de la capacité personnelle d'influence du Président, dans la mesure où ses collaborateurs ne sont pas en position de décideur comme les collaborateurs du Premier ministre. On comprend alors mieux pourquoi les périodes de cohabitation réduisent très fortement les capacités d'influence du Président de la République (M.-A. Cohendet, *La cohabitation, leçons d'une expérience*, PUF, 1993).

c) L'état-major particulier du Président de la République

Cet état-major a une importance particulière dans la mesure où le Président de la République est le chef des armées. Cette fonction n'est pas formelle. Plusieurs interventions récentes des armées françaises au Moyen-Orient comme en Afrique ont montré le rôle direct du Président pour décider et conduire les opérations militaires. Cette responsabilité en matière de défense comme la détention du feu nucléaire nécessite un état-major particulier. Celui-ci comprend autour d'un chef de l'état-major particulier deux ou trois officiers généraux et deux ou trois officiers supérieurs. Cet état-major particulier permet au Président un contact plus direct avec les armées, contribue au fonctionnement des conseils de défense en liaison avec le secrétariat général de la défense nationale rattaché au Premier ministre.

B. Le Premier ministre, le gouvernement et ses services

La Constitution distribue les compétences, comme pour tout régime parlementaire, entre le Président de la République et le Premier ministre. La pratique et la lecture longtemps présidentialiste de cette Constitution ont gommé un peu le rôle et la place du Premier ministre et du gouvernement. Elles ont plus accentué la subordination du Premier ministre à l'égard du Président que valorisé ses pouvoirs propres. Les périodes de cohabitation ont rééquilibré l'exercice des pouvoirs au sein de l'exécutif et ainsi révélé, de manière claire, les capacités de décision, donc les pouvoirs du Premier ministre. De manière générale, on peut dire que le Président de la République a besoin du Premier ministre pour traduire ses orientations en actes. À l'inverse du Président, le Premier ministre a les moyens juridiques, matériels et humains de mener une politique. On a pu à juste titre le considérer, avec une certaine malice, comme la clé de voûte des institutions (M. Lascombe, « Le Premier ministre, clef de voûte des institutions », *RDP*, 1981, p. 105) ou un puissant subordonné (S. Rials, *Le Premier ministre*, PUF, 1989). Cette subordination est plus liée à la pratique française du fait majoritaire qu'aux seules règles constitutionnelles.

1. Les attributions administratives du Premier ministre

Elles sont d'une extrême diversité et donnent au Premier ministre des pouvoirs de décision ainsi que des capacités d'impulsion et de synthèse pour l'action gouvernementale. Il est enfin au centre des réseaux de pouvoir politique et administratif de la République. Nous n'évoquerons ici que les attributions administratives, car à côté d'elles, il assume de nombreuses fonctions politiques par exemple à l'égard du Parlement. Dans ce dernier cadre, le Premier ministre est « le metteur en scène » du travail parlementaire (D. Chagnollaud, J.-L. Quermonne, *La Ve République, 2 – Le pouvoir exécutif et l'administration*, Champs, Flammarion, 2000, p. 176).

Il dirige l'action du gouvernement (Const. art. 21) qui lui-même détermine et conduit la politique de la Nation (Const., art. 20). Ce pouvoir de direction est lié à sa capacité de maintenir la cohérence et la solidarité gouvernementale autour des grandes lignes qu'il a fixées, soit en concertation ou subordination avec les orientations du Président de la République, soit seul lors des périodes de cohabitation. Il est le Premier des ministres en charge de l'ensemble de l'activité gouvernementale, sans en être leur supérieur hiérarchique. Cela se traduit par des choix politiques majeurs. Le Premier ministre utilise fréquemment la modalité des circulaires aux ministres pour leur indiquer sa manière de concevoir l'action gouvernementale ou la mise en œuvre de certaines politiques (v. Circ. 25 mai 1988 relative à la méthode de travail du gouvernement; Circ. 26 juill. 1995 relative à la préparation et à la mise en œuvre de la réforme de l'État et des services publics; Circ. du 6 juin 1997 relative à l'organisation du travail gouvernemental). Cette direction est complétée par un pouvoir de coordination du travail des différents départements ministériels, donc de décisions d'arbitrages en cas de conflit entre les ministres sur un projet de loi ou de décret ou sur des questions budgétaires.

Il dirige l'administration en vertu de l'article 20 de la Constitution. Il a ainsi la haute main sur l'appareil d'État. Pour l'aider dans cette fonction, il est entouré d'un ministre en charge de la fonction publique et surtout de la direction générale de l'administration et de la fonction publique. Il peut d'autant plus diriger l'administration qu'il dispose de pouvoirs juridiques très importants. En effet, il nomme aux emplois civils et militaires de manière complémentaire du Président. Il dispose aussi et surtout du pouvoir réglementaire, compétence déterminante pour conduire les affaires publiques, surtout lorsqu'on sait que dans notre pays, les ministres ne disposent pas du pouvoir réglementaire général.

Il est responsable de la défense nationale, donc de la préparation du territoire pour les périodes de guerre ou de danger imminent. Il est aidé dans cette fonction par le secrétariat général de la défense nationale. Ce rôle est complémentaire de celui du Président de la République.

Le Premier ministre assume politiquement les conséquences des choix menés. Il s'agit d'abord d'une responsabilité politique devant le Parlement, position classique dans un régime parlementaire. La pratique constitutionnelle de la Ve République y a ajouté une responsabilité vis-à-vis du Président de la République. Ainsi, « de l'origine de la Ve République au 20 mars 1986, quelles que soient les personnalités qui ont occupé l'hôtel Matignon et quel que soit le degré de cohésion de la majorité parlementaire, le Premier ministre est plus ou moins apparu comme le chef d'état-major du Président de la République » (J.-L. Quermonne, D. Chagnollaud, *Le gouvernement de la France sous la Vᵉ République*, Fayard, 1996, p. 344). Les résultats des élections présidentielles et législatives de 2002 ouvrent une nouvelle période de prééminence du Président de la République sur le Premier ministre. Le choix du Premier ministre et l'attention du Président de la République pour la composition du gouvernement montrent l'inégalité évidente de la dyarchie de l'exécutif.

Depuis les périodes de cohabitation, on peut observer un autre fonctionnement de nos institutions, une dyarchie moins inégalitaire à la tête de l'exécutif. Mais en tout état de cause, le Premier ministre de la Vᵉ République « en principe vassalisé, apparaît comme un personnage autrement plus puissant que les chefs de gouvernement qui l'ont précédé. Il dispose d'une stabilité (trois ans en moyenne), et, par là, il a acquis sur son équipe une autorité sans égale qui lui permet d'être associé comme jamais à l'exercice par les ministres de leur pouvoir de décision et de faire remonter à Matignon, pour les trancher lui-même, les dossiers qui l'intéresse » (P. Ardant, *Le Premier ministre en France*, coll. Clefs, Montchrestien, 1991, p. 149).

2. Le gouvernement

Au sens restrictif du terme, le gouvernement est simplement l'ensemble composé du Premier ministre et des ministres. Sous la Vᵉ République, cette composition a varié en admettant que siègent ou non les secrétaires d'État, ceux-ci n'étant conviés qu'en fonction des sujets traités. Ce choix peut permettre de donner une meilleure cohérence au fonctionnement du Conseil des ministres. Notre pays ne dispose pas d'une réglementation de nature constitutionnelle ou législative sur l'organisation et le fonctionnement du gouvernement. La base juridique de sa composition reste seulement le décret de nomination des ministres pris par le Président de la République et contresigné par le Premier ministre. La structure du gouvernement est construite par ce texte, le nombre de ministres défini et les attributions des ministres déterminées. La division précise des compétences est effectuée par la suite par des décrets de répartition de compétences.

Il s'agit d'un organe collégial dont la collégialité s'exprime au moment du Conseil des ministres présidé par le Président de la République dans une séance relativement solennelle et très formellement organisée chaque mercredi. La solidarité gouvernementale s'exprime à cette occasion autour des choix et des décisions prises. La Constitution définit, à plusieurs reprises, les attributions du Conseil des ministres notamment celles de : délibérer sur les nominations des plus hauts fonctionnaires de l'État (art. 13) ; délibérer sur les projets de décrets (art. 13), d'ordonnances (art. 38) ou de lois (art. 39) ; délibérer sur les engagements de la responsabilité du gouvernement par le Premier ministre devant le Parlement. Dans la pratique, le Conseil des ministres apparaît plus comme le point final et plutôt formel du processus décisionnel gouvernemental que comme le lieu d'un réel débat (v. F. Giroud, *La comédie du pouvoir*, Fayard, 1977 ; A. Decaux, *Le tapis rouge*, Perrin, 1992). L'organisation de la séance ne s'y prête que peu. Les débats semblent rares.

3. Les services du Premier ministre et du gouvernement

L'organisation des services du Premier ministre et du gouvernement est complexe, car elle regroupe non seulement un cabinet, le secrétariat général du gouvernement, mais aussi un très grand nombre d'organismes rattachés au Premier ministre, sous la forme de commissariats, de comités interministériels permanents ou de délégations. Cet ensemble de 3 000 agents est à la fois une administration d'état-major et une administration de services, à la différence de la présidence de la République. Cette administration a commencé à se structurer à partir de l'attribution au président du Conseil en 1935 de l'hôtel Matignon et de la création d'un emploi permanent de secrétaire général du gouvernement en 1944. La Ve République confirme son rôle et renforce ses moyens, ce qui montre bien, la place du Premier ministre dans nos institutions. L'une des suggestions du rapport Picq est d'améliorer la capacité d'expertise de l'administration du Premier ministre en lui donnant des outils administratifs plus performants, en faisant de Matignon, un véritable Premier ministère.

a) L'état-major politique du Premier ministre : le cabinet

Ce cabinet souvent très étoffé, entre une vingtaine et une cinquantaine de personnes suivant les Premiers ministres, constitue son état-major politique et doit être comparé au secrétariat général de la présidence de la République. Organisé autour d'un directeur de cabinet, il comprend, outre un chef de cabinet, des conseillers auprès du Premier ministre, des conseillers, des conseillers techniques, des chargés de mission. La composition, comme la provenance des membres du cabinet, dépendent du choix du Premier ministre (v. pour le fonctionnement du cabinet de Michel Rocard, J.-P. Huchon, *Jours tranquilles à Matignon*, Grasset, 1993 ; ou pour le Premier ministre actuel, les arrêtés du 12 juillet 2002 relatif à la composition du cabinet du Premier ministre, *JO* 20 juill. 2002). Les membres sont souvent issus des grands corps de la fonction publique, mais pas obligatoirement. Ils ont la charge avec les conseillers chefs de file de suivre les grands secteurs ministériels. Ils sont donc en prise directe avec l'activité gouvernementale et en position de décision dans de nombreux cas en présidant par exemple des réunions interministérielles d'arbitrage au nom du Premier ministre. Ils n'ont donc pas qu'un rôle d'information de celui-ci.

Ce cabinet comprend aussi une branche militaire, compte tenu des compétences du Premier ministre en matière de défense nationale. Il est moins développé que l'état-major particulier du Président de la République dans la mesure où le Premier ministre bénéficie du secrétariat général de la défense nationale. Il comprend outre le chef du cabinet militaire, deux à trois officiers supérieurs.

b) Les états-majors administratifs du gouvernement

Matignon n'est pas seulement un lieu d'arbitrage ou de décision politique, mais aussi un centre de coordination administrative. C'est pour qualifier ces rôles qu'on emploie parfois les termes de premier ministère, de secrétariat général de l'exécutif ou de ministère d'administration générale (J. Massot, *Le chef du gouvernement de la France*, Doc. fr., 1979, p. 181). Ces états-majors administratifs sont au nombre de trois.

❑ *Le secrétariat général du gouvernement* (SGG). Structuré autour d'un secrétaire général, composé de conseillers et de chargés de mission, le secrétariat général du gouvernement, instance d'une centaine de personnes, est une institution spécifiquement destinée à assurer et à veiller au bon fonctionnement du travail gouvernemental. « Ce n'est pas un cabinet… Ce n'est pas non plus une administration centrale… C'est une instance régulatrice, une sorte d'institution charnière, qui intervient au niveau des procédures et des circuits de décision du travail gouvernemental » (J. Fournier, *Le travail gouvernemental*, FNSP-Dalloz, 1987, p. 145 ; v. aussi M. Long, *Les services du Premier ministre*, PU d'Aix-Marseille, 1981).

On peut résumer les fonctions du secrétariat général du gouvernement autour de quatre idées. Il assure la continuité du fonctionnement des pouvoirs publics. Il s'agit d'une instance permanente, dont les membres sont des personnels administratifs, qui n'est donc pas obligatoirement soumise aux conséquences des alternances politiques. On a pu l'observer en 1981, lors de l'arrivée d'une majorité socialiste aux affaires, avec le maintien du secrétaire général du moment qui a ainsi aidé au bon fonctionnement de l'alternance politique.

Il veille au respect des règles de l'État de droit par le gouvernement. Il peut d'autant mieux le faire qu'il est au carrefour des relations entre le Président de la République et le Premier ministre, le gouvernement et le Parlement, le Premier ministre et les ministres, mais aussi entre le gouvernement et le Conseil constitutionnel. Il est une instance essentielle dans le déroulement de la procédure législative, car il aide techniquement le Premier ministre. Il a la charge de suivre les saisines du Conseil constitutionnel et de préparer les observations du gouvernement sur les saisines parlementaires. Il assure aussi les rapports avec le Conseil d'État. C'est d'ailleurs un membre de ce Conseil qui assure les fonctions de secrétaire général.

Il contribue au bon fonctionnement du processus décisionnel gouvernemental en faisant fonctionner techniquement la mécanique des délibérations interministérielles. Il prépare, notamment en concertation avec la présidence de la République, le déroulement du Conseil des ministres. Le secrétaire général en suit les délibérations et en relève les décisions. Il joue un rôle déterminant dans ce processus décisionnel, y compris, au moment de la publication des textes au Journal officiel.

Enfin, il est le « secrétariat général des services du Premier ministre » selon l'expression de Marceau Long, ancien secrétaire général. En effet, il coordonne les nombreux services rattachés au Premier ministre. Cela est nécessaire car cet ensemble de services, parfois disparates, constitue une nébuleuse administrative surprenante.

❑ *Le secrétariat général de la défense nationale* (SGDN). Organisme doté de 218 emplois, civils et militaires, le secrétariat général de la défense nationale assiste le Premier ministre dans ses responsabilités en matière de défense nationale. Compte tenu des compétences respectives du Président de la République, du Premier ministre et du ministre de la défense sur ces questions, cette instance constitue nécessairement leur trait d'union. Ses responsabilités sont multiples : assurer le secrétariat des conseils et des comités de défense ; informer le gouvernement sur les questions de défense ; participer à la coopération internationale ; sensibiliser les administrations et la société civile aux questions de défense, par l'entremise notamment de l'Institut des hautes études de défense nationale (IHEDN).

❑ *Le secrétariat général du comité interministériel pour les questions de coopération économique européenne* (SGCI). Cet organisme, crée en 1948 pour permettre à la France de bien utiliser les aides du plan Marshall, est devenu l'instrument primordial de la coordination de l'ensemble des administrations françaises dans le processus décisionnel européen depuis que la France est membre des Communautés et à plus forte raison de l'Union européenne. Cette institution de plus de 160 membres répartis en 18 secteurs vérifie la cohérence des positions françaises face à la construction communautaire. Il constitue un état-major administratif pour les questions européennes au service du Président de la République, du Premier ministre et des ministres. En période de cohabitation, ce trait d'union entre les plus hautes autorités de l'État est encore plus indispensable pour éviter que notre pays s'exprime de manière discordante. Régulièrement par circulaires, le Premier ministre rappelle le rôle capital du SGCI pour que les positions de la France dans les instances de l'Union européenne soient exprimées avec clarté et dans la plus grande cohérence (v. notamment Circ. Prem. min. 21 mars 1994 relative aux relations entre les administrations françaises et les institutions de l'Union européenne, *JO* 31 mars 1994).

c) Les autres services administratifs rattachés au Premier ministre

Les rattachements s'expliquent, soit par la logique administrative, soit par les hasards de l'histoire. La nécessité d'un traitement interministériel du secteur justifie souvent un rattachement au Premier ministre. La forme de ce rattachement varie suivant l'existence d'un ministre ou d'un secrétaire d'État en charge du domaine d'activité concerné, comme par exemple pour la fonction publique.

Outre les services de sécurité et d'intendance de l'Hôtel Matignon, mais aussi l'importante direction des services administratifs et financiers (plus de 350 personnes), on peut classer cet ensemble de services ou d'organismes en deux catégories de services, d'une part les services spécialisés rattachés au Premier ministre, d'autre part les services, tantôt rattachés au Premier, tantôt à un ministre suivant la composition du gouvernement.

Dans la première catégorie, on peut d'abord relever les services chargés de l'information et de la communication gouvernementale : la direction des Journaux officiels ; la documentation française, le service d'information du gouvernement. Ensuite, plusieurs services ont vocation à traiter les questions relatives aux administrés comme, par exemple : les centres interministériels de renseignements administratifs, la commission pour les simplifications administratives, la commission d'accès aux documents administratifs ou la commission nationale consultative des droits de l'homme. Enfin, on peut aussi observer un très grand nombre de services à vocation sectorielle qu'on a jugé préférable de rattacher au Premier ministre, comme notamment : la commission supérieure de codification, le conseil national de l'évaluation, le délégué interministériel à la sécurité routière, le haut conseil de l'intégration, la mission de lutte contre les sectes, l'observatoire de la parité entre les femmes et les hommes.

Dans la deuxième catégorie, il s'agit d'institutions placées directement sous la tutelle du Premier ministre, ou sous celle d'un ministre lorsqu'il a cette compétence. Il en va ainsi, par exemple dans le domaine de la fonction publique avec la direction générale de l'administration et de la fonction publique ou les écoles administratives comme l'ENA ou les IRA. Aujourd'hui la responsabilité directe de ces structures est assumée par le ministre chargé de la fonction publique. Il en est de même pour la DATAR.

C. Les ministres, la spécialisation et la coordination interministérielle

Le Président de la République et le Premier ministre disposent d'une grande liberté politique et juridique pour créer de nouveaux ministères au moment de la composition du gouvernement. Il n'y a pas d'obligations constitutionnelles préétablies qui fixent un cadre comme cela se produit dans d'autres pays. Cette liberté porte aussi bien sur le nombre des membres du gouvernement que sur les compétences, et donc les appellations, des ministères. Le décret de nomination des membres du gouvernement est donc fondamental (Décr. 17 juin 2002 relatif à la composition du Gouvernement). Cela permet une composition du gouvernement en fonction des choix politiques du moment. Des regroupements plus judicieux de compétences et d'administrations sont opérés. La création de « super-ministères » permet de réaliser de meilleures synthèses, comme les exemples actuels du ministère de l'économie, des finances et de l'industrie en charge en plus de l'économie, des finances et de l'industrie, du commerce extérieur, du budget, des PME, du commerce, de l'artisanat et de la consommation ou du ministère de l'emploi et de la solidarité en charge en plus de la famille et de l'enfance, de la ville, de la santé, des handicapés, des droits des femmes, de la formation professionnelle et de l'économie sociale. À partir de ce décret de nomination, l'administration centrale est organisée en conséquence, les compétences sont réparties entre les ministres par des décrets d'attributions. Évidemment des changements trop fréquents dans la composition du gouvernement risquent d'entraîner une forme de déstabilisation régulière de l'administration centrale.

Dans son rapport, Jean Picq, suggère, à juste titre, de faire évoluer les conditions de création du gouvernement, de réduire le nombre de ministres à une vingtaine et de stabiliser ainsi la structure gouvernementale : « l'impératif de stabilité administrative justifierait, comme c'est le cas dans d'autres pays, que l'organisation gouvernementale soit fixée par la loi ou par une loi organique » (préc., p. 113).

1. La hiérarchie et la spécialisation ministérielles

a) La diversité hiérarchique

La hiérarchie gouvernementale résulte d'un choix discrétionnaire du Président de la République et du Premier ministre lors du décret de nomination. Elle évolue en fonction des titres des membres du gouvernement et de leur place dans sa composition. La lecture de ce décret est donc très riche d'enseignements. Cette hiérarchie se présente de la manière suivante.

❑ *Les ministres d'État.* Il s'agit, par une forme de grade supérieur, d'honorer une personne, en la plaçant au sommet de la hiérarchie gouvernementale après le Premier ministre. Il s'agit aussi de valoriser les tendances politiques au sein d'un gouvernement de coalition, que ce soit des partis politiques ou des orientations au sein d'un même parti. C'est le moyen de mettre en avant l'importance d'une administration en mettant à sa tête non seulement un ministre, mais en plus un ministre d'État. Sous la Ve République, il n'existe plus de ministre d'État sans portefeuille ministériel comme sous la IVe République. Il peut arriver que les ministres d'État soient considérés comme ayant une vocation généraliste à s'intéresser à l'ensemble des affaires gouvernementales. Ce rôle s'est confirmé lors de la guerre du Golfe au travers des conseils restreints autour du Président de la République réunissant les ministres d'État. Le gouvernement actuel n'a pas de ministre d'État.

❑ *Les ministres.* Ils constituent l'institution de droit commun de tout gouvernement. Ils ont la charge d'un département ministériel déterminé. L'ordre entre les ministres est fixé par le décret de nomination. Cet ordre valorise non seulement la personne concernée, mais surtout le département ministériel. Cela constitue une précieuse indication sur les orientations politiques du gouvernement, par exemple aujourd'hui avec l'intérieur, la sécurité intérieure et les libertés locales (Nicolas Sarkozy), les affaires sociales, le travail et la solidarité (François Fillon) ou la justice (Dominique Perben) placés en tête des activités gouvernementales. Le gouvernement comprend actuellement seulement 15 ministres (de plein exercice). Il se rapproche, en cela, des propositions du rapport Picq, si l'on compare à d'autres gouvernements de la Ve République.

❑ *Les ministres délégués.* Tout en ayant le statut de ministre, les ministres délégués sont placés auprès d'un ministre pour les seconder dans une tâche déterminée, une forme de division du travail et un moyen d'exercer une meilleure administration d'un vaste domaine. Le gouvernement actuel en donne des exemples avec : le ministre délégué au budget et à la réforme budgétaire auprès du ministre de l'Économie, des Finances et de l'Industrie (Alain Lambert), la ministre déléguée aux affaires européennes auprès du ministre des Affaires étrangères (Noëlle Lenoir) ou le ministre délégué à la ville et à la rénovation urbaine auprès du ministre des Affaires sociales, du Travail de la Solidarité (Jean-Louis Borloo). Aujourd'hui, le gouvernement comprend 11 ministres délégués. Ils participent au Conseil des ministres.

❑ *Les secrétaires d'État.* Contrairement à d'autres pays, les secrétaires d'État ont une place plus modeste dans la hiérarchie gouvernementale et sont délégués auprès d'un ministre. Là encore, il s'agit d'une division du travail dans un département ministériel permettant une meilleure administration générale du ministère et donc de constituer de vastes départements ministériels en réalisant une bonne coordination directe. Évidemment, l'efficacité de l'équipe ainsi constituée, dépend de l'entente réelle entre les personnes. Le gouvernement actuel comprend 12 secrétaires d'État, tous délégués auprès d'un ministre ou du Premier ministre, ne participant au Conseil des ministres que pour les affaires relevant de leurs attributions. Il ne comporte pas de secrétaire d'État autonome, formule employée sous le septennat du président Giscard d'Estaing.

b) La spécialisation ministérielle

Depuis la période révolutionnaire où il n'y avait seulement que 6 départements ministériels, le nombre des ministères n'a cessé de croître au fur et à mesure de l'augmentation des compétences étatiques. La Révolution a valorisé la spécialisation fonctionnelle par la loi du 27 avril-25 mai 1791 qui crée 6 ministères considérés comme indispensables : la justice, la guerre, les affaires étrangères, la marine, les contributions et revenus publiques, l'intérieur. Le nombre de départements ministériels est maintenant plus important, proche d'une vingtaine, suivant la manière de compter. Ce nombre peut varier, diminuer s'il est procédé au regroupement autour d'un ministre de plusieurs compétences, ou au contraire augmenter lorsque les compétences sont éparpillées entre plusieurs ministères.

Au fil de l'augmentation des compétences de l'État, de nouveaux découpages sont apparus. Ils se sont réalisés par scissiparité du ministère de l'Intérieur. Beaucoup de nouvelles administrations en sont sorties pour créer d'autres ministères. On comprend qu'il soit devenu au fil du temps le ministère de la police et des collectivités territoriales. Cette scissiparité s'est reproduite pour d'autres ministères, par exemple à partir de celui de l'éducation, pour les affaires culturelles ou pour la jeunesse et les sports.

La spécialisation ministérielle se réalise, soit de manière verticale, soit de manière horizontale. Dans le premier cas, le ministère prend en charge complètement une catégorie de la population et l'ensemble de ses activités, comme les agriculteurs avec le ministère de l'Agriculture, ou comme le ministère en charge des petites et moyennes entreprises, du commerce et de l'artisanat. Dans le deuxième cas, le ministère a la charge d'une activité touchant à l'ensemble des catégories de la population, comme l'économie et les finances, ou comme l'emploi et la solidarité, ou l'environnement.

Cette spécialisation n'empêche pas des chevauchements d'activité préjudiciables à l'efficacité administrative et nécessitant le recours systématique à la coordination interministérielle. Par exemple, le secteur éducatif le montre bien. Le ministère de l'éducation nationale est loin d'être le seul à se préoccuper d'éducation, d'autres le font aussi : le ministère de la Culture avec les écoles artistiques, le ministère chargé de l'industrie avec certaines écoles d'ingénieurs, le ministère de la Défense avec l'école polytechnique, le ministère de la Fonction publique avec les écoles administratives, le ministère de l'Agriculture avec les lycées agricoles.

Aujourd'hui, à l'issue de la nouvelle composition du 17 juin 2002, on peut classer les ministres et les ministères du gouvernement actuel autour des grandes fonctions de l'État.

❑ *Les fonctions de souveraineté* sont remplies par :
– le Garde des Sceaux, ministre de la Justice (Dominique Perben) assisté d'un secrétaire d'État aux programmes immobiliers de la justice (Pierre Bédier) ;
– la ministre de la Défense (Michèle Alliot-Marie) assistée d'un secrétaire d'État aux anciens combattants (Hamlaoui Mékachéra) ;
– le ministre des Affaires étrangères (Dominique de Villepin) assisté d'une ministre déléguée aux affaires européennes (Noëlle Lenoir), d'un ministre délégué à la coopération et à la francophonie (Pierre-André Wiltzer) et d'un secrétaire d'État aux affaires étrangères (Renaud Muselier) ;
– le ministre de l'Intérieur, de la Sécurité intérieure et les Libertés locales (Nicolas Sarkozy) assisté d'un ministre délégué aux libertés locales (Patrick Devedjian) ; la ministre de l'Outre-mer (Brigitte Girardin) ;
– le ministre de la Fonction publique, de la Réforme de l'État et de l'Aménagement du territoire (Jean-Paul Delevoye), assisté d'un secrétaire d'État à la réforme de l'État (Henri Plagnol).

❑ *Les fonctions économiques* sont remplies par :
– le ministre de l'Économie, des Finances et de l'Industrie (Francis Mer) assisté d'un ministre délégué au budget et à la réforme budgétaire (Alain Lambert), d'une ministre déléguée à l'industrie (Nicole Fontaine), d'un ministre au commerce extérieur (François Loos) et d'un secrétaire d'État aux petites et moyennes entreprises, au commerce, à l'artisanat, aux professions libérales et à la consommation (Renaud Dutreil) ;
– le ministre de l'Agriculture, de l'Alimentation, de la Pêche et des Affaires rurales (Hervé Gaymard) ;
– le ministre de l'Équipement, des Transports, du Logement du Tourisme et de la Mer (Gilles de Robien) assisté d'un secrétaire d'État aux transports

et à la mer (Dominique Bussereau) et d'un secrétaire d'État au tourisme (Léon Bertrand).

❑ *Les fonctions sociales* sont assurées par :
– le ministre des Affaires sociales, du Travail et de la Solidarité (François Fillon) assisté d'un ministre délégué à la ville et à la rénovation urbaine (Jean-Louis Borloo), d'une ministre déléguée à la parité et à l'égalité professionnelle (Nicole Ameline), d'une secrétaire d'État à la lutte contre la précarité et l'exclusion (Dominique Versini), d'un secrétaire d'État aux personnes âgées (Hubert Falco) ;
– le ministre de la Santé, de la Famille et des Personnes handicapés (Jean-François Mattei) assisté d'un ministre délégué à la famille (Christian Jacob) et d'une secrétaire d'État aux personnes handicapées (Marie-Thérèse Boisseau) ;
– la ministre de l'Écologie et du Développement durable (Roselyne Bachelot-Narquin) assisté d'une secrétaire d'État au développement durable (Tokia Saïfi).

❑ *Les fonctions culturelles et éducatives* sont assumées par :
– le ministre de la Jeunesse, de l'Éducation nationale et de la Recherche (Luc Ferry) assisté par un ministre délégué à l'enseignement scolaire (Xavier Darcos) et d'une ministre déléguée à la recherche et aux nouvelles technologies (Claudie Haigneré) ;
– le ministre de la Culture et de la Communication (Jean-Jacques Aillagon) ;
– le ministre des Sports (Jean-François Lamour).

2. La coordination interministérielle

La coordination interministérielle est indispensable pour donner toute sa cohérence à l'activité gouvernementale et éviter les conséquences négatives de la spécialisation ministérielle pour laquelle on a pu parler d'administration en miettes. En surmontant d'éventuelles logiques contradictoires et résolvant les conflits d'attribution, la coordination interministérielle permet de dégager une position claire et acceptée par l'ensemble des membres du gouvernement. Plusieurs formes de coordination sont utilisées pour y arriver.

Le Premier ministre veille, par son arbitrage régulier, à la cohérence de l'activité gouvernementale dont il définit préalablement les grandes orientations. Il indique d'ailleurs régulièrement à ses ministres la nécessité de son intervention pour les questions les plus importantes. « Je ne souhaite pas trancher des divergences portant sur des aspects secondaires de l'activité gouvernementale et vous invite à les régler entre vous. Je n'en devrai pas moins être saisi de tout projet de décision importante, ainsi que de tout projet suscitant des différents interministériels persistants » (Circ. Prem. min. 6 juin 1997 relative à l'organisation du travail gouvernemental, *JO* 7 juin 1997).

Cette coordination peut aussi se faire par la création de grands ministères regroupant un grand nombre de compétences dans un même secteur des affaires publiques. Ainsi, plusieurs expériences ont été menées dans le passé. Dans le gouvernement actuel, on peut citer plusieurs exemples avec : un grand ministère de l'économie, des finances et de l'industrie regroupant, en plus de ces compétences, les responsabilités dans le domaine du budget et de la réforme budgétaire, du commerce extérieur, des petites et moyennes entreprises, du commerce, de l'artisanat, des professions libérales et de la consommation ; un grand ministère des affaires sociales, du travail et de la solidarité regroupant en plus de ces compétences, les responsabilités de la ville et de la rénovation urbaine, de la parité et de l'égalité professionnelle, de la lutte contre la précarité et l'exclusion et des personnes âgées.

Au-delà, il est possible d'institutionnaliser les procédures de coordination interministérielle, selon plusieurs modalités.

D'abord, il s'agit des réunions interministérielles qui regroupent autour d'un membre du cabinet du Premier ministre, les collaborateurs des ministres concernés et qui débouchent sur une décision prise par le Premier ministre ou en son nom. Il se tient près plus d'un millier de réunions de ce type par an.

Ensuite, c'est l'usage du comité interministériel, instance plus permanente souvent dotée d'un secrétariat qui en assure le suivi. Les ministres assistent normalement personnellement à ce type d'instances qui servent à garantir justement la cohérence de l'action gouvernementale dans un domaine déterminé. Il existe ainsi près d'une quarantaine de comités de ce type, rattachés souvent au Premier ministre. Ils se réunissent plus ou moins régulièrement, certains sont parfois en sommeil depuis quelques mois ou années. On peut citer quelques exemples de comités : le Comité interministériel de développement et d'aménagement du territoire (CIADT) ; le Comité interministériel de la sécurité routière ; le Comité interministériel pour les villes...

Enfin, la coordination de l'action gouvernementale ou l'action interministérielle peuvent se réaliser par la mise en place de structures spécialisées permanentes sous des dénominations très variées, souvent placées auprès du Premier ministre ou mis à disposition d'autres ministres : Commissariat (Commissariat général au Plan, Commissariat général à la langue française...) ; Haut conseil (Haut conseil de l'intégration) ; Délégation (Délégation interministérielle aux professions libérales, Délégation interministérielle à la réforme de l'État...) ; Conseil (Conseil d'analyse économique, Conseil d'orientation de la mission interministérielle de lutte contre les sectes, Conseil national de la vie associative) ; Commission (Commission supérieure de codification, Commission interministérielle pour la sécurité des systèmes d'information, la Commission nationale consultative des droits de l'homme, la Commission pour les simplifications administratives) ; Observatoire (Observatoire de l'emploi public, Observatoire de la parité hommes-femmes).

Ce souci constant de la coordination et de la cohérence gouvernementale a suscité des suggestions ou des propositions d'aménagement dans de nombreux rapports, comme par exemple celui du Conseil d'État consacré aux Structures gouvernementales et organisation administrative (Doc. fr., 1985).

D. Les ministères et l'administration centrale

1. Le ministre et son entourage

Le ministre est à la fois un personnage politique et une autorité administrative. Comme membre du gouvernement, il participe à la définition et à l'exécution de la politique gouvernementale, notamment lors du Conseil des ministres. Cette participation est plus ou moins large suivant le secteur ministériel concerné, son implication dans la politique générale et la place du ministre dans la hiérarchie gouvernementale. Cela est d'autant plus vrai que seuls les ministres participent vraiment de manière permanente au Conseil des ministres.

Le ministre est aussi une autorité administrative à la tête d'une administration centrale dont il est chef direct. Il a pour fonction essentielle d'administrer un secteur de l'activité de l'État. Il dispose pour cela d'une série de pouvoir. D'abord, il dispose d'un pouvoir hiérarchique sur les personnels de son administration. L'exercice de ce pouvoir prend la forme d'ordres, d'instructions ou de circulaires. S'il n'a pas juridiquement et formellement le pouvoir réglementaire général à l'inverse du Premier ministre, il a le pouvoir d'organisation de ses services selon une jurisprudence traditionnelle (v. C. Wiener, *Recherches sur le pouvoir réglementaire des ministres*, LGDJ, 1970). « Il leur appartient comme à tout chef de service, de prendre les mesures nécessaires au bon fonctionnement de l'administration placée sous leur autorité » (CE Sect. 7 févr. 1936, *Jamart*, *GAJA*, Dalloz, 13e éd., 2001, p. 318). Il participe au pouvoir réglementaire du Premier ministre à tous les stades de la procédure d'adoption des décrets : l'initiative réglementaire, l'élaboration du texte ou le contreseing. Enfin, le législateur peut de manière expresse lui attribuer un pouvoir réglementaire spécialisé.

L'entourage du ministre est surtout constitué par un cabinet. Les corps d'inspection des administrations centrales sont souvent rattachés directement aux ministres. L'institution du cabinet ministériel est une caractéristique de l'organisation des ministères en France, d'une part du fait de leur importance numérique, d'autre part compte tenu de leur influence sur l'administration centrale. La composition en est traditionnelle : un chef de cabinet, un directeur de cabinet, des conseillers techniques et des chargés de mission. Si le nombre des membres du cabinet est théoriquement limité à une dizaine par le décret du 28 juillet 1948, la pratique montre qu'il est souvent dépassé, surtout si on tient compte des membres officieux qui s'ajoutent aux membres officiellement nommés. Sous la Ve République, les membres des cabinets sont surtout des fonctionnaires appartenant aux grands corps de l'État qui exercent, pendant une période, ces fonctions auprès du ministre. Ils sont recrutés par ce dernier, soit pour leur bonne connaissance de l'administration, soit par habitude personnelle ou politique de travailler avec le ministre.

Le cabinet représente une administration d'état-major à dominante politique selon la très juste formule de Jean-Louis Quermonne. Il a aujourd'hui une grande influence sur l'administration centrale et, en réseau avec l'ensemble des autres cabinets, un rôle déterminant dans la prise de décision gouvernementale.

Ses fonctions et son influence sont multiples par rapport à l'administration centrale du ministère. Il est d'abord le porte-parole du ministre surtout au travers du directeur de cabinet. Il a ensuite une fonction d'impulsion sur l'administration du ministère en indiquant les orientations politiques du ministre. Enfin, il peut préciser les décisions à prendre pour des situations ou des dossiers. Il peut d'ailleurs à cette occasion trancher des conflits ou arbitrer entre des directions de l'administration centrale. Cette influence peut s'avérer préjudiciable au bon fonctionnement de l'administration centrale, par exemple en mêlant trop les aspects politiques aux aspects administratifs et en interférant trop dans la vie administrative quotidienne.

Les cabinets pris dans leur ensemble, donc ceux des ministres, du Premier ministre et du Président de la République fonctionnent en réseau. Derrière les membres politiques du pouvoir exécutif, ils contribuent largement à la prise de décision gouvernementale, notamment dans le cadre des réunions interministérielles, soit en assistant les ministres, soit en les représentant. Cette influence des entourages des ministres est régulièrement l'objet de critique, voir de mise en examen (J.-L. Quermonne, « La mise en examen des cabinets ministériels », *Pouvoirs* n° 68, 1994). S'il paraît nécessaire de limiter le nombre des membres des cabinets et leur intervention directe dans la gestion des dossiers administratifs, ils sont trop ancrés dans la tradition politico-administrative française pour être remis en cause de manière radicale.

2. L'administration centrale et l'organisation des ministères

L'administration centrale est composée par l'ensemble des administrations des ministères auxquelles on peut dorénavant adjoindre les autorités administratives indépendantes, les agences à compétence nationale et les services à compétence nationale. Ce dernier type de structures administratives a été créé par le décret du 9 mai 1997 pour donner un peu d'autonomie à des services qui ont surtout un caractère opérationnel.

L'administration centrale est en général localisée dans la capitale. Néanmoins, ces dernières années, par décisions gouvernementales d'aménagement du territoire, il a été procédé à la délocalisation d'administrations centrales dans d'autres villes. Cette politique n'entraîne pas le changement de nature de l'administration concernée, seulement sa localisation sur le territoire.

Aujourd'hui, cette organisation est fixée par le décret du 15 juin 1987, complété par celui du 9 mai 1997 et la circulaire de 1997 (Circ. Prem. min. relative aux règles d'organisation des administrations centrales et des services à compétence nationale et de délégation de signature des ministres,

JO 10 mai 1997), ayant remplacé le texte précédant de 1900. Ces textes visent à harmoniser les structures des administrations centrales et à donner au Premier ministre les moyens d'influence sur cette organisation.

L'organisation de l'administration centrale de chaque ministère en directions générales, directions et services est fixée par décret en Conseil d'État. Les services à compétence nationale sont aussi créés par décret en Conseil d'État. L'organisation en sous-direction est fixée par arrêté conjoint du Premier ministre et du ministre compétent. L'organisation des sous-directions est déterminée par arrêté du ministre compétent.

L'administration centrale est actuellement composée de plus de 170 directions. Il s'agit de l'unité fonctionnelle déterminante, parfois coordonnée par des directions générales. Il existe deux sortes de directions : des directions verticales et sectorielles chargées d'une compétence spécialisée du ministère, des directions horizontales ayant en charge une fonction commune de gestion pour l'ensemble du ministère comme celle du personnel ou du budget. Les directions sont divisées en 450 sous-directions, elles-mêmes divisées en près de 2000 bureaux. Ces différentes structures ont à leur tête un responsable, la plupart du temps un fonctionnaire appartenant au corps interministériel des administrateurs civils. Les directeurs d'administrations centrales sont nommés et révoqués discrétionnairement en Conseil des ministres. Cette fonction est à la disposition du gouvernement, elle est placée à la charnière du politique et de l'administratif. Elle suppose une certaine fidélité à l'égard de la politique gouvernementale, mais aussi une compétence technique.

La coordination de l'administration du ministère est parfois assurée par un secrétaire général, comme cela reste le cas au ministère de la Défense et au ministère des Affaires étrangères.

II. Les institutions de contrôle

L'administration est contrôlée dans son fonctionnement, d'une part par ses structures internes de contrôle avec de nombreux corps d'inspection, d'autre part par le biais de juridictions administratives et financières. Cela permet de distinguer le contrôle administratif du contrôle juridictionnel. Les modalités, comme les fonctions du contrôle, sont multiples y compris dans leur effet sur l'action administrative.

A. Les modalités de contrôle

Ces modalités sont de plus en plus variées du fait même de l'évolution contemporaine des conceptions du contrôle de l'administration. Pendant longtemps, la préoccupation principale a été surtout celle de la régularité juridique de l'action administrative. Il s'agit d'accoupler l'inspection de cette action à la sanction juridique des éventuelles illégalités. Or, cette démarche indispensable s'est avérée insuffisante pour améliorer l'action publique. Le développement de l'évaluation des politiques publiques, le souci de la régulation des activités sont venus utilement compléter les dispositifs classiques de contrôle. Les modalités actuelles de contrôle de l'administration peuvent être classées autour de trois stades essentiels : les fonctions du contrôle, les initiateurs du contrôle et les techniques de contrôle.

1. Les fonctions du contrôle

Le contrôle exercé peut viser un changement de politiques publiques, donc à une transformation de l'action publique. On est alors dans le cadre d'un contrôle de nature politique ou démocratique. Il s'agit par ce moyen de mettre en cause l'action d'une autorité publique pour l'engager à changer son orientation. Ce contrôle est exercé, soit au travers des élections, soit par le biais des instruments parlementaires, comme les commissions d'enquête, soit par des revendications citoyennes.

Le contrôle peut aussi rechercher, soit des changements administratifs, soit des sanctions à l'égard d'agents publics n'ayant pas convenablement rempli leur mission. On évoque alors le contrôle administratif, déclenché directement par les administrations ou parfois à l'initiative des citoyens ou administrés.

Le contrôle peut enfin avoir une fonction exclusivement juridique. Il permet de trancher des litiges entre l'administration et les administrés, par exemple lorsque la légalité de l'action publique est présentée au juge administratif. Cette démarche peut aussi rechercher à faire condamner, éventuellement pénalement un fonctionnaire pour une faute personnelle et pénale distincte de la faute de service. Il s'agit dans ces hypothèses d'un contrôle juridictionnel.

2. Les initiateurs du contrôle

Le contrôle peut être déclenché directement ou indirectement par les citoyens ou les administrés. Ils sont à l'origine du contrôle. Ils disposent de plusieurs instruments juridiques pour faire entendre leur voix et leurs contestations. De manière individuelle, ils peuvent déclencher, soit un contrôle administratif gracieux ou hiérarchique en s'adressant directement aux autorités administratives concernées, soit un contrôle juridictionnel en saisissant une juridiction adéquate. De manière collective, ils disposent d'un droit de pétition. Cette méthode est moins utilisée dans les relations administrés-administration, mais demeure un moyen de dénoncer des dysfonctionnements administratifs flagrants. Indirectement les administrés déclenchent des contrôles de l'action publique, soit au moyen du Médiateur de la République, soit en usant des moyens contemporains de communication, comme les médias. Dans cette dernière hypothèse, la presse écrite ou audiovisuelle est un outil très efficace de dénonciation des maladministrations.

Le contrôle est aussi initié par des organes politiques, comme le contrôle parlementaire. Il prend des formes diverses : les questions écrites ou orales, les commissions d'enquête ou de contrôle. Ce contrôle peut être déclenché par des organes administratifs. Bien qu'interne à l'administration, il est aussi très efficace pour corriger les errements administratifs.

3. Les techniques de contrôle

Elles sont aussi très variées, soit juridiquement organisées selon une procédure précise, soit plus spontanées, mais non moins efficaces.

Dans la première catégorie, on trouve les procédures juridictionnelles. Il s'agit de déclencher un procès contre l'administration, notamment devant les juridictions administratives, par des recours pour excès de pouvoir ou en responsabilité, mais parfois devant les juridictions judiciaires, par exemple sur le fondement d'une voie de fait ou d'une faute personnelle des agents publics. Les juridictions judiciaires ont eu à connaître, ces dernières années, de faits personnels engageant la responsabilité pénale de fonctionnaires ou d'autorités administratives. Il faut aussi citer les recours administratifs, soit gracieux s'il saisit l'autorité qui a pris la décision, soit hiérarchique s'il est adressé à l'autorité supérieure. Enfin, il existe la saisie toujours possible du Médiateur de la République dans le cas de ce qu'il appelle lui-même une maladministration.

Dans la deuxième catégorie, il n'est pas inutile de signaler des démarches plus spontanées, comme le passage par une sorte de dénonciation médiatique de dysfonctionnements. L'efficacité de ce type de contrôle est parfois très grande, car elle peut mettre une administration sous les feux des projecteurs et entraîner rapidement le traitement d'un dossier oublié ou le règlement rapide d'une situation. En même temps, cette démarche peut avoir des effets pervers non contrôlés, notamment de favoriser les citoyens qui peuvent accéder aux médias ou médiatiser de manière excessive des faits ou des dysfonctionnements peu significatifs. L'enquête administrative diligentée par les autorités supérieures, comme les ministres, à l'occasion du constat d'un dysfonctionnement est aussi une technique de contrôle de l'administration.

B. Le contrôle administratif : les inspections générales

Le contrôle administratif a lui plusieurs facettes. Il peut s'agir d'abord d'un contrôle de l'État sur les autres personnes publiques, avec la notion ambiguë de tutelle administrative. Cette dernière intervient dans le cadre du contrôle exercé par l'État sur les établissements publics, lors d'une surveillance du fonctionnement de ces organismes. Il s'agit de la contrepartie de l'autonomie de ces personnes morales. Ce contrôle porte sur les personnes qui dirigent l'établissement ou sur les budgets mis en œuvre. Dans le cadre de la décentralisation des collectivités territoriales, le contrôle administratif de la légalité des actes de ces collectivités a remplacé l'ancienne tutelle, mais reste le moyen pour l'État de vérifier la légalité de l'action administrative des collectivités décentralisées.

Il peut aussi s'agir d'un contrôle de l'État sur le fonctionnement de ses propres structures, une forme d'autocontrôle (v. notamment Le contrôle de l'administration par elle-même, CNRS, 1983; v. aussi P. Millioz, *Les inspections générales ministérielles dans l'administration française,* Économica, 1983). Une bonne administration exige ce type de contrôle. Cela explique l'existence de nombreux corps de contrôle au sein de l'administration. La fonction de ces corps est à la fois de détecter les fautes éventuellement commises par les agents et donc de proposer des sanctions, mais aussi de rechercher par des enquêtes adaptées à améliorer le fonctionnement des services auscultés.

L'administration centrale dispose de plusieurs inspections générales. On en dénombre près d'une cinquantaine, aux effectifs inégaux, dont certaines, quoique toujours placées sous l'autorité d'un ministre, ont une vocation interministérielle. Si certaines inspections ont un grand prestige, comme celle de l'inspection générale des finances, d'autres sont nettement moins connues.

Les statuts des corps d'inspection sont conçus pour garantir, normalement des qualités de compétence et d'indépendance. Elles sont obtenues par un recrutement à un niveau élevé de compétences, soit par concours, notamment au travers de celui de l'ENA (les inspections générales des finances, des affaires sociales ou de l'administration), soit à l'issue d'une longue expérience administrative ou technique (les inspections générales des postes et télécommunications ou l'équipement). Les garanties d'indépendance sont réalisées, soit par un avancement de carrière dans le corps par la seule voie de l'ancienneté (inspection générale des finances, contrôleur général des armées), soit par un recrutement de personnes déjà très avancées dans la carrière administrative (inspection générale de l'agriculture ou de l'éducation nationale).

Parmi l'ensemble des corps d'inspection, il est important de distinguer les inspections à vocation interministérielle des inspections à vocation ministérielle.

Pour la première catégorie, on peut citer l'inspection générale des finances rattachée au ministre de l'Économie et des finances ou l'inspection générale de l'administration rattachée au ministre de l'Intérieur. En effet, malgré une vocation interministérielle, elles ne sont jamais paradoxalement rattachées au Premier ministre. L'inspection générale des finances, souvent redoutée, a pour mission de vérifier le bon emploi des deniers publics provenant de l'impôt. Elle peut contrôler toutes les administrations, toutes les entreprises publiques, donc tous les services publics. Sa vocation est très large. Ces contrôles prennent la forme de vérifications inopinées. L'inspection générale de l'administration n'est pas seulement tournée vers celle du ministère de l'intérieur, mais peut aussi vérifier le fonctionnement d'autres administrations.

La deuxième catégorie est la plus nombreuse. Certains ministères disposent de plusieurs corps d'inspection avec une forte spécialisation. Le ministère de la défense présente cette situation avec le contrôle général des armées, les cinq inspections générales militaires et les nombreuses inspections techniques militaires. C'est aussi le cas au ministère de l'éducation nationale avec l'inspection générale de l'éducation nationale à dimension pédagogique ou disciplinaire et l'inspection générale de l'administration de l'éducation nationale à dimension administrative et technique. Ces inspections ministérielles ont vocation à s'intéresser aussi bien aux services centraux qu'aux services extérieurs du ministère concerné comme l'inspection générale de la police nationale au ministère de l'Intérieur, l'inspection générale des affaires étrangères au ministère des Affaires étrangères ou l'inspection générale des affaires sociales au ministère de l'Emploi et de la Solidarité.

Les contrôles s'effectuent a posteriori sur la base de vérification sur pièce et sur place pour aboutir à un rapport. Ils aboutissent à une description de l'administration contrôlée, de ses conditions de fonctionnement, à une dénonciation des dysfonctionnements, des erreurs de gestion et à des propositions de sanctions. Les rapports de contrôle font des suggestions à l'autorité supérieure qui prend les décisions qu'elle juge indispensable. Ces décisions sont alors, soit une sanction disciplinaire, soit une réorganisation plus ou moins importante du service.

C. Le contrôle par les juridictions administratives

Il ne peut s'agir, dans le cadre de ce livre, d'aborder dans son ensemble la vaste question de la justice ou de son administration, mais plus modestement les structures du contrôle juridictionnel de l'administration. Pourtant, depuis quelques années, la justice est à nouveau à l'agenda politique en ce qui concerne son indépendance et surtout son efficacité. C'est l'occasion de diagnostics plus ou moins sévères et de propositions de réformes plus ou moins radicales. L'objectif général est toujours d'améliorer la qualité du service public de la justice. Une bonne justice doit présenter des qualités fondamentales de compétence, d'indépendance et d'efficacité. Cela suppose non seulement des garanties juridiques, mais aussi des moyens humains et matériels adaptés aux exigences d'une justice moderne, c'est-à-dire répondant convenablement à la demande sociale de justice.

Le système juridictionnel français présente de nombreuses particularités surtout lorsqu'il s'agit de contrôler l'administration et donc de juger les conflits qui l'opposent aux administrés. La plus importante est évidemment la fameuse dualité des ordres juridictionnels.

1. La dualité de juridictions

La France dispose de deux ordres de juridictions compétents en fonction de la nature des litiges et des parties au procès. Il en découle une répartition des compétences entre les deux ordres de juridictions. Le Tribunal des conflits a pour mission de régler les conflits de compétences tranchés, si cela est nécessaire. Le contentieux des personnes publiques relève, sauf exception posée par la loi ou la jurisprudence, du juge administratif. Ce dernier a ses règles et ses modes de fonctionnement spécifiques distincts de ceux du juge judiciaire. Le contentieux des personnes privées relève normalement exclusivement du juge judiciaire. Il s'agit bien de deux ordres de juridictions. Les logiques juridiques et les procédures sont différentes.

Cette séparation s'explique pour des raisons historiques, mais aussi en raison de choix politiques majeurs sur la place même de l'État et de son administration. L'existence et la fonction du juge administratif découlent incontestablement d'une conception particulière de la séparation des pouvoirs dans notre pays. La séparation des pouvoirs s'est accompagnée d'une séparation des ordres de juridiction. Dans une vision classique de cette séparation, la fonction et le pouvoir de juger doivent appartenir exclusivement au juge, notamment judiciaire, qui exerce ainsi une plénitude de juridiction quel que soit le litige en cause, même s'il faut appliquer des droits différents. La vision française a abouti à enlever au juge judiciaire les affaires administratives de peur qu'il n'en entrave inconsidérément le fonctionnement de l'État et de l'administration. Cette exclusion s'explique par le comportement des corps judiciaires considérés, au moment de la révolution de 1789, comme trop conservateurs voire réactionnaires. Thouret s'exclamait à l'Assemblée constituante en 1790, en ces termes : « Un des abus qui ont dénaturé le pouvoir judiciaire en France était la confusion des fonctions qui lui sont propres avec des fonctions incompatibles des autres pouvoirs publics. Rival du pouvoir administratif, il en troublait les opérations en arrêtant le mouvement et en inquiétant les agents, l'esprit des grandes corporations judiciaires est un esprit ennemi de la régénération ». Cette interprétation de la séparation des pouvoirs a eu pour conséquence d'exclure le pouvoir judiciaire du traitement des affaires administratives de manière très concrète par des textes juridiques essentiels. La loi des 16-24 août 1790, toujours en vigueur, en pose le principe dans son article 13 : « Les fonctions judiciaires sont distinctes et demeureront toujours séparées des fonctions administratives. Les juges ne pourront, à peine de forfaiture, troubler de quelque manière que ce soit, les opérations des corps administratifs, ni citer devant eux les administrateurs pour raison de leurs fonctions ». Le décret du 16 fructidor an III la complète : « Défenses itératives sont faites aux tri-bunaux de connaître des actes d'administration de quelque espèce qu'ils soient, aux peines de droit ».

À partir de cette conception de base, on assiste ensuite à la mise en place d'une justice administrative exclusivement compétente pour régler justement les affaires administratives. Cela ne se fait pas d'un coup, mais par étapes successives. Le Conseil d'État est créé par l'article 52 de la Constitution de l'An VIII. De son côté, la loi du 28 pluviôse an VIII met en place les conseils de préfecture dans chaque département qui sont les ancêtres des tribunaux administratifs. Il faut attendre la loi du 24 mai 1872 pour passer de la justice retenue à la justice déléguée. Depuis cette période, si la justice administrative a pu faire l'objet de critiques, mais elle n'a plus vraiment été remise en cause dans sa fonction essentielle.

À la différence de la justice judiciaire dont l'ancrage constitutionnel est express dans la Constitution de la Ve République, la justice administrative a vu son fondement constitutionnel explicité à plusieurs reprises par la jurisprudence du Conseil constitutionnel. En effet, la Constitution n'évoque pas expressément la justice administrative. Plusieurs décisions essentielles du Conseil constitutionnel lui donnent cet ancrage. La décision du 22 juillet 1980 à propos d'une loi de validation législative confirme l'indépendance des juridictions administratives en s'appuyant sur un principe fondamental reconnu par les lois de la République issu notamment de la loi du 24 mai 1872 sur l'organisation du Conseil d'État. La décision du 23 janvier 1987, à propos de la loi transférant à la cour d'appel de Paris le contentieux des décisions du Conseil de la concurrence, précise de la manière suivante le fondement constitutionnel des compétences respectives des deux ordres de juridictions : « Il figure au nombre des principes fondamentaux reconnus par les lois de la République celui selon lequel, à l'exception des matières réservées par nature à l'autorité judiciaire, relève en dernier ressort de la compétence des juridictions administratives l'annulation ou la réformation des décisions prises, dans l'exercice des prérogatives de puissance publique, par les autorités exerçant le pouvoir exécutif, leurs agents, les collectivités territoriales de la République ou les organismes publics placés sous leur autorité ou leur contrôle ».

De même, les magistrats administratifs bénéficient du principe d'inamovibilité évoqué de la manière suivante par l'article L. 231-3 du Code de justice administrative : « Lorsqu'ils exercent leurs fonctions de magistrats dans une juridiction administrative, les membres du corps des tribunaux administratifs et des cours administratives d'appel ne peuvent recevoir, sans leur consentement, une affectation nouvelle, même en avancement ». La carrière de ces magistrats est administrée par une instance originale différente du Conseil supérieur de la magistrature, le Conseil supérieur des tribunaux administratifs et des cours administratives d'appel présidé par le vice-président du Conseil d'État. On peut remarquer que les membres du Conseil d'État ne bénéficient juridiquement pas des mêmes garanties.

2. Le Conseil d'État

Le Conseil d'État est une institution essentielle de la République. Il a deux fonctions, celle de juridiction suprême de l'ordre administratif et celle de conseiller juridique du gouvernement. Cette dualité de fonctions fait du Conseil d'État une institution très spécifique. Nous examinerons ici sa fonction juridictionnelle.

Créé par la Constitution de l'an VIII, héritier du Conseil du Roi, il a été conçu dès l'origine avec des attributions administratives et des attributions contentieuses, comme l'atteste l'article 52 de cette Constitution : « Sous la direction des Consuls, un Conseil d'État est chargé de rédiger les projets de lois et les règlements d'administration publique, et de résoudre les difficultés qui s'élèvent en matière administrative ». Bien qu'il ait connu quelques vicissitudes notamment en 1830, 1870, 1940 et 1962, il a en fait bénéficié d'une grande continuité administrative indépendante des changements de régimes politiques. Cette longévité institutionnelle est due à sa grande utilité pour les gouvernements successifs et à sa contribution déterminante à la confection de l'État, de son administration et de son droit. L'histoire du Conseil d'État est profondément liée à celle de l'État.

❑ *Ses membres* (env. 300 dont les deux tiers sont en activité au Conseil) sont régis par un statut fixé par un décret modifié du 30 juillet 1963. Ils forment un corps de fonctionnaires divisé en 6 grades : vice-président, président de section, conseiller d'État, maître des requêtes et auditeurs de première et deuxième classe. S'ajoutent à ces membres les conseillers d'État en service extraordinaire, nommés pour quatre ans, siégeant seulement dans les sections administratives et apportant au Conseil leur expérience professionnelle privée ou publique. Les membres du Conseil d'État sont recrutés de deux manières. La voie d'accès principale est le concours. Depuis 1945, ce recrutement intervient par la voie de l'ENA. Les meilleurs élèves de l'école choisissent chaque année les emplois offerts par les grands corps dont ceux d'auditeurs au Conseil d'État. La deuxième voie de recrutement est le tour extérieur. Le gouvernement peut ainsi nommer discrétionnairement, sans condition juridique particulière hormis d'âge, un quart des maîtres des requêtes et un tiers des conseillers d'État. Une partie de ces nominations est néanmoins réservée aux membres des tribunaux administratifs et des cours administratives d'appel. Cela ouvre des perspectives de promotion aux magistrats administratifs et crée l'unité de l'ordre juridictionnel administratif. L'intérêt du recours au tour extérieur est évident, il permet d'irriguer le Conseil d'État d'expériences professionnelles diverses, même s'il présente toujours le risque de nominations contestables.

❑ *Le statut des membres* du Conseil d'État n'est pas dérogatoire aux règles générales de la fonction publique. Ils ne bénéficient donc pas du principe d'inamovibilité si précieux aux autres magistrats. Pourtant l'indépendance des membres de la Haute assemblée est rarement mise en danger. Cette indépendance naturelle, très rarement contestée par le gouvernement découle, d'une part du prestige du Conseil, d'autre part des règles d'avancement de grade exclusivement à l'ancienneté. Les membres du Conseil peuvent effectuer leur carrière intégralement en son sein en y exerçant, notamment les fonctions de rapporteur ou de commissaire du gouvernement. Ils peuvent aussi exercer des fonctions en dehors du Conseil d'État soit de manière complémentaire à leur activité au Conseil, soit en étant détachés du Conseil pour des fonctions de responsabilité dans l'administration d'État.

❑ *L'organisation interne* du Conseil d'État est à l'image de ses fonctions de juge et de conseiller. Il est juridiquement présidé par le Premier ministre en vertu de l'ordonnance du 31 juillet 1945 et du décret du 30 juillet 1963. Celui-ci n'intervient que lors des séances solennelles. Mais, il est, en fait, présidé par le vice-président qui est le vrai responsable de l'institution comme le chef du corps des membres du Conseil d'État. Il est assisté par un secrétariat général. Comme par ailleurs, le vice-président assume les fonctions de président du conseil supérieur des tribunaux administratifs et des cours administratives d'appel, il peut assurer, de cette manière, la cohérence de l'ensemble de l'organisation de la juridiction administrative. Le Conseil d'État se décompose en 6 sections : la section du contentieux, les 4 sections administratives (l'intérieur, les finances, les travaux publics et le social) et la section du rapport et des études. La section du contentieux est elle-même divisée en 10 sous-sections, instances de base pour le traitement d'un contentieux au sein du Conseil d'État. Il existe 4 formations de jugement suivant l'importance du contentieux ou de la question de droit à traiter : la sous-section, les sous-sections réunies, la section du contentieux, l'assemblée du contentieux qui est la formation la plus solennelle lorsque l'affaire présente les questions juridiques les plus délicates.

❑ *Les attributions* du Conseil d'État sont très variées aussi bien sur le plan contentieux qu'administratif. Nous examinerons les attributions administratives dans la section consacrée à l'administration consultative. Pour ce qui des attributions contentieuses, elles ont fortement évolué avec la réforme du contentieux organisée par la loi du 31 décembre 1987. Cette variété découle du rôle initial de la Haute assemblée et de sa spécificité dans l'organisation juridictionnelle française. Il s'agit bien d'un juge unique en son genre, car en effet, il est à la fois juge de premier degré, juge d'appel et juge de cassation, même si la réforme de 1987 en a fait évoluer les proportions. Il est juge de l'excès de pouvoir comme du plein contentieux. Il est juge de premier et dernier ressort notamment pour les recours pour excès de pouvoir contre les décrets réglementaires ou individuels, contre les actes réglementaires des ministres, pour les recours en annulation contre les décisions des organismes collégiaux à compétence nationale ou pour les litiges relatifs à la situation individuelle des fonctionnaires nommés par décret du Président de la République. Il reste juge d'appel de manière limitée depuis la réforme de 1987, notamment pour connaître des jugements des tribunaux administratifs concernant les litiges relatifs aux élections municipales ou les recours pour excès de pouvoir formés contre les actes réglementaires. Quantitativement, cette compétence d'appel a fortement diminué avec l'apparition des cours administratives d'appel. Enfin, il est juge de cassation des arrêts des cours administratives d'appel, mais aussi des décisions juridictionnelles des juridictions administratives spécialisées. Depuis la réforme de 1987, cette fonction est en augmentation et fait du Conseil d'État une véritable juridiction suprême de l'ordre administratif. Afin d'éviter un recours trop systématique à la cassation, une commission d'admission des pourvois en cassation a été mise en place au sein du Conseil d'État.

Si l'on se réfère aux statistiques présentées par le Conseil d'État, dans son rapport annuel publié en 2002, on peut dénombrer pour 2001 : 12 642 affaires enregistrées, 12 159 affaires réglées et 10 159 affaires en instance. La durée de l'instance pour les affaires traitées lors de la même année est de : moins d'un an pour 48 %, de 1 à 2 ans pour 34 % et de 2 à 3 ans pour 13 % des affaires.

Par cette activité contentieuse multiforme, le Conseil d'État est largement à l'origine du droit administratif. Le droit administratif est, pour cette raison, souvent qualifié de prétorien. À l'inverse du droit civil, il n'existe pas de code administratif qui fixe les règles essentielles du droit administratif. La jurisprudence du Conseil d'État a suppléé ce manque. Le contrôle juridictionnel de l'administration a permis d'élaborer les fameux grands arrêts de la jurisprudence administrative. Il a donné son plein épanouissement au recours pour excès de pouvoir aussi bien pour sa recevabilité que pour les cas d'ouverture. Les techniques de contrôle de la légalité ont été raffinées. Tout en refusant de contrôler l'opportunité d'une décision, le Conseil d'État a poussé le plus loin possible le contrôle de la légalité des actes administratifs. Il a construit le régime juridique de la responsabilité administrative en diversifiant les fondements de cette responsabilité (pour faute, pour risque ou pour rupture de l'égalité devant les charges publiques...). Il a aussi posé les principes essentiels du contrat administratif et de son régime juridique.

Le contrôle juridictionnel de l'administration n'est pas exercé par le seul Conseil d'État. Il est assisté dans cette tâche par d'autres juridictions administratives, qu'il harmonise par sa jurisprudence et qu'il administre par le biais du Conseil supérieur des tribunaux administratifs et des cours administratives d'appel et par la mission permanente d'inspection des juridictions administratives. Cela donne d'ailleurs un exemple intéressant d'organisation autonome de la justice.

Depuis la réforme du contentieux administratif de 1987, l'ordre juridictionnel administratif dispose de deux degrés de juridictions avec les tribunaux administratifs et les cours administratives d'appel. Cette réforme avait plusieurs objectifs essentiels : l'amélioration du fonctionnement de la justice administrative, le rapprochement du juge et du justiciable, le désencombrement du Conseil d'État et la création d'une véritable juridiction pour les appels en matière administrative. Il existe donc 7 cours administratives d'appel qui sont compétentes pour statuer sur les appels formés à l'issue des jugements des tribunaux administratifs. Elles interviennent aussi bien pour les recours pour excès de pouvoir que pour le contentieux de la responsabilité. Leurs arrêts sont susceptibles d'entraîner des recours en cassation devant le Conseil d'État. Il existe 35 tribunaux administratifs dont 8 pour l'outre-mer. Ces juridictions au ressort interdépartemental constituent les juridictions de premier degré du contentieux administratif.

D. Le contrôle par les juridictions financières

La plus importante de ces juridictions financières, qui appartient aussi à l'ensemble des juridictions administratives, est évidemment la Cour des comptes. Cette institution est le fruit d'une longue histoire. Il est possible d'en faire remonter l'origine à la Chambre des comptes créée par une ordonnance de Philippe le Bel en 1308. La fonction générale de la Cour des comptes est consacrée par le dernier alinéa de l'article 47 de la Constitution du 4 octobre 1958. De manière globale, l'organisation et le fonctionnement de la Cour des comptes et des chambres régionales des comptes sont déterminés par le Code des juridictions financières, récemment modifié par la loi du 21 décembre 2001.

La Cour des comptes est une juridiction dotée de magistrats, à la tête d'un ensemble juridictionnel ayant pour mission de juger les comptes des comptables publics.

❑ *L'organisation de la Cour* est marquée par ses missions. La Cour des comptes comprend : un premier président, sept présidents de chambre, des conseillers-maîtres, des conseillers référendaires et des auditeurs (un effectif de 347 membres dont 196 en activité dans le corps, chiffres au 1er juin 2000, Rapport de la fonction, déjà cité, p. 166, 2001). Ils ont la qualité de magistrats. Ils sont et demeurent inamovibles. Ils sont recrutés selon deux modalités, soit le concours par le biais de l'ENA pour les auditeurs, soit par le tour extérieur. Cette dernière modalité peut concerner un quart des conseillers référendaires et un tiers des conseillers-maîtres. Elle permet au gouvernement d'intégrer discrétionnairement au sein de la Cour des personnalités, éventuellement déjà fonctionnaires, ayant une expérience professionnelle intéressante pour cette institution. Cela est assez comparable aux modalités de recrutement du Conseil d'État. Il faut ajouter ici aussi des conseillers-maîtres en service extraordinaire. La Cour est par ailleurs dotée d'un procureur général qui exerce le ministère public. Elle est divisée en 7 chambres qui ont chacune une spécialité. Les affaires sont traitées, en fonction de leur importance, soit par une chambre, soit par la chambre du conseil, soit par les chambres réunies.

❑ *La compétence de la Cour* des comptes est très vaste aussi bien pour les types d'institutions contrôlées que pour la nature des contrôles exercés. Elle assiste le Parlement et le gouvernement dans le contrôle de l'exécution des lois de finances. Elle contrôle l'ensemble des comptes des administrations publiques, sous réserve d'une attribution en premier ressort aux chambres régionales des comptes. Entrent aussi dans sa compétence la vérification des comptes et de la gestion des entreprises publiques, le contrôle des institutions de sécurité sociale, des organismes bénéficiant d'un concours financier de l'État, d'un organisme soumis à son contrôle ou de la Communauté européenne, sans oublier les organismes faisant appel à la générosité publique. Depuis les lois de décentralisation, le contrôle des comptes des collectivités territoriales échoit en premier ressort aux chambres régionales des comptes.

❑ La Cour des comptes a *une attribution strictement juridictionnelle*. Elle consiste à juger des comptes des comptables publics selon une procédure écrite, inquisitoriale et contradictoire. Ce contrôle débouche sur un arrêt qui peut faire l'objet d'un recours en cassation devant le Conseil d'État.

❑ La Cour des comptes a aussi *des attributions administratives* qui n'aboutissent normalement pas à une décision juridictionnelle, soit le contrôle de gestion, soit l'assistance aux pouvoirs publics. Il s'agit d'abord de s'assurer du bon emploi des crédits, fonds et valeurs gérés par les services de l'État ou les autres personnes morales de droit public. Cela peut entraîner, suivant l'importance des irrégularités, des observations de la Cour, le constat de gestion de fait ou la saisine de la Cour de discipline budgétaire et financière. La Cour a ensuite pour fonction d'assister les pouvoirs publics, comme le souligne la Constitution, pour le contrôle de l'exécution des lois de finances. Il s'agit du fameux rapport annuel de la Cour des comptes, présenté au Président de la République, transmis au Parlement et publié par le Journal officiel. Ce rapport fournit toujours un remarquable éclairage sur les dysfonctionnements de l'État et de son administration, des collectivités territoriales et des entreprises publiques. Il contient à la fois ses observations critiques mais aussi les réponses des administrations concernées. Souvent reproduit en de larges extraits dans la presse, ce rapport reste de moins en moins sans effet sur les administrations épinglées même s'il n'a pas de force obligatoire pour elles.

La Cour des comptes est épaulée dans son travail de contrôle par des institutions nées avec la décentralisation engagée à partir de 1982, *les chambres régionales des comptes*. Chaque région est dotée d'une chambre régionale des comptes qui juge dans son ressort l'ensemble des comptes des comptables publiques des collectivités territoriales et de leurs établissements publics. Par une forme de déconcentration des contrôles, ces chambres se voient aussi attribuer le contrôle de certains établissements publics nationaux en premier ressort. Elles ont aussi, soit une fonction juridictionnelle, soit une fonction administrative.

III. Les administrations de mission

Les administrations de mission présentent des traits spécifiques qui continuent de les distinguer des administrations de gestion. Elles n'ont notamment pas la responsabilité de la gestion de services publics. Elles ont une mission de conception et d'expertise pour de futures politiques publiques dont les administrations de gestion auront la charge de la mise en œuvre. Évidemment, la distinction gestion-mission n'est pas forcément aussi nette dans la pratique. Deux exemples méritent une étude particulière : le commissariat général au plan, la délégation à l'aménagement du territoire et à l'action régionale.

A. Le Commissariat général au Plan

L'idée de la planification économique et sociale est apparue en France entre les deux guerres. Elle s'est concrétisée avec la mise en place, par le décret du 3 janvier 1946, du Commissariat général au Plan et la confection des premiers plans, le plan Monnet (1947-1950), prolongé jusqu'en 1953, et le second (1954-1957). Ces plans avaient pour impératifs la reconstruction et le développement de l'économie française. Cette planification à la française a toujours été de nature indicative, souple, qualifiée « d'ardente obligation » par le général de Gaulle. Il s'agit de penser préalablement le développement économique et social par un travail d'expertise et de prospective avant de tracer les grandes lignes des nécessaires interventions publiques. Le Commissariat général au Plan est conçu dès l'origine comme le prototype d'une nouvelle administration économique rapidement qualifiée d'administration de mission par Edgar Pisani.

Cette institution a eu une importance opérationnelle incontestable, notamment pour les premiers plans de reconstruction de l'économie française. Elle a connu une période florissante dans les années 1960. Avec la loi du 29 juillet 1982 portant réforme de la planification, une relance de la planification a été opérée à l'initiative du ministre du Plan et de l'aménagement du territoire de l'époque Michel Rocard. Cette loi entendait à la fois redonner une place au plan et à la procédure de planification, mais aussi à en développer l'usage aussi bien pour l'État que pour les collectivités territoriales. Le plan de la Nation doit alors déterminer « les choix stratégiques et les objectifs à moyen terme du développement économique, social et culturel de la Nation ainsi que les moyens nécessaires pour les atteindre » (art. 1er). De son côté, « le plan de la région détermine les objectifs à moyen terme du développement économique, social et culturel de la région pour la période d'application du plan de la Nation » (art. 14). Les contrats de plan passés entre l'État et les collectivités territoriales, surtout les régions, mais aussi les organismes publics ou les entreprises publiques, comportent des engagements réciproques des parties en vue de l'exécution du plan et de ses programmes prioritaires (art. 11).

Jusqu'au Xe plan (1989-1992), il existe bien une loi de plan, pour une période de 5 ans, fixant des choix stratégiques et des objectifs. À partir du XIe plan (1993-1997), la législation de 1982 étant un peu oubliée, on peut se demander « si cette désuétude ne concerne pas la notion de plan elle-même comprise comme un instrument formalisé dans un texte » (v. A.-S. Mescheriakoff, *Droit public économique*, PUF, 2e éd., 1996, p. 183). La planification « à la française » a surtout révélé « son incapacité à prévoir les crises majeures » (J. de Gaulle, *L'avenir de la planification dans la société française*, Doc. fr., 1994).

Pour autant, la planification demeure une réalité juridique par les prospectives qu'elle suscite, les contrats de plan qu'elle produit ou les institutions qu'elle justifie. Structure légère, dirigée par un commissaire, rattachée au Premier ministre, le Commissariat général au Plan emploie approximativement 300 personnes dont une moitié de permanents. Si l'équipe est réduite, elle est de haute compétence technique. Le Commissariat participe à l'élaboration du plan de la Nation ou de ce qui en tient lieu. Il est régulièrement question de sa réforme pour l'adapter aux évolutions de la prévision. Dans la circulaire du 26 juillet 1995 relative à la préparation et à la mise en œuvre de la réforme de l'État et des services publics, le Premier ministre précise que : « Pour être plus efficace, l'État doit échapper à la dictature du court terme... Une réforme profonde du Commissariat au Plan, visant à construire à partir de cette structure un outil efficace de prospective et d'évaluation des politiques et de la dépense publique, sera rapidement réalisée » (*JO* 28 juill. 1995, p. 11218).

En installant le Commissaire au Plan, le Premier ministre en a rappelé le rôle : « Animateur de l'analyse prospective et stratégique, lieu privilégié de la concertation socioprofessionnelle et de la réflexion interministérielle, programmateur et évaluateur des politiques publiques, le Commissariat général au Plan a souvent joué un rôle décisif pour faciliter la modernisation de l'économie et de la société française » (*Le Monde* 17 févr. 1998).

Jusqu'en 1982, le projet de plan est élaboré par le Commissariat au Plan assisté de commissions de modernisations créées pour chaque plan par décret du Premier ministre. Elles étaient composées de fonctionnaires, de chefs d'entreprises ou de syndicalistes et représentaient l'économie concertée propre à la planification à la française. Depuis 1982, le projet de plan est préparé par un organe temporaire pour chaque plan, la commission nationale de planification composée pour représenter tous les secteurs socioprofessionnels ainsi que les élus locaux à laquelle s'ajoutent des commissions spécialisées et des groupes de travail. Ces dernières instances sont composées de représentants des entreprises, de syndicats, de fonctionnaires ou d'experts et présidées par des personnalités ayant un certain renom. Ainsi, pour la préparation du XIe Plan, cinq commissions ont été mises en place pour examiner : L'État et les services publics en l'an 2000 ; La compétitivité française ; L'agriculture et le développement rural ; La cohésion sociale et la prévention de l'exclusion ; L'environnement, la qualité de vie et la croissance. Elles ont abouti à des travaux de prospective très intéressants, notamment : *Pour un État stratège garant de l'intérêt général* (présidence Christian Blanc, Doc. fr., 1993) ou *Décentralisation : l'âge de raison* (présidence Martine Buron, Doc. fr., 1993).

Si aujourd'hui la technique de formalisation, dans une loi de plan, de prévision et de programmation du développement économique et social, semble avoir été délaissée aussi bien par l'État que par les régions, le recours aux contrats de plan comme moyens de coordination d'engagements réciproques entre l'État et les régions demeure à l'œuvre (v. Circ. Prem. min. 31 juill. 1998 relative aux prochains contrats de plan État région, principes relatifs à leur architecture, *JO* 13 sept. 1998, p. 13989). Le Commissariat continue donc à jouer un rôle d'administration de mission et de prospective dans ce cadre.

B. La Délégation à l'aménagement du territoire et à l'action régionale

La DATAR est un autre bon exemple d'administration de mission, dans la mesure où elle ne doit pas assurer, en principe, de tâches de gestion et que son rôle est de faire faire et non de faire elle-même (v. Y. Madiot et R. Le Mestre, *Aménagement du territoire*, A. Colin, 2001).

Cette préoccupation politique d'aménagement du territoire date de l'immédiat après-guerre par le constat d'un déséquilibre excessif entre Paris et le désert français selon la lumineuse expression de Jean-François Gravier (Flammarion, 1947). En 1950, Claudius Petit, alors ministre de la Reconstruction, donne un contenu à la politique d'aménagement du territoire : « c'est la recherche dans le cadre géographique de la France, d'une meilleure répartition des hommes en fonction des ressources naturelles et des activités économiques ». Depuis cette phase initiale, l'aménagement du territoire a connu des périodes caractérisées par Yves Madiot de la manière suivante : les « trente glorieuses » (1945-1975), la décennie du déclin (1980-1989), la relance de l'aménagement de l'aménagement du territoire (à partir de 1990).

La loi du 4 février 1995 d'orientation pour l'aménagement et le développement du territoire marque une relance de cette politique. Elle a été modifiée et complétée par la loi du 25 juin 1999 qui incorpore la dimension durable du développement. La politique nationale d'aménagement et de développement durable du territoire concourt à l'unité de la nation, aux solidarités entre citoyens et à l'intégration des populations nationale. Au sein d'un ensemble européen cohérent et solidaire, cette politique permet un développement équilibré de l'ensemble du territoire national alliant le progrès social, l'efficacité économique et la protection de l'environnement... Elle assure l'égalité des chances entre les citoyens en garantissant en particulier à chacun d'entre eux un égal accès au savoir et aux services publics... » (extraits de l'article 1er de la loi de 1999).

Créée par un décret du 14 février 1963, la DATAR est la pièce maîtresse, pour l'administration centrale, de la politique d'aménagement du territoire. « Administration particulière, elle est à l'origine des grandes politiques actuelles d'aménagement du territoire. Active, activiste et impérialiste pour certains, elle n'hésite pas à bousculer les administrations d'État, les élus locaux et les entreprises pour appliquer ou faire appliquer ses orientations » (Y. Madiot, préc., p. 23). Rattachée au ministre en charge de l'aménagement du territoire, aujourd'hui le ministre de l'Aménagement du territoire et de l'Environnement, la délégation comprend à peu près 120 personnes aux provenances et compétences très variées. Dirigée par un délégué, nommé par décret en Conseil des ministres, elle est divisée en départements chargés notamment des secteurs suivants : action régionale et développement rural, action économique, organisation de l'espace, affaires européennes, actions de l'État et organismes publics. Elle assure des fonctions de conception, de prospective et de coordination de l'ensemble des actions concourant à l'aménagement du territoire.

La délégation peut démultiplier son action grâce à un véritable réseau d'institutions qui participent elles aussi à l'aménagement du territoire.

Sur le plan national, on peut citer le Conseil national de l'aménagement et du développement du territoire. Ce Conseil, créé par la loi de 1995, modifié par celle de 1999, présidé par le Premier ministre, est composé d'élus nationaux et locaux et de représentants des activités économiques, sociales, familiales, culturelles et associatives et de personnalités qualifiées. Il formule des avis et des suggestions sur la mise en œuvre de la politique d'aménagement et de développement du territoire par l'État, les collectivités territoriales et l'Union européenne. Le secrétariat général du Conseil est assuré par le délégué. On peut aussi évoquer le conservatoire de l'espace littoral et des rivages lacustres créé par la loi du 10 juillet 1975 ou la société centrale pour l'équipement du territoire (SCET) contrôlée par la Caisse des dépôts et consignations.

La DATAR dispose de relais sur le territoire avec les préfets de régions et leur compétence spécifique en matière d'aménagement du territoire renforcée à la fois par la loi de 1992 sur l'administration territoriale de la République et celles de 1995 et de 1999 pour l'aménagement et le développement durable du territoire. Les préfets de région fixent en effet les orientations nécessaires à la mise en œuvre des politiques nationale et communautaire concernant le développement économique et social et l'aménagement du territoire. La délégation peut aussi s'appuyer sur les commissariats au développement économique comme : les commissaires à la reconversion industrielle pour le Nord-Pas-de-Calais, les Ardennes ou la Loire ; les commissaires à l'industrialisation pour le Languedoc-Roussillon, l'Auvergne ou le Limousin ; les commissaires à l'aménagement des massifs pour les Alpes du Nord, les Alpes du Sud, le Massif Central, ou les Vosges.

Enfin, la DATAR a des implantations ou des relais internationaux. Elle dispose d'un bureau auprès des Communautés européennes et d'antennes à l'étranger. Elle est présente dans les ambassades de France avec la charge d'attirer les entreprises étrangères sur le territoire français.

Une politique d'aménagement du territoire n'est possible que si elle repose sur une bonne coordination interministérielle, des outils de programmation et des fonds financiers spécifiques pour la réaliser. Les lois de 1995 et de 1999 conservent à la DATAR une place déterminante pour la politique d'aménagement du territoire.

La coordination de l'action gouvernementale est dorénavant réalisée par le comité interministériel d'aménagement et de développement du territoire (CIADT) qui s'est substitué depuis 1995 à la formation précédente du CIAT. Ce comité est « chargé d'examiner les questions relatives à l'aménagement et au développement du territoire, en vue de préparer les décisions du gouvernement » (Décr. n° 95-414 du 16 avr. 1995, art. 1er). Placé sous la présidence effective du Premier ministre et comprenant les ministres concernés, ce comité est bien un organe de décision. Le délégué à l'aménagement du territoire en prépare l'ordre du jour et met en œuvre ses décisions. Ces dernières sont souvent décisives : les délocalisations d'administrations, d'entreprises publiques ou d'établissements publics, la localisation de grands aménagements ou d'université, l'approbation de schémas de transports (autoroutes, liaisons TGV, etc.).

Les outils de programmation ont été profondément renouvelés par les lois de 1995 et de 1999. Il s'agit maintenant d'abord des choix stratégiques de la politique d'aménagement et de développement du territoire, des directives territoriales d'aménagement, des schémas de services collectifs (de l'enseignement supérieur et de la recherche, de la culture, de l'information et de la communication, des transports, de l'énergie...) et des schémas régionaux d'aménagement et de développement durable du territoire. La DATAR joue un rôle déterminant pour la confection de ces différentes programmations.

La loi de 1995, confirmée en 1999, a apporté une simplification et une clarification dans le maquis des instruments financiers intervenant pour l'aménagement du territoire, en supprimant certains fonds et en regroupant d'autres. Aujourd'hui, il n'existe plus que deux fonds budgétaires spécialisés et trois comptes spéciaux du trésor : le fonds national d'aménagement et de développement du territoire (FNADT) géré par le CIADT, le fonds de gestion de l'espace rural (FGER), le fonds de péréquation des transports aériens, le fonds d'investissement des transports terrestres et des voies navigables et le fonds national de développement des entreprises (FNDE). Cet ensemble de moyens financiers accompagne concrètement le travail de réflexion et de prospective de la DATAR.

IV. L'administration de régulation

La régulation est un concept nouveau dans le langage administratif français. Elle s'intègre progressivement à notre tradition administrative. Les lois y font de plus en plus fréquemment référence, comme notamment la loi du 15 mai 2001 relative aux nouvelles régulations économiques. En effet, si la régulation inclut la réglementation, elle la dépasse dans sa fonction. La régulation est une manière d'aborder la gestion d'une activité, en veillant à son bon fonctionnement dans le cadre de principes fixés, notamment par la loi. Elle comprend le contrôle de l'activité concernée sans s'arrêter à la seule légalité Cette démarche, inspirée par les expériences étrangères, notamment américaines avec les agences indépendantes, s'est concrétisée en France par le recours de plus en plus fréquent à une nouvelle catégorie de structures administratives, les autorités administratives indépendantes (AAI). Il est utile d'examiner d'abord cette catégorie et ensuite de décrire certaines de ces autorités dans des secteurs significatifs.

A. Les autorités administratives indépendantes

Ces autorités sont dotées d'un statut spécifique très différent des administrations classiques. Leur singularité réside, d'une part dans leur autonomie par rapport au système hiérarchique, d'autre part dans la variété de leurs pouvoirs.

Le recours à ces instances répond à des raisons à la fois d'ordre politique et juridique. Elles permettent, d'une part, d'éviter une intervention directe de l'administration classique de l'État, désormais jugée inopportune, dans des secteurs considérés comme sensibles (communication, informatique, concurrence, marché financier...), d'autre part d'assurer des actions mieux adaptées aux exigences de la régulation de ces secteurs grâce à l'octroi de moyens d'expression plus diversifiés, à ces instances, allant des pouvoirs juridiques classiques (décision exécutoire, sanction...) à des modes d'expression plus souples et plus concertés (avis, observations, conseils, rapports...) (v. notamment C. Teitgen-Colly, « Les instances de régulation et la Constitution », *RDP*, 1990, p. 155 ; M. Gentot, *Les autorités administratives indépendantes*, Montchrestien, 2e éd., 1994 ; G. Timsit et C.A. Colliard, *Les autorités administratives indépendantes*, PUF, 1988).

Ces autorités ont été créées pour mettre les domaines jugés sensibles à l'abri des influences politique, économique ou professionnelle, les structures classiques étant considérées comme inadaptées à une satisfaisante régulation. Elles découlent d'une mise en doute de l'administration classique trop marquée par la hiérarchie, de sa neutralité réelle ou de son lien jugé excessif avec les autorités politiques. Le législatif et le judiciaire ne sont pas non plus considérés comme aptes à la régulation.

Ces remises en cause s'accompagnent de la quête de nouvelles formes de pouvoirs ou d'autorités, une forme de gouvernement des sages doté de pouvoirs de régulation comprenant à la fois des instruments juridiques classiques, mais aussi d'autres instruments d'administration d'une activité.

La catégorie est délicate à cerner car le Parlement ou le gouvernement emploient des qualificatifs très divers, parfois même ne donnent pas de qualification particulière. Trois cas se présentent : celui d'autorité administrative indépendante comme la Commission nationale de l'informatique et des libertés (CNIL) ; celui d'autorité indépendante comme le Conseil supérieur de l'audiovisuel (CSA) ou le Médiateur de la République ; le cas d'absence de qualification juridique comme pour la Commission d'accès aux documents administratifs (CADA). Ainsi, la catégorie est plus ou moins vaste si l'on s'attache aux stricts critères juridiques ou si l'on y inclut l'ensemble des structures administratives dotées d'une indépendance fonctionnelle réelle et d'une autorité morale. Les visions peuvent être juridiques ou sociologiques.

Ces autorités se sont multipliées. On peut ainsi répertorier trois secteurs essentiels dans lesquels on rencontre de nombreuses autorités de cette nature.

❑ *La régulation de la communication et de l'information* comprend notamment les autorités suivantes :
– la Commission nationale de l'informatique et des libertés (CNIL) créée par la loi du 6 janvier 1978 ;
– le Conseil supérieur de l'audiovisuel (CSA) créé par la loi du 17 janvier 1989 ;
– l'Autorité de régulation des télécommunications, créée par la loi du 26 juillet 1996, qui est l'une des conséquences institutionnelles de la nouvelle réglementation des télécommunications et qui a en charge sa régulation aussi bien pour le secteur public que le secteur privé ;
– la Commission des sondages, créée par la loi du 19 juillet 1977, qui doit veiller à la qualité, l'objectivité et à la diffusion dans des conditions régulières des sondages ;
– la Commission nationale des comptes de campagne et des financements politiques, créée par la loi du 15 janvier 1990, qui statue sur les comptes des dépenses électorales et le respect par les partis de leurs obligations relatives à leur financement.

❑ *La régulation de l'économie de marché* est opérée par les autorités suivantes :
– la Commission des opérations de bourse (COB), créée par l'ordonnance du 28 septembre 1967 dont les pouvoirs ont été accrus par les lois des 2 août 1989 et 2 juillet 1996, qui est chargée de s'assurer que le fonctionnement du marché est conforme aux exigences de protection de l'épargne et d'information des investisseurs ; sa qualité d'autorité administrative indépendante lui est reconnue par l'article L. 621-1 du Code monétaire et financier ;
– le Conseil de la concurrence, créé par l'ordonnance du 1er décembre 1986, est l'autorité régulatrice du respect des règles de la concurrence en vue de protéger les consommateurs mais aussi,
– la Commission de contrôle des assurances créée par la loi du 31 décembre 1989 ;
– le Comité de la réglementation bancaire créé par la loi du 24 janvier 1984 ;
– la Commission de régulation de l'électricité créée par la loi du 10 février 2000.

❑ *La régulation des relations administrés-administration* est effectuée par :
– le Médiateur de la République créé par la loi du 3 janvier 1973 modifiée en 1989 et en 2000 ;

– la Commission d'accès aux documents administratifs (CADA) créée par la loi du 17 juillet 1989 relative aux relations entre l'administration et le public et confirmée par celle 12 avril 2000 relative aux droits des citoyens dans leurs relations avec les administrations ;
– la Commission nationale de contrôle des interceptions de sécurité, créée par la loi du 11 juillet 1991, chargée de veiller au respect de la législation relative au secret des correspondances émises par la voie des télécommunications, notamment en ce qui concerne les interceptions de sécurité ;
– la Commission de déontologie de la sécurité créée par la loi du 6 juin 2000 pour traiter des plaintes relatives à des faits contraires à la déontologie de la sécurité ;
– la Commission consultative du secret de la défense nationale créée par la loi du 8 juillet 1998 compétente pour donner son avis sur la déclassification de documents protégés par le secret-défense.

Il existe encore d'autres institutions de cette nature comme par exemple le Comité national d'évaluation des établissements publics à caractère scientifique, culturel et professionnel, créé par la loi du 26 janvier 1984 sur l'enseignement supérieur et érigé en autorité administrative indépendante par la loi du 10 juillet 1989. D'autres institutions peuvent être considérées comme très proches de ce statut spécifique sans vraiment être dénommé comme telles, par exemple la Banque de France, qui dispose depuis 1993 (loi 4 août 1993) et encore plus depuis 1998 (loi 12 mai 1998) d'une grande indépendance dans l'exercice de ses missions.

L'indépendance de ces autorités est réalisée d'abord par leur composition et les modes de nomination des membres. À part l'exemple du Médiateur de la République, il s'agit toujours d'un organe collégial aux provenances très diversifiées des membres. Il est fait appel, soit à des hauts fonctionnaires issus des grands corps de l'État, soit à des élus du Parlement, soit à des personnalités qualifiées dans les domaines concernés. Un équilibre est toujours recherché par les autorités de nomination.

Une fois nommés, la plupart du temps, les membres de ces autorités ne peuvent être démis de leur fonction. L'indépendance est aussi garantie d'un point de vue organique et fonctionnel. En effet, ces autorités ne sont pas incorporées dans le système hiérarchique administratif, elles ne sont pas soumises à des ordres d'une autorité supérieure. Elles travaillent de manière indépendante dans un cadre législatif prédéterminé. Jacques Chevallier parle du passage d'un système hiérarchique à un système polycentrique

(« Réflexions sur l'institution des autorités administratives indépendantes », *JCP* 1996.I.3254). Elles disposent, sans avoir la personnalité juridique, d'un budget spécifique leur permettant une certaine autonomie de gestion. Elles restent néanmoins bien des autorités administratives dans la mesure où leur action administrative, lorsqu'elle fait grief, est bien contrôlée par le juge administratif ou le juge judiciaire suivant la répartition des compétences.

Ces autorités bénéficient d'une pluralité d'attributions permettant la régulation. Elles ont d'abord des pouvoirs juridiques classiques lorsque le législateur les a prévus : un pouvoir réglementaire comme une autorité de l'État (v. à ce sujet les décisions du Conseil constitutionnel du 18 sept. 1986 et du 17 janv. 1989) ; un pouvoir de décision individuelle sous la forme de nomination, d'autorisation ou de contractualisation et un pouvoir de sanction directe ou indirecte. Elles ont ensuite des moyens de régulation d'une activité déterminée par des méthodes extra-juridiques : la recommandation, la personnalisation des relations, l'organisation de débats publics et contradictoires, la médiation... Dans ces situations, c'est l'efficacité qui est systématiquement recherchée ou l'adaptation au secteur concerné. Le droit étatique est complété par des dimensions professionnelles ou déontologiques.

B. La régulation de l'usage des techniques

Compte tenu de l'importance des secteurs de la communication et de l'informatique dans une société moderne, il est intéressant d'examiner un peu plus les autorités qui régulent ces activités.

1. Le Conseil supérieur de l'audiovisuel

Pendant longtemps, le secteur de la radio et de la télévision est resté sous le contrôle direct de l'État ou du gouvernement. L'État, ayant le monopole de l'utilisation des ondes, en a confié successivement la gestion à un organisme unique, d'abord la Radiodiffusion télévision française (RTF) en 1952, ensuite l'Office de radiodiffusion télévision française (ORTF) de 1964 à 1974. À compter de 1974, cet office éclate en plusieurs organismes autonomes. Les évolutions techniques, comme celles des esprits, poussent les autorités publiques à rechercher d'abord des aménagements du monopole, pour envisager ensuite son abandon en introduisant de nouveaux opérateurs dans le paysage audiovisuel français. Le monopole est abandonné à compter de 1981 à l'issue de l'élection de François Mitterrand comme Président de la République.

Cette mutation supposait la création d'une autorité de régulation adaptée. En effet, cette régulation doit assurer plusieurs fonctions : l'indépendance à l'égard du pouvoir politique pour garantir l'objectivité de l'information; la gestion professionnelle d'un bien rare, l'espace hertzien; la gestion du marché de l'audiovisuel et du paysage audiovisuel français. Néanmoins, si le choix de créer une autorité de régulation indépendante est partagé par l'ensemble de la classe politique, les alternances successives entraînent des changements d'institutions : la Haute autorité de la communication audiovisuelle de 1982 à 1986, la Commission nationale de la communication et des libertés de 1986 à 1989 et le Conseil supérieur de l'audiovisuel depuis 1989. L'espérance de vie institutionnelle de cette dernière est apparemment assurée (v. notamment, J. Chevallier, « De la CNCL au CSA », *AJDA*, 1989, p. 59; J. Morange, « Le Conseil supérieur de l'audiovisuel », *RFDA*, 1989, p. 235).

Le Conseil supérieur de l'audiovisuel est une instance collégiale composée de 9 membres, de moins de 65 ans, nommés pour 6 ans par les plus hautes autorités de l'État : 3 par le Président de la République, 3 par le Président de l'Assemblée nationale, 3 par le Président du Sénat. Cette composition est inspirée de celle du Conseil constitutionnel. Le président du CSA est nommé par le Président de la République. Les mandats sont ni renouvelables, ni révocables. Les membres bénéficient d'une rémunération élevée de la fonction publique et sont astreints à une série d'obligations dont des incompatibilités de fonctions ou de rémunérations et des exigences de discrétion professionnelle. Leur statut constitue une garantie de leur indépendance.

Le CSA est doté d'un budget spécifique et d'une administration de près de 300 agents. Il dispose aussi de structures déconcentrées avec les comités techniques radiophoniques par grande région pour la régulation des radios privées locales.

Le CSA doit surveiller l'exercice de la liberté de la communication audiovisuelle. « Il assure l'égalité de traitement; il garantit l'indépendance et l'impartialité du secteur public de la radiodiffusion sonore et de la télévision; il veille à favoriser la libre concurrence; il veille à la qualité et à la diversité des programmes, au développement de la production et de la création audiovisuelles nationales ainsi qu'à la défense et à l'illustration de la langue et de la culture française » (loi modifiée de 1986 sur la liberté de communication, art. 1er). Il a donc une très large fonction de régulation du paysage audiovisuel de la radio et de la télévision.

Pour exercer ces compétences, il détient plusieurs types de pouvoirs. Il a le pouvoir de nomination de certains des membres des sociétés nationales de programme et de leur président. Il a le pouvoir d'autorisation de l'usage des fréquences pour chaque service de radiodiffusion et de télévision en subordonnant cette autorisation à la conclusion d'une convention entre lui et l'opérateur. Cette procédure, qui intervient après une mise en concurrence des opérateurs, lui permet de dessiner les contours d'un paysage audiovisuel. Il a aussi un pouvoir réglementaire, dans les limites fixées par la loi mais aussi par le Conseil constitutionnel dans sa décision du 17 janvier 1989. Il fixe les règles concernant les émissions relatives aux campagnes électorales ou d'expression directe des formations politiques et des organisations professionnelles. Il dispose d'un pouvoir de sanction. À l'égard du secteur public, le CSA détient une gamme de sanctions : la mise en demeure de respecter les obligations, la suspension de programme ou des sanctions pécuniaires. Il peut aussi saisir les autorités judiciaires de toute infraction à la législation. À l'égard du secteur privé, la gamme de sanctions est plus étendue : la mise en demeure de respecter les obligations, la suspension de l'autorisation ou d'une partie du programme, la réduction de la durée de l'autorisation, les sanctions pécuniaires ou le retrait de l'autorisation. Ces sanctions sont rendues dans le cadre du respect des règles des droits de la défense. Il peut ici aussi saisir les autorités juridictionnelles.

Même si le CSA est parfois l'objet de critiques surtout lorsqu'il affirme son autorité, il est devenu une autorité de régulation indispensable depuis que la logique de marché entre opérateurs a remplacé le monopole étatique. Mais la régulation moderne de l'audiovisuel exige des adaptations permanentes compte tenu des révolutions technologiques successives. Il n'est pas certain que le souci de simplification soit le choix français lorsqu'on constate la multiplication des institutions de gestion ou de régulation dans ce domaine avec l'Autorité de régulation des télécommunications ou l'Agence des fréquences (créations de la loi du 26 juillet 1996 de réglementation des télécommunications).

2. La Commission nationale de l'informatique et des libertés

La CNIL est créée par la loi du 6 janvier 1978 relative à l'informatique, aux fichiers et aux libertés, à une époque où l'informatique inquiète par sa puissance de stockage de données de toute nature et ses possibilités de connexions d'informations susceptibles de porter une atteinte grave aux droits fondamentaux et aux libertés de l'homme. L'opinion publique est troublée par un projet au début des années 1970 appelé SAFARI, système automatisé pour les fichiers administratifs et le répertoire des individus. Le législateur considère alors qu'il est nécessaire de réguler l'usage de l'informatique.

La loi de 1978 fixe un cadre général : « L'informatique doit être au service de chaque citoyen. Elle ne doit porter atteinte ni à l'identité humaine, ni aux droits de l'homme, ni à la vie privée, ni aux libertés individuelles ou publiques » (art. 1er). Elle détermine les éléments essentiels de régulation effectuée par une autorité spécialisée pour y veiller, la CNIL. Le point central de la régulation est le fameux principe de finalité qui est l'instrument de mesure de la CNIL par rapport à tout projet de fichier.

Cette finalité porte sur l'usage de l'informatique et surtout l'usage du traitement automatisé de données nominatives. C'est au regard de cette finalité que la CNIL approuve ou non le traitement en cause ou émet un avis favorable. La loi conçoit de manière large, donc adaptable, la notion de fichier. Il s'agit de traitement automatisé d'informations nominatives, c'est-à-dire de tout ensemble d'opérations réalisées par des moyens automatiques, relatif à la collecte, l'enregistrement, l'élaboration, la modification, la conservation et la destruction d'informations nominatives. Cela concerne aussi les bases de données. Ces fichiers ne peuvent contenir, sauf accord exprès de l'intéressé, des données nominatives qui directement ou indirectement, font apparaître les origines raciales ou les opinions politiques, philosophiques ou religieuses ou les appartenances syndicales ou les mœurs des personnes. La création de chaque fichier de données nominatives doit obéir à une procédure auprès de la CNIL, soit de déclaration préalable, parfois en forme simplifiée, soit d'avis préalable pour les traitements publics. Un droit d'accès direct ou indirect aux fichiers est organisé sous le contrôle de la CNIL.

La CNIL est une instance collégiale, dénommée par la loi d'autorité administrative indépendante, en charge de veiller au respect des dispositions de la loi, notamment en informant toutes les personnes concernées de leurs droits et de leurs obligations, en se concertant avec elles et en contrôlant les applications de l'informatique aux traitements des informations nominatives.

La composition diversifiée et le statut de la Commission ont pour objectif d'assurer une réelle indépendance à cette institution. Elle est composée de 17 membres désignés pour un mandat de cinq ans non révocable : 2 députés, 2 sénateurs désignés par chacune des assemblées, 2 membres du Conseil économique et social choisis par cette assemblée, 6 membres des hautes juridictions (Conseil d'État, Cour de cassation, Cour des comptes) choisis par elles, 2 personnalités qualifiées pour leur connaissance des applications de l'informatique nommées par décret sur proposition des présidents de l'Assemblée nationale et du Sénat, 3 personnalités désignées en raison de leur autorité et de leur compétence par décret en Conseil des ministres. La Commission élit en son sein, pour cinq ans son président. Le statut des membres de la Commission prévoit une série de dispositions pour en garantir l'indépendance et l'impartialité : l'incompatibilité de fonctions, l'astreinte au secret professionnel au sens du Code pénal. Son indépendance est précisée par la loi lorsqu'elle indique que les membres de la CNIL ne reçoivent d'instruction d'aucune autorité (loi, art. 13). La Commission dispose d'un budget propre et d'une administration d'une cinquantaine d'agents.

Les pouvoirs de la CNIL sont adaptés à ses missions. Elle enregistre les déclarations préalables à la création de fichiers. Ce mécanisme de déclaration permet une connaissance satisfaisante des traitements automatisés et donne à la CNIL les moyens d'informer le public sur l'existence de tels fichiers. Elle donne un avis sur les traitements des personnes publiques avant que soit pris l'acte réglementaire qui le crée. Elle réglemente en établissant des normes simplifiées pour les catégories les plus courantes de traitements à caractère public ou privé. Elle contrôle l'application des dispositions de la loi soit directement, soit à l'issue de réclamations ou de plaintes. Ce contrôle porte sur le respect des procédures préalables à la création du fichier et sur le contenu des fichiers. Elle peut aussi saisir les juridictions des violations de la loi et faire des recommandations sur les évolutions souhaitables de la régulation de l'usage de l'informatique.

Chaque année, la CNIL présente un rapport au Président de la République et au Parlement pour rendre compte de l'exécution de sa mission.

Ainsi, de 1978 à 2001, elle a enregistré 803 765 traitements automatisés (22e rapport d'activités 2001, DF, 2002). Dans chaque rapport, elle montre qu'elle a adapté sa régulation aux évolutions des technologies de l'informatique dans un même cadre législatif, notamment au développement des autoroutes de l'information, particulièrement Internet.

C. La régulation des relations administrés-administration

L'administration est restée pendant longtemps marquée par une culture du secret peu encline à admettre facilement les réclamations des administrés considérés plus comme des assujettis que comme des citoyens. Le changement de comportements des administrés devenus plus combatifs et une volonté d'ouverture de l'administration ont amené de véritables transformations des relations administrés-administration. Des modifications législatives et réglementaires sont intervenues pour passer d'une administration secrète à une administration transparente et d'une administration fermée à une administration ouverte (v. notamment B. Delaunay, *L'amélioration des rapports entre l'administration et les administrés. Contribution à l'étude des réformes administratives depuis 1945*, LGDJ, 1993). Même si on ne réforme pas l'administration par décret, comme le dit Michel Crozier, de réelles mutations sont à l'œuvre dans l'administration française sur ce registre. Là encore des autorités de régulation ont la charge de veiller sur ces transformations.

1. Le Médiateur de la République

Cette institution a été créée par la loi du 3 janvier 1973 et dotée d'un nom plus prestigieux à compter de celle du 13 janvier 1989 afin de lui donner une place plus convenable dans l'ensemble des institutions de la République et lui ouvrir la voie d'un ancrage constitutionnel.

Inspiré des expériences étrangères, comme l'ombudsman scandinave, institution beaucoup plus ancienne, le Médiateur de la République, semble être aujourd'hui une autorité de plus en plus saisie et reconnue comme de plus en plus efficace. Les personnalités ayant exercé les fonctions de Médiateur ont contribué chacune, à leur façon, à la valoriser dans notre système institutionnel, successivement Antoine Pinay, Aimé Paquet, Robert Fabre, Paul Longatte, Jacques Pelletier et Bernard Stasi.

Autorité indépendante, le Médiateur de la République est nommé pour un mandat, non révocable et non renouvelable, de six ans par décret en Conseil des ministres. Son statut lui garantit une réelle indépendance du fait de la nature de son mandat pendant lequel il ne reçoit d'instruction d'aucune autre autorité et des règles d'inviolabilité à l'occasion des opinions émises ou des actes pris dans l'exercice de ses fonctions. Il est assisté par une administration. Il dispose, sur l'ensemble du territoire, de délégués qu'il désigne. Ces derniers apportent les informations et l'assistance nécessaire à la présentation des réclamations (art. 6-1 de la loi, issu des modifications introduites par la loi déjà citée du 12 avril 2000).

Le Médiateur a une compétence très large puisqu'il reçoit les réclamations concernant, dans les relations avec les administrés, le fonctionnement des administrations de l'État, des collectivités publiques territoriales, des établissements publics et de tout organisme investi d'une mission de service public. Cela lui donne compétence pour traiter l'ensemble des dysfonctionnements administratifs ou, comme il les qualifie lui-même, « les maladministrations ». Formellement, il ne peut être saisi que par l'intermédiaire d'un parlementaire afin d'éviter qu'il ne soit submergé de dossiers de moindre importance. La catégorie des personnes pouvant le saisir est très large : « Toute personne physique ou morale qui estime, à l'occasion d'une affaire la concernant, qu'un organisme n'a pas fonctionné conformément à la mission de service public qu'il doit assumer, peut, par une réclamation individuelle, demander que l'affaire soit portée à sa connaissance » (L. 1973, mod. en 1992, art. 6).

Jusqu'en 1990, il recevait à peu près 23 000 réclamations, depuis cette date, ce chiffre est passé à 53 706 comme en atteste le rapport 2000 du Médiateur. Les grands domaines concernés sont en pourcentage les suivants : le domaine social pour 33,1 %, les affaires générales pour 28,6 % et la fiscalité pour 22,4 %. Pour 2000, les affaires directement traitées par le Médiateur étaient au nombre de 5 278, celles par les délégués départementaux à celui de 48 428.

Les pouvoirs du Médiateur reposent plus sur sa force de conviction, son autorité morale que sur des mesures juridiquement obligatoires pour l'administration. En effet, il peut surtout faire toutes les recommandations lui paraissant de nature à régler les difficultés dont il est saisi et, le cas échéant, toutes propositions tendant à améliorer le fonctionnement de l'organisme concerné. Selon une procédure très originale en droit français, il peut aussi, en cas de situation qu'il juge inéquitable, recommander à l'organisme mis en cause toute solution permettant de régler en équité la situation du requérant. Pouvoir ainsi statuer en équité en dépassant la stricte légalité est souvent le seul moyen de régler une situation délicate. Cette possibilité est maintenant admise par la loi, depuis sa modification intervenue en 2000 : « Lorsqu'il lui apparaît que l'application de dispositions législatives ou réglementaires aboutit à des situations inéquitables, il peut suggérer les modifications qui lui paraissent opportunes » (art. 6-1 de la loi modifiée de 1973).

Il peut aussi rendre publiques ses recommandations afin d'inciter encore plus l'autorité compétente à suivre ses interventions. La lecture de son rapport annuel est toujours un bon moyen de mieux connaître les dysfonctionnements de l'administration française : un formalisme excessif, l'exécution tardive des décisions administratives, la lenteur ou l'inertie des services, une réglementation superflue ou mal appliquée. Il dispose enfin d'un pouvoir d'injonction face à un jugement passé en force de chose jugée qui n'a pas été exécuté. Il n'a pour l'instant que très peu utilisé ce pouvoir.

Si l'institution du Médiateur de la République avait été accueillie avec scepticisme, « son succès a manifesté l'existence de besoins dont on n'avait pas suffisamment apprécié l'importance », comme le souligne le professeur Chapus (préc., p. 462). Cette institution est devenue indispensable au système de protection des administrés contre l'administration. Elle est très complémentaire de la justice administrative, afin de régler autrement les conflits. Ces recommandations sont suivies d'effet, ainsi que ses propositions de réformes.

2. La Commission d'accès aux documents administratifs

Cette Commission participe à l'introduction d'une culture de la transparence dans l'administration publique (v. B. Lasserre, N. Lenoir, B. Stirn, *La transparence administrative*, PUF, 1987 ; CURAPP, *Information et transparence administrative*, PUF, 1988 ; Conseil d'État, *La transparence et le secret*, Rapport public, *EDCE*, Doc. fr., 1996). L'objectif est ici de permettre aux administrés d'avoir plus facilement accès aux documents administratifs, afin de satisfaire leur droit à l'information. Ce droit ainsi que la CADA ont été créés par la loi du 7 janvier 1978 relative aux relations entre l'administration et le public. Cette loi pose un principe, en définit la mise en œuvre et met en place une instance spécifique de régulation pour veiller à son application. Le principe est que toute personne a droit à l'information. Ce droit est garanti par la loi en ce qui concerne la liberté d'accès aux documents administratifs de caractère nominatif. Cette loi a été modernisée par la loi du 12 avril 2000 relative aux droits des citoyens dans leurs relations avec les administrations.

À partir de ce principe, la loi énumère, donc aujourd'hui, les documents administratifs de la manière suivante : « Sont considérés comme documents administratifs, au sens du présent titre, tous dossiers, rapports, études, comptes rendus, procès-verbaux, statistiques, directives, instructions, circulaires, notes et réponses ministérielles qui comportent une interprétation du droit positif ou une description des procédures administratives, avis, prévisions et décisions qui émanent de l'État, des collectivités territoriales, des établissements publics ou des organismes de droit public ou privé chargés de la gestion d'un service public. Ces documents peuvent revêtir la forme d'écrits, d'enregistrements sonores ou visuels, de documents existant sur support informatique ou pouvant être obtenus par un traitement automatisé d'usage courant. Ne sont pas considérés comme documents administratifs, au sens du présent titre, les actes des assemblées parlementaires, les avis du Conseil d'État et des juridictions administratives, les documents de la Cour des comptes et les documents des chambres régionales des comptes, les documents d'instruction des réclamations adressées au Médiateur de la République… » (art. 1er de la loi modifiée de 1978).

À l'inverse, « ne sont pas communicables les documents administratifs dont la communication ou la consultation porteraient atteinte : au secret des délibérations du gouvernement et des autorités responsables relevant du pouvoir exécutif ; au secret de la défense nationale, de la politique extérieure de la France, à la sûreté de l'État ; à la sécurité publique ou à la sécurité des personnes ; à la monnaie et au crédit public ; au déroulement des procédures engagées devant les juridictions ou d'opérations préliminaires à de telles procédures, sauf autorisation donnée par l'autorité compétente ; à la recherche, par les services compétents, des infractions fiscales et douanières ; ou de façon générale, aux secrets protégés par la loi. » et « ne sont communicables qu'à l'intéressé les documents administratifs : dont la communication porterait atteinte au secret de la vie privée et des dossiers personnels, au secret médical et au secret en matière commerciale et industrielle ; portant une appréciation ou un jugement de valeur sur une personne physique, nommément désignée ou facilement identifiable ; faisant apparaître le comportement d'une personne, dès lors que la divulgation de ce comportement pourrait lui porter préjudice… » (art. 6-I et 6-II de la loi modifiée de 1978).

Les documents sont communicables aux personnes qui en font la demande ou qui sont directement concernées lorsque les documents sont nominatifs. Les documents visés par la loi peuvent émaner aussi bien des administrations de l'État, des collectivités territoriales, des établissements publics que des organismes, même de droit privé, chargés d'une mission de service public. L'accès aux documents administratifs s'exerce normalement par consultation gratuite sur place, avec des possibilités de reproduction suivant les cas.

La CADA, qui n'a juridiquement pas le titre d'autorité administrative indépendante, mais appartient en fait à cette famille compte tenu de son statut et de ses compétences, est chargée de réguler la mise en œuvre de cet accès. Pour sa part le professeur Chapus range cette Commission dans la catégorie des organismes consultatifs (préc., p. 436). Présidée par un conseiller d'État, elle comprend un conseiller à la Cour de cassation, un conseiller-maître à la Cour des comptes, 2 parlementaires désignés par les Présidents de chaque assemblée, un représentant du Premier ministre, un élu local, un professeur de l'enseignement supérieur, le directeur général des archives de France et le directeur de la Documentation française. Cette composition diversifiée est une garantie d'indépendance.

La fonction de la Commission est triple : émettre des avis lorsqu'elle est saisie par une personne qui rencontre des difficultés pour obtenir la communication d'un document ; conseiller les autorités compétentes sur toute question relative à la liberté d'accès aux documents administratifs ; proposer des modifications des textes législatifs ou réglementaires relatifs à cette communication. Elle établit un rapport public annuel. Par son action, la Commission a établi une véritable « jurisprudence » permettant de donner son plein effet à la loi de 1978. Son activité croissante est la meilleure preuve de son utilité dans les rapports administration-administrés. Elle a été saisie, en 2000, de 4244 demandes d'avis et 635 demandes de conseil (rapport de la CADA pour 2000).

Ses avis sont suivis d'effet dans 65,7 % des cas, les administrations oubliant de plus en plus d'indiquer à la CADA leur position finale. Néanmoins, grâce à elle, la transparence administrative a progressé, même si la recherche de la communication de documents administratifs par les administrés est plus un instrument de combat contre l'administration qu'un instrument d'une connaissance citoyenne et désintéressée de l'administration.

V. L'administration consultative

On qualifie d'administration consultative l'ensemble des organes, institutions ou commissions dont la vocation est de conseiller les autorités publiques à l'occasion d'un processus décisionnel. Elle apporte à l'administration dite active, soit une expertise, soit les appréciations ou la position d'une catégorie socioprofessionnelle considérée comme représentative. Les autorités publiques souhaitent ainsi avoir des avis éclairés pour améliorer ou mieux fonder leurs décisions. Cette administration consultative est plus particulièrement développée auprès de l'administration centrale. On s'attache ici à présenter les fonctions générales de l'administration consultative et à donner deux exemples de celle-ci : le Conseil économique et social, le Conseil d'État.

A. Les fonctions des administrations consultatives

La consultation organisée peut être soit interne, soit externe à l'administration. La consultation est interne lorsqu'il s'agit d'associer les agents publics ou les fonctionnaires à la réflexion sur les statuts, à la gestion du personnel, à la carrière des agents comme par exemple dans le cadre du Conseil supérieur de la fonction publique de l'État, des commissions administratives paritaires, ou pour l'enseignement supérieur dans le cadre du Conseil national des universités et de ses sections. Il peut s'agir aussi de consulter les personnels sur l'organisation et le fonctionnement des services, comme avec les comités techniques paritaires ou les comités d'hygiène et de sécurité.

La consultation est externe lorsqu'il est question d'assurer la représentation des administrés ou des catégories de personnes susceptibles d'être concernées par les décisions envisagées. Les politologues évoquent dans ce cas la représentation des corporatismes, avec les différentes catégories ou professions reconnues de cette manière par les autorités publiques. Il se réalise alors une forme d'association au processus décisionnel. Elle permet d'intégrer les groupes d'intérêt ou de pression, même s'il y a quelques réticences en France à admettre leur poids et leur rôle, alors que c'est beaucoup moins le cas dans d'autres pays, comme par exemple aux États-Unis.

Cette consultation peut se situer à plusieurs niveaux, national comme régional, avec par exemple le Conseil économique et social et le Conseil économique et social régional. Elle accueille alors à chacun des niveaux les différentes catégories socioprofessionnelles de la Nation comme de la région. Ainsi à côté des élus, il y a place pour d'autres formes de représentation, celle de la société civile.

En général, ces organes consultatifs sont surtout saisis pour avis par les administrations. Mais ils arrivent aussi qu'ils le soient par les administrés concernés, comme dans le cas de la Commission pour la sécurité des consommateurs ou la Commission pour les simplifications administratives. Ils sont parfois autorisés à se saisir eux-mêmes, par exemple le Conseil économique et social ou la Commission nationale consultative des droits de l'homme.

Il existe donc un très grand nombre d'instances consultatives dont chacune a une fonction spécifique. Il est utile de donner quelques exemples pour montrer la diversité des domaines concernés :
– le Comité consultatif national d'éthique pour les sciences de la vie et de la santé, créé en 1983, restructuré par un décret du 29 mai 1997, a pour mission de donner des avis sur les problèmes éthiques soulevés par les progrès de la connaissance dans les domaines de la biologie, de la médecine, et de la santé ;
– la Commission de la sécurité des consommateurs, créée par la loi du 21 juillet 1983, chargée d'émettre des avis et de faire des propositions en matière d'amélioration de la prévention des risques présentés par divers produits et services ;
– la Commission pour les simplifications administratives, organisée par un décret du 2 décembre 1998 ;
– le Conseil supérieur de l'égalité professionnelle entre les femmes et les hommes, créé par la loi du 13 juillet 1983, chargé de participer à la définition, à la mise en œuvre et à l'application de la politique menée en matière d'égalité professionnelle entre les femmes et les hommes ;
– la Commission nationale consultative des droits de l'homme, créée par le décret modifié du 30 janvier 1984, chargée d'assister le Premier ministre et les ministres concernés sur toutes les questions de portée générale qui concernent les droits de l'homme et l'action humanitaire ;
– le Conseil pour les droits des générations futures, créé et placé auprès du Président de la République par le décret du 8 mars 1993, qui peut être saisi des questions relatives à l'intégration de l'environnement dans les politiques publiques ;

– le Conseil national de l'aménagement et du développement du territoire créé par la loi du 4 février 1995 et confirmé par celle de 1999 ;
– le Conseil supérieur de la langue française, organisé par un décret du juin 1989 ;
– le Haut conseil de l'intégration, créé par un décret du 19 décembre 1989, chargé de donner des avis et de faire des propositions à l'intégration des résidents étrangers ou d'origine étrangère.

Malgré cette diversité de domaines, on peut néanmoins identifier de manière générale des types de fonctions qui se retrouvent presque dans chaque cas.

❑ *La fonction est d'abord formelle et juridique.* En effet, il est assez fréquent que les autorités publiques en charge d'une décision aient la nécessité de consulter pour avis un organe consultatif. La consultation est obligatoire ou facultative avec des effets juridiques différents. Elle peut même parfois exiger de décider sur avis conforme de l'instance consultée. Ainsi, l'avis est souvent facultatif à suivre, mais indispensable à prendre. Afin de donner plus de valeur et de transparence à la consultation, son régime juridique a été perfectionné, notamment par le décret du 28 novembre 1983 concernant les relations de l'administration et des usagers.

❑ *La deuxième fonction est celle de l'expertise.* La consultation permet d'affiner la décision administrative envisagée par des avis circonstanciés émis par les professionnels ou des spécialistes du secteur concerné. L'expertise est donc de nature variée : sociale, scientifique, économique, culturelle, financière…

❑ *La troisième fonction est politique.* Les autorités en charge de la décision finale ont le plus grand intérêt à mieux connaître l'état d'esprit de la catégorie socioprofessionnelle concernée avant justement de prendre la décision grâce à une consultation préalable. Elles ont tout avantage à mieux faire passer la décision par l'entremise de la consultation. Elles peuvent aussi mieux savoir à quoi elles s'exposent en faisant passer en force une décision.

B. Le Conseil économique et social

« La notion de représentation des intérêts économiques et sociaux au sein de l'appareil d'État s'est toujours heurtée, en France, aux principes issus de la Révolution française, symbolisés par la fameuse loi Le Chapellier de 1791, qui excluent les représentations non politiques » (J. Frayssinet, *Le Conseil économique et social,* Doc. fr., 1996, p. 7). Il faut attendre la IVe République pour qu'on assiste à la constitutionnalisation du Conseil économique, organe de représentation économique, chargé de donner des avis au gouvernement et au Parlement en matière économique, notamment dans le cadre de la procédure d'élaboration du Plan.

Sous la Ve République, il s'agit aussi d'un organe constitutionnel de nature consultative d'une compétence étendue à toutes les questions économiques et sociales (Constit., titre XI). Sa vocation traduite, dans sa composition, est de donner une représentation aux activités socioprofessionnelles au côté de la représentation politique du Parlement. Cela instaure une dimension institutionnelle à l'expression d'une démocratie économique et sociale. Par le référendum du 27 avril 1969, le général de Gaulle confirmera sa conviction que l'ensemble des forces vives doit participer à la définition de l'intérêt national, en proposant en quelque sorte de fusionner le Sénat et le Conseil économique et social. La nouvelle deuxième assemblée aurait ainsi représenté, d'une part les collectivités territoriales, d'autre part les activités économiques et sociales. Le rejet de cette réforme constitutionnelle a maintenu en l'état les deux assemblées.

Aujourd'hui, le Conseil économique et social est auprès des pouvoirs publics une assemblée consultative qui, par la représentation des principales activités économiques et sociales, favorise la collaboration des différentes catégories professionnelles entre elles et assure leur contribution à la politique économique et sociale du gouvernement (Ord. mod. du 29 déc. 1959 portant loi organique relative au Conseil économique et social, art. 1er). Depuis la réforme de 1984, il comprend 231 membres, désignés pour cinq ans, répartis de la manière suivante : 69 représentants des salariés, 72 représentants des entreprises (agricoles et non agricoles, artisanales, publiques), 3 représentants des professions libérales, 10 représentants de la mutualité, de la coopération et du crédit agricoles, 9 représentants des coopératives et de la mutualité non agricoles, 17 représentants des activités sociales, 9 représentants des activités économiques et sociales des départements et territoires d'outre-mer, 2 représentants des Français établis à l'étranger, 40 personnalités qualifiées dans le domaine économique, social, scientifique ou culturel.

Cette institution est dotée des structures classiques d'une assemblée avec un président et un bureau, des sections spécialisées (les commissions au CES), des groupes, une administration et un budget de fonctionnement. Elle dispose d'un règlement intérieur et d'une procédure de délibération.

Le Conseil économique et social a donc une fonction consultative obligatoire ou facultative. Il est obligatoirement consulté par le gouvernement pour le Plan ou tout projet de caractère économique ou social (Constit., art. 70). Par contre, il peut être saisi pour avis par le gouvernement, sur les projets de loi, d'ordonnance ou de décret ou sur tout problème de caractère économique ou social intéressant la République. Il peut se saisir lui-même des sujets qui entrent dans son champ de compétences en établissant des rapports. Évidemment, il ne s'agit que d'avis dans la mesure où les travaux du Conseil ne lient pas les pouvoirs publics dans leur décision. Dans de nombreux cas, le gouvernement tient compte des avis de cette assemblée, ce qui montre qu'elle a eu un réel impact sur l'activité normative des pouvoirs publics. L'influence de ces travaux dépend de leur qualité et de leur précision technique. Les rapports du Conseil économique et social sont souvent très utiles car ils dépassent les clivages politiques classiques pour aborder de manière technique et professionnelle les domaines examinés. Ils portent sur des sujets très variés, comme l'attestent plusieurs exemples de rapports : *Le bilan et les perspectives financières de la décentralisation* (1994), *Les leviers immatériels de l'activité économique* (1994), *Le livre vert sur la politique sociale européenne* (1994), *Pour une politique énergétique de l'Union européenne* (1995), *Le développement des services de proximité* (1996), *Les grandes orientations du contrat État-SNCF 1996-2000* (1996), *L'avenir des systèmes de retraite* (2000), *La décentralisation et le citoyen* (2000), *L'Euro et le citoyen* (2001), *Le harcèlement moral au travail* (2001), *Sport de haut niveau et argent* (2002).

L'intérêt de cet espace privilégié de rencontre et d'échange entre les représentants de tous les secteurs de l'activité économique et sociale explique que ce type d'institutions ait été créé aussi bien au niveau régional, avec le Conseil économique et social régional, qu'européen avec le Comité économique et social européen.

C. Le Conseil d'État

Nous avons déjà évoqué la composition du Conseil d'État et sa fonction contentieuse dans les structures de contrôle de l'administration. Il s'agit d'examiner ici l'autre fonction de la Haute assemblée, celle de conseil de gouvernement. Lors de sa création en 1799, sa vocation était d'ailleurs plus de conseil du gouvernement que de juridiction. Mais c'est cette double fonction qui fait vraiment la grande spécificité du Conseil d'État sans que l'une l'emporte vraiment sur l'autre. « Les deux fonctions se confortent mutuellement et concourent à établir l'autorité morale du Conseil. Il est d'autant plus écouté comme conseiller qu'il est, comme juge, en mesure de censurer les décisions allant contre ses avis, et qui seraient illégales. Il est d'autant plus respecté comme juge que ses attributions consultatives le mettent en rapport constant avec l'administration active, qui se sait connue de lui et est par la suite portée à lui faire confiance » (R. Chapus, préc., p. 406).

La fonction consultative, remplie par les formations administratives du Conseil d'État, se caractérise par l'émission d'avis à destination du gouvernement qui en a l'exclusivité. Ces avis demeurent secrets tant que celui-ci n'en autorise pas la publication. Si la confidentialité demeure le principe et la règle confirmés par la loi du 17 juillet 1978 relative à l'accès aux documents administratifs, la pratique est plus souple. En effet, dans la plupart des cas le gouvernement ne s'oppose pas à la publication. Cet équilibre entre discrétion et publication est satisfaisant. « Le Conseil d'État doit donner son avis en toute liberté, échapper à toute pression, d'où qu'elle vienne, échapper aussi à la tentation de se bâtir une image médiatique fondée sur la réponse qu'il donnera à telle question à la fois délicate et passionnelle » (M. Long, préface à l'ouvrage de Y. Gaudemet, B. Stirn, T. Dal Farra et F. Rolin, *Les grands avis du Conseil d'État,* Dalloz, 2e éd., 2002, p. XIV – Pour un examen complet de la procédure de consultation du Conseil d'État, v. Circ. Prem. min. 30 janv. 1997 relative aux règles d'élaboration, de signature et de publication des textes au *Journal officiel, JO* 1er févr. 1997).

La consultation est obligatoire ou facultative. Si un texte impose la consultation, son absence entache l'acte, soit éventuellement d'inconstitutionnalité pour les projets de loi, soit du vice d'incompétence pour les projets de décret. Les avis du Conseil d'État, en général, ne lient pas le gouvernement. Néanmoins, lorsque l'avis est obligatoire, le gouvernement se trouve devant le choix suivant : soit il maintient son texte initial en passant outre à l'avis du Conseil d'État, soit il suit l'avis du Conseil. Une autre solution serait entachée d'illégalité.

Le Conseil d'État est obligatoirement consulté, en vertu des articles 38 et 39 de la Constitution, par le gouvernement pour les projets de loi et d'ordonnance, avant que ces projets soient soumis au Conseil des ministres. L'avis est donné par l'assemblée générale du Conseil, après instruction par l'une des sections administratives. C'est à cette occasion que le Conseil d'État peut examiner, et donc signaler, les risques d'inconstitutionnalité renfermés par le projet de loi. Il est aussi obligatoirement consulté pour les projets de décret, soit en vertu des dispositions de l'article 37, alinéa 2, soit lorsqu'il est fait référence par la loi à des décrets en Conseil d'État. Il arrive parfois que l'avis conforme du Conseil d'État soit exigé. C'est notamment le cas lorsque le gouvernement persiste à ne pas suivre l'avis de la CNIL (loi de 1978 sur l'informatique, les fichiers et les libertés, art. 15). En dehors de ces hypothèses, la consultation est facultative. Le gouvernement apprécie, s'il y a lieu, de saisir le Conseil d'État pour avoir une consultation juridique.

Cette intervention consultative du Conseil d'État est riche. En effet, il ne se contente pas d'un simple avis de régularité formelle. Il profite de cette occasion pour souligner : l'inadéquation des mesures proposées, leur éventuelle contradiction avec les dispositions existantes, leur caractère superflu par rapport à l'état du droit… Cela montre que le Conseil d'État contribue à sa place au travail législatif et réglementaire. On peut aussi aisément constater que souvent les aspects juridiques et politiques d'une question sont étroitement mêlés comme par exemple pour les avis du 27 novembre 1989 sur le principe de la laïcité de l'enseignement (foulard islamique) (*GACE*, préc., p. 315) ou du 23 septembre 1993 sur le droit d'asile (*GACE*, p. 373).

Enfin, le Conseil réalise et établit des rapports, à la demande du Premier ministre, souvent en vue de la préparation de réformes législatives ou administratives. Ces travaux sont l'œuvre de la section du rapport et des études. À cette occasion, le Conseil d'État montre son importante capacité d'expertise pour le gouvernement. Une centaine d'études ont ainsi été réalisées par ses soins. Elles touchent au fonctionnement de l'administration : *Les établissements publics nationaux* (Doc. fr., 1985) ; *Les autorités administratives indépendantes* (1984) ; *L'administration et les nouvelles technologies de l'information* (Doc. fr., 1988) ; *La formation juridique des fonctionnaires* (1988) ; *Les pouvoirs de l'administration dans le domaine des sanctions* (Doc. fr., 1995) ; *La responsabilité pénale des agents publics en cas d'infractions non-intentionnelles* (Doc. fr., 1996), *Le cumul d'activité et de rémunération des fonctionnaires* (Doc. fr., 1999) Ces études portent sur la justice, le contentieux et le droit : *La prévention des contentieux* (1981 et 1987) ; Régler *autrement les conflits : conciliation, transaction, arbitrage en matière administrative* (Doc. fr., 1993) ; *L'aide juridique, pour un meilleur accès au droit et à la justice* (Doc. fr., 1991), *La norme internationale en droit français* (Doc. fr., 2000), *L'influence internationale du droit français* (Doc. fr. 2001), La *publication et l'entrée en vigueur des lois et de certains actes administratifs* (Doc. fr. 2001) Elles concernent aussi sur de grandes questions de société comme : *Les Sciences de la vie : de l'éthique au droit* (Doc. fr., 1988), *Les lois de bioéthique : cinq ans après* (Doc. fr., 1999) ou *Internet et les réseaux numériques* (Doc. fr. 1998).

Il ne faut pas oublier que le Conseil d'État réalise aussi un rapport public annuel qui trace un bilan de son activité juridictionnelle, consultative et internationale ainsi que sur l'exécution des décisions de justice. À l'occasion de ce rapport, il a pris l'habitude de présenter des considérations générales. Ces dernières ont successivement porté sur : *De la sécurité juridique* (1992) ; *Le droit communautaire* (1993) ; Décentralisation et ordre juridique (1994) ; *Service public, services publics : déclin ou renouveau* (1995) ; *La transparence et le secret* (1996) ; *Sur le principe d'égalité* (1997), *Sur le droit de la santé* (1998) ; *L'intérêt général* (1999) ; *Les associations et la loi de 1901, cent ans après* (2000) ; *Les autorités administratives indépendantes* (2001) ; *Collectivités publiques et concurrence* (2002). Par cet ensemble de fonctions et de travaux, le Conseil d'État est l'une des institutions centrales de l'administration française.

CHAPITRE 3

L'administration territoriale de la République

L'administration centrale ne peut à elle seule, quels que soient ses raffinements, suffire à administrer convenablement notre pays. Elle a besoin de disposer sur le territoire de moyens administratifs complémentaires pour permettre l'exécution et la mise en œuvre des politiques publiques ou des directives centrales (v. N. Merley, Conception et administration du territoire en France métropolitaine, PU d'Aix-Marseille, 1998). La Constitution reconnaît expressément la nécessité de délégués du gouvernement dans les départements et les territoires (art. 72). Une administration déconcentrée du territoire vient compléter l'administration centrale. Elle constitue une longue tradition pour l'administration française. En effet, la France a depuis longtemps opté pour ce type de représentation du centre sur le territoire, au travers des intendants sous l'Ancien Régime, ou depuis deux siècles, pour les préfets dans les départements.

Mais l'administration de l'État est loin d'être la seule sur le territoire. Ce dernier dispose aussi d'autres administrations, celles des collectivités territoriales. La Constitution reconnaît, à côté de l'administration déconcentrée de l'État, la nécessité d'une administration décentralisée spécifique, les collectivités territoriales de la République (art. 72). Elle pose le principe constitutionnel de la libre administration des collectivités territoriales (art. 34). Jusqu'aux lois dites de décentralisation de 1982, on pouvait avoir le sentiment que ce principe constitutionnel était plus latent que réel. À partir de ce renouvellement de la décentralisation qui admet les droits et les libertés des collectivités territoriales, on assiste non seulement à une meilleure reconnaissance des spécificités locales et régionales, mais aussi à une réforme de l'État ou plus exactement de l'administration de la République sur le territoire.

La loi du 6 février 1992 sur l'administration territoriale de la République précise à la fois les contours de celle-ci, mais en plus en donne une interprétation synthétique : « L'administration territoriale de la République est assurée par les collectivités territoriales et par les services déconcentrés de l'État. Elle est organisée, dans le respect du principe de libre administration des collectivités territoriales, de manière à mettre en œuvre l'aménagement du territoire, à garantir la démocratie locale et à favoriser la modernisation du service public » (art. 1er).

Cette administration territoriale se décompose donc en deux éléments parallèles et complémentaires, d'une part une administration territoriale de l'État, d'autre part les collectivités territoriales. Il y a donc une forme de co-administration du territoire dont l'ancrage est de nature constitutionnelle et législative. D'un côté, l'administration de l'État garantit l'unité du territoire et donne corps au principe d'égalité, de l'autre, l'administration des collectivités territoriales permet l'expression de la diversité du territoire et autorise le principe de liberté. Ce dualisme institutionnel, une forme de l'exception française, se réalise dans l'unité de la République.

La difficulté de compréhension de l'administration territoriale pour les administrés tient parfois simplement à des questions de vocabulaire. En effet, les mêmes termes de département et de région recouvrent des réalités administratives différentes. Le département et la région dénomment à la fois une circonscription administrative de l'État et une collectivité territoriale.

L'administration déconcentrée de l'État

Symbolisée surtout par le préfet, dans le département, le représentant direct du gouvernement et de l'administration centrale, l'administration déconcentrée de l'État est numériquement la plus importante. La majorité des fonctionnaires d'État travaille justement dans les administrations déconcentrées de l'État. Mais pourtant, elles sont moins connues et surtout moins étudiées que les autres. Ces dernières années, par la mise en œuvre d'une politique de déconcentration, elles semblent être l'objet de plus d'attention des autorités centrales.

I. La déconcentration administrative des services de l'État

La déconcentration est un phénomène ancien dans l'histoire administrative française, même si elle a souvent été masquée par une vision étroite de la centralisation. Elle a toujours permis d'alléger les aspects négatifs de la centralisation en confiant des compétences à des autorités réparties sur le territoire et ayant une certaine autonomie d'action par rapport au pouvoir central. Elle reste bien un corollaire de la centralisation, comme nous l'avons déjà dit, elle ne se confond pas avec la décentralisation. Cela n'est possible que si le territoire à administrer est effectivement découpé en circonscriptions administratives. Ces dernières sont administrées par des autorités administratives représentantes de l'État, comme, aujourd'hui, l'arrondissement et le sous-préfet, le département et le préfet ou la région et le préfet de région.

Le mouvement de décentralisation entrepris à compter de 1982 n'a pas altéré le rôle, bien au contraire, de l'administration déconcentrée. La conception générale de ce mouvement a été entendue avec un parallélisme, jugé indispensable entre l'administration déconcentrée et l'administration décentralisée. En plus, depuis 1992, on a même assisté à un renforcement de la déconcentration par une politique publique particulière.

A. Les fonctions de la déconcentration

a) La contribution à l'unité de la République

La déconcentration traduit d'abord une certaine conception de l'État unitaire. À l'inverse de la décentralisation qui contient à l'évidence toujours des risques d'amoindrir l'égalité au profit des droits et des libertés des collectivités territoriales, la déconcentration assure au contraire l'unité du territoire républicain en toutes circonstances, à tout moment et sur l'ensemble du territoire. Cette unité est une exigence constitutionnelle évoquée à plusieurs reprises dans la constitution, notamment dès l'article 1er : « La France est une République indivisible, laïque, démocratique et sociale. Elle assure l'égalité devant la loi de tous les citoyens sans distinction d'origine, de race et de religion. Elle respecte toutes les croyances ». La déconcentration et les services qu'elle fonde, contribuent à satisfaire ces exigences. Quelles que soient les parties du territoire, les administrations d'État doivent être identiques, les grands services publics doivent fonctionner de la même manière pour tous les citoyens. Cette unité est possible aussi bien grâce à l'administration déconcentrée générale que spécialisée.

L'unité, comme l'égalité, suppose aussi une certaine continuité de l'administration, comme de l'action publique. Le préfet symbolise et réalise à lui tout seul ces impératifs, compte tenu du caractère interchangeable des personnes qui exercent ces fonctions, à la différence des autorités décentralisées issues directement des territoires concernés. L'administration déconcentrée permet aussi à l'État d'être le garant réel des grands équilibres sur le territoire.

b) La déconcentration au service de l'efficacité administrative

La déconcentration administrative assure la garantie de l'efficacité de l'État, comme de la mise en œuvre des politiques publiques décidées par le centre. En effet, il ne suffit pas de prendre une orientation, il faut aussi l'appliquer. Les administrations centrales n'y suffisent pas, elles ont besoin des services déconcentrés. Ces services sont d'autant plus efficaces qu'ils peuvent assumer une certaine responsabilité pour leurs actions dans le cadre de leur autonomie de gestion sur le plan local. Cela concerne aussi bien l'administration déconcentrée généraliste que spécialisée. Cette efficacité administrative est augmentée par un rapprochement effectif de l'administration et des administrés dans des circonscriptions administratives adaptées. Il s'agit par la déconcentration de mettre en œuvre « une règle de bonne administration selon laquelle les décisions des administrations doivent être prises à l'échelon le plus proche de ceux qu'elles concernent » (rapport au Président de la République relatif au décret relatif à la déconcentration des décisions administratives individuelles, *JO* 18 janv. 1997, p. 919).

Toute politique de modernisation de l'administration ou de renouveau du service public doit donc s'appuyer dans un État unitaire sur la déconcentration administrative.

c) L'accompagnement de la décentralisation ou la co-administration du territoire

La conception française de la décentralisation repose sur une complémentarité avec le processus de déconcentration. Une décentralisation réussie suppose que les collectivités territoriales puissent avoir sur place des correspondants ou des représentants de l'État. Elles n'ont pas nécessairement à se tourner vers la capitale pour résoudre des difficultés locales ou régionales. Il suffit qu'elles se tournent vers les autorités déconcentrées. Elle induit la nécessité d'un parallélisme institutionnel à chacun des niveaux concernés. Cela se retrouve aujourd'hui au niveau du département avec le préfet et le président du conseil général ou avec le préfet de région et le président du conseil régional. Ce parallélisme facilite les dialogues administratifs sur le territoire allant jusqu'au partenariat entre les représentants de l'État et les collectivités territoriales.

On a pu à juste titre évoquer l'idée d'une co-administration du territoire, le principe en est posé par la loi du 6 février 1992. Celle-ci prend de multiples formes, notamment celles des contrats, comme par exemple les contrats de plan entre l'État et les collectivités territoriales. La contractualisation des relations entre les autorités déconcentrées et les autorités décentralisées concerne dorénavant de nombreuses politiques publiques, comme par exemple la politique de la ville ou celle de l'aménagement du territoire.

d) La politique publique de déconcentration

Historiquement, les gouvernements ont toujours eu le souci de faire fonctionner la déconcentration administrative pour éviter une surcharge excessive de l'administration centrale. Sans être forcément toujours qualifié de déconcentration, cette préoccupation est une constante de l'histoire administrative française. Il s'agit toujours de mieux administrer le territoire au nom d'un principe de gestion, parfaitement résumé jadis, par la formule liminaire du décret impérial du 25 mars 1852 : « On peut gouverner de loin, mais on n'administre que de près ». La permanence institutionnelle du préfet en est à la fois un symbole et un modèle d'administration déconcentrée. « Près de deux siècles après sa création, et malgré les lois de décentralisation de 1982 et 1983, le préfet occupe toujours une place fondamentale dans le système administratif français d'administration du territoire » (H. Oberdorff et J.-C. Froment, *L'institution préfectorale entre tradition et modernité*, in J.-J. Gleizal (dir.), *Le Retour des préfets ?*, PUG, 1995, p. 20 ; N. Kada, *Le Préfet et la déconcentration sous la Ve République*, Presses Universitaires du Septentrion, Lille, 2001). Par étapes successives, ses pouvoirs ont même été accrus pour faire de la déconcentration administrative une réalité. Sous la Ve République, les décrets du 14 mars 1964 et du 10 mai 1982 sont autant de jalons d'une politique de déconcentration.

À partir de 1989, « la volonté politique de réforme de l'État et de modernisation du service public conduit à l'accélération du processus de déconcentration » (O. Diederichs et I. Luben, *La déconcentration*, PUF, 1995, p. 33). Des projets d'administration déconcentrée des services territoriaux de l'État sont lancés sous la responsabilité des préfets de région. Ils ouvrent la voie à une théorisation politique de la déconcentration qui intervient en 1992, d'une part au travers de la loi du 6 février 1992 sur l'administration du territoire de la République, d'autre part grâce à des décrets dont surtout le décret du 1er juillet 1992 portant charte de la déconcentration.

Cette politique se veut conceptuelle et globale. Elle pose en effet, une conception de l'administration du territoire et en déduit ensuite des mesures de mise en œuvre. Depuis cette période, la politique de déconcentration est toujours considérée comme un élément essentiel de la politique de réforme de l'État.

Avec les deux textes de 1992, la déconcentration est expressément une contribution à la co-administration du territoire. Le territoire de la République est administré simultanément par les collectivités territoriales et les services déconcentrés de l'État. Nous sommes face à une théorie formalisée de l'administration du territoire. La loi de 1992 le formule de manière claire en complétant son fondement constitutionnel par un apport législatif déterminant.

Cette théorie de l'organisation administrative du territoire ne peut se concrétiser qu'au travers de distinctions supplémentaires. La première distinction est organique. L'administration de l'État est composée d'administrations centrales, de services à compétence nationale et de services déconcentrés (en vertu du décret modifié du 1er juillet 1992). La deuxième distinction est fonctionnelle. Elle concerne les compétences entre ces deux types d'administration. Cette répartition des missions repose sur une règle générale : « La déconcentration est la règle générale de répartition des attributions et des moyens entre les différents échelons des administrations civiles de l'État » (Décr. 1992). Cela suppose que la centralisation, au sens plein, doit être progressivement une exception. La distinction des missions et des compétences doit s'opérer de la manière suivante : aux administrations centrales, les missions de conception, d'animation, d'orientation, d'évaluation et de contrôle ; aux administrations déconcentrées, les tâches de mise en œuvre, de gestion, d'exécution, d'adaptation aux exigences locales ou les relations de l'État avec les collectivités territoriales.

Cette politique de déconcentration administrative, accélérée par de nouveaux textes à compter de 1992, a supposé une progressive restructuration des compétences et des missions entre les administrations centrales et les administrations déconcentrées. Elle exige de nouveaux rapports entre le centre et la périphérie pour dépasser les simples orientations législatives et réglementaires. Il a été demandé aux autorités centrales, notamment les différents ministères, de procéder à un véritable tri des compétences susceptibles d'être déconcentrées, à une nouvelle répartition des moyens et éventuellement des services, selon un calendrier (v. Circ. 18 sept. 1992 relative à la déconcentration et à la simplification des structures administratives, *JO* 10 oct. 1992, p. 14129).

B. Les structures et les domaines de réalisation de la déconcentration

1. Les structures de la déconcentration

On peut distinguer deux types de structures concernées par la déconcentration, d'une part celles qui conçoivent la déconcentration, d'autre part celles qui gèrent des activités déconcentrées.

a) Les structures de conception

Plusieurs structures sont plus particulièrement chargées de concevoir les processus de déconcentration. Sans analyser les projets ou les programmes de déconcentration qui se sont succédé depuis quelques années, il est intéressant d'observer les institutions qui sont intervenues à cette occasion dans l'administration d'État. Une institution est mise en place dans cette perspective par le décret du 10 mai 1982, confirmée par celui du 1er juillet 1992 : le comité interministériel de l'administration territoriale (CIATER, à distinguer du CIAT déjà évoqué). Ce comité, placé sous l'autorité du Premier ministre, à été chargé de plusieurs missions : proposer des mesures générales de déconcentration, donner des avis sur la création de tout niveau d'administration déconcentrée et porter un regard prospectif sur le devenir de la déconcentration. Ce comité a contribué à la mise en œuvre de la politique de déconcentration. Devant l'ampleur de la tâche, les réticences des administrations centrales, cette instance n'a pas donné tous les résultats escomptés.

Dans le cadre général de la politique de réforme de l'État, le CIATER a disparu et ses attributions ont été confiées à une autre instance, le comité interministériel pour la réforme de l'État, créé par le décret du 13 septembre 1995 et confirmé par un décret du 8 juillet 1998. Cette instance, présidée par le Premier ministre, a notamment pour fonction de délibérer sur les schémas de réorganisation des services de l'État et sur les projets de réorganisation des services déconcentrés de l'État prévus par les lois de 1995 et de 1999 relatives à l'aménagement du territoire. Les questions de déconcentration sont examinées plus particulièrement par le comité permanent du comité interministériel qui accueille dans ce cas des représentants des administrations déconcentrées.

Il faut aussi signaler le Comité pour la réorganisation et la déconcentration des administrations créé par un décret du 15 janvier 1993, en charge de coordonner l'élaboration des schémas de déconcentration de chaque ministère. Ce travail de conception de la déconcentration s'est aussi effectué dans chacun des ministères. Il s'est agi pour chaque administration centrale de faire le tri entre les activités déconcentrables et les autres, de repérer le bon niveau de déconcentration et d'en organiser la réalisation.

b) Les structures de réalisation

La déconcentration se réalise au travers de circonscriptions administratives territoriales et d'une attribution de compétences à chacun des niveaux concernés. Si le découpage est ancien, il est là encore confirmé et donc stabilisé par les textes, plusieurs fois évoqués de 1992. Il s'agit de rationaliser et de simplifier la carte administrative de l'État sur le territoire.

Les services déconcentrés des administrations d'État sont, sauf exception, organisés dans le cadre de trois types de circonscriptions administratives : la circonscription régionale, la circonscription départementale, la circonscription d'arrondissement (L. 6 févr. 1992, art. 5). Chacune de ces circonscriptions se voit attribuer une série de compétences.

❑ *La circonscription régionale* est l'échelon territorial de l'État en charge de la mise en œuvre des politiques nationale et communautaire en matière de développement économique et social et d'aménagement du territoire ; de l'animation et de la coordination des politiques de l'État relatives à la culture, à l'environnement, à la ville et à l'espace rural ; de la coordination des actions de toute nature intéressant plusieurs départements de la région (Décr. 1er juill. 1992, art. 3).

❑ *La circonscription départementale* est l'échelon territorial de mise en œuvre des politiques nationale et communautaire. Elle constitue en sorte la circonscription de droit commun de l'administration déconcentrée de l'État (Décr. 1er juill. 1992, art. 4).

❑ *L'arrondissement* est le cadre territorial de l'animation du développement local et de l'action administrative locale de l'État (Décr. 1er juill. 1992, art. 5).

À chacun des niveaux de circonscription, on trouve, d'une part, une autorité au pouvoir administratif généraliste, comme le préfet de région, le préfet et le sous-préfet, d'autre part, des autorités spécialisées, comme les chefs de services déconcentrés, notamment le directeur d'une direction régionale ou le directeur d'une direction départementale.

Pour compléter ces structures et améliorer les performances interministérielles de l'administration d'État sur le territoire, des instances ou des outils administratifs ont été confirmés ou créés avec : la conférence administrative régionale, le collège des chefs de services départementaux, la création des pôles de compétence administrative (Décr. 1er juill. 1992, art. 12) ou les chefs de projets (art. 13).

2. Les domaines concernés par la déconcentration

C'est à ce niveau que les mutations du système de l'administration de l'État sur le territoire semblent les plus importantes car elles ne reposent plus seulement sur des orientations générales, mais sur la modification juridique des processus de décision. En partant du principe que la déconcentration doit être la règle générale de répartition des attributions et des moyens entre les différents échelons des administrations civiles de l'État, plusieurs domaines de déconcentration ont été définis. Cela donne de la cohérence à tous les processus de déconcentration, même lorsqu'ils sont déjà anciens.

L'une des premières déconcentrations opérées sous la Ve République a concerné les pouvoirs des préfets de région et les préfets avec les décrets du 14 mars 1964. Leurs pouvoirs sont renforcés par les décrets du 10 mai 1982. Il s'agissait alors surtout de déconcentrations générales. Des déconcentrations thématiques sont aussi intervenues dans plusieurs domaines.

a) La déconcentration de la gestion des investissements publics

La déconcentration des décisions de l'État en matière d'investissements publics a ouvert la voie en quelque sorte avec le décret du 13 novembre 1970 afin de « lutter contre l'excessive concentration de notre système administratif » (Rapport au Président de la République sur le décret, *JO* 15 nov. 1970, p. 10515). Ce décret organise une répartition des investissements publics en catégories notamment nationale, régionale, départementale et détermine les autorités compétentes pour chacune des catégories. Si, par la suite, les procédures ont évolué, le principe de la déconcentration des investissements est toujours resté la règle (v. Décr. 4 avr. 1991 portant classement des investissements civils exécutés par l'État ou avec une subvention d'État, *JO* 5 avr. 1991, p. 4552).

b) La déconcentration du contentieux administratif

La déconcentration touche aussi le traitement du contentieux administratif. « Le principe est que le préfet représente l'État en défense dans tout litige né de l'activité des services dont la compétence territoriale n'excède pas le cadre régional ou départemental, qu'il s'agisse des services placés sous son autorité ou des commissions présidées par lui. Cette compétence recouvre donc aussi bien les recours pour excès de pouvoir contre les décisions qu'il a prises..., que les recours de plein contentieux nés à l'occasion du fonctionnement de la préfecture ou des services extérieurs de l'État » (Circ. Prem. min. 23 sept. 1987 relative à la déconcentration du contentieux administratif, *JO* 29 sept. 1987, p. 11329 ; v. aussi Circ. 30 mars 1998 relative aux observations du gouvernement à l'occasion des recours formés contre les décrets, *JO* 1er avr. 1998, p. 4983).

c) La déconcentration de la gestion des ressources humaines

La déconcentration a été opérée aussi en ce qui concerne la gestion des ressources humaines. Elle vise à améliorer la gestion de la fonction publique de l'État sans en remettre en cause les principes généraux. En effet, faire gérer par le centre l'ensemble de ces personnels sous prétexte que le seul employeur est l'État, n'est pas une solution administrativement satisfaisante. Il est d'autant plus important de déconcentrer cette gestion que la très grande majorité des fonctionnaires de l'État est affectée dans des services territoriaux. En même temps, veiller à l'égalité de traitement est une exigence statutaire à respecter. La déconcentration est une solution intéressante de compromis. De nombreux décrets concernant chaque ministère et de nombreuses circulaires du Premier ministre organisent les modalités de cette déconcentration du recrutement, de la gestion et de la formation des fonctionnaires de l'État et des agents employés par lui (v. notamment, Circ. 26 août 1994 relative à l'adaptation des règles de gestion des personnels de l'État au service de la déconcentration, *JO* 21 sept. 1994, p. 13479).

d) La déconcentration des décisions administratives individuelles

Le décret du 15 janvier 1997 pose un nouveau principe concernant les décisions administratives individuelles en donnant au préfet une compétence de droit commun pour ces décisions. Une décision administrative individuelle est un acte à caractère unilatéral, pris par une autorité administrative, et qui a pour destinataire une ou plusieurs personnes nommément désignées.

Ce décret organise ainsi un processus de déconcentration des décisions administratives individuelles (v. Circ. 7 mars 1997 relative à la mise en œuvre du plan de réforme de l'État : déconcentration des décisions administrative individuelles, *JO* 13 mars 1997, p. 3905). L'intervention de l'autorité ministérielle constitue donc une exception, que doivent avoir prévue des dispositions particulières. À partir de ce nouveau principe, près d'une trentaine de décrets complémentaires du 19 décembre 1997 ont répertorié les hypothèses dans lesquelles les autorités ministérielles restent compétentes (*JO* 27 déc. 1997, annexe au n° 300). *A contrario*, dans les autres cas, l'autorité de droit commun est bien le préfet. Cette déconcentration intervenue au 1er janvier 1998, concerne plus de 600 décisions administratives individuelles ce qui monte à 2 687 le total des procédures déconcentrées, soit près de 73 % de l'ensemble des procédures (Paris perd une partie de son pouvoir au profit des départements, *Le Monde* 8 janv. 1998).

II. L'administration de l'État dans le département

Le territoire est découpé en 100 circonscriptions administratives départementales (dont 4 départements d'outre-mer) à la tête desquelles est placé un préfet représentant de l'État et du gouvernement. Ce découpage de la France en département a été historiquement opéré à la période de la Révolution. L'Assemblée constituante décide d'une nouvelle division du royaume en départements par la loi des 22 décembre 1789 – 8 janvier 1790. Ces départements doivent constituer le niveau de droit commun de gestion de l'ensemble des services publics. Il y a à l'époque déjà un souci de simplification administrative. L'histoire de ce découpage est riche d'enseignements. Renonçant à la division géométrique du territoire proposée par Thouret, rapporteur du projet de loi, en 80 « carrés » de 18 lieues de côté (70 km env.), l'Assemblée constituante a opté pour des circonscriptions de taille moyenne dans lesquelles il est possible de se rendre du chef-lieu à la périphérie et en revenir, en une journée de cheval. On trouve dans cette réflexion, à la fois de la sagesse, le souci des administrés et une préoccupation de l'aménagement du territoire. La loi du 28 pluviôse an VIII concernant la division du territoire de la République confirme ces circonscriptions départementales. Malgré leur caractère initialement artificiel, les départements sont toujours les circonscriptions de base de l'administration de l'État.

Les procès qui sont instruits régulièrement à son endroit concernant sa taille et son âge, n'ont pour l'instant pas abouti à le remettre vraiment en cause. L'État est présent dans les départements, d'une part au travers des préfets et leurs collaborateurs, d'autre part grâce à ses services déconcentrés.

A. Le préfet

Le préfet est une autorité traditionnelle du système administratif français (v. P. Bernard, *Le Préfet de la République, le chêne et l'olivier*, Économica, 1992). Cette institution a traversé de nombreux régimes politiques sans jamais être vraiment remise en cause, même si parfois son appellation a changé pour devenir, par exemple, le commissaire de la République (éphémère dénomination de 1982 à 1988). On peut faire remonter cette tradition d'un représentant de l'État avant la Révolution avec les intendants du roi sous l'Ancien Régime. Institué par la loi du 28 pluviôse an VIII, le préfet est conçu à l'époque comme l'instrument essentiel de l'administration de l'État dans le département. À partir des décrets du 14 mars 1964, cette institution est étendue au niveau régional avec la création des préfets de région.

Le préfet a plusieurs missions générales. Longtemps considéré comme une autorité de contrôle et de surveillance pour veiller surtout à l'ordre public, le préfet est devenu une autorité de synthèse de l'action administrative à la fonction généraliste et polyvalente. Il contribue à la mise en œuvre des politiques publiques dans le département où il exerce son pouvoir. Comme directeur et coordonnateur de l'ensemble des services déconcentrés de l'État dans le département, il constitue un outil pivot de la déconcentration.

Cette autorité demeure ambivalente. En effet, le préfet est à la fois un fonctionnaire d'autorité au sein de l'État, doté d'un pouvoir hiérarchique important dans le département, mais il a aussi mission de représenter des autorités politico-administratives, comme les ministres et le gouvernement. L'institution préfectorale est donc au carrefour de l'administratif et du politique. Il doit combiner la rigueur administrative avec une certaine dépendance du politique, par sa fidélité au gouvernement. C'est dans cette synthèse toujours délicate que résident la grandeur et la servitude d'une fonction peu ordinaire.

1. Le statut du préfet

Compte tenu d'une dépendance étroite des autorités politiques, on peut considérer que le préfet n'a, à l'origine, pas de statut. Il reste même à l'écart du mouvement de création de corps de fonctionnaires. Il faut attendre, d'abord le décret du 19 juin 1950 et ensuite celui du 10 octobre 1959, pour qu'apparaisse un véritable statut du corps préfectoral (décret Chatenet, du nom du ministre de l'Intérieur de l'époque). La base actuelle du statut des préfets est le décret du 29 juillet 1964 souvent modifié, récemment par celui du 6 mars 1996. Ce statut présente de nombreuses spécificités par rapport à celui des autres fonctionnaires. Il régit quelque 200 préfets dont 107 en postes territoriaux. Les préfets, bien qu'ayant une fonction largement interministérielle, restent gérés par les services du ministère de l'intérieur et non paradoxalement par ceux du Premier ministre.

Les préfets sont nommés par décret du Président de la République en conseil des ministres sur proposition du Premier ministre et du ministre de l'Intérieur. Il s'agit donc d'emplois à la discrétion du gouvernement pour lesquels la liberté de choix est très grande. La seule limite est que les préfets soient choisis, dans la proportion des 4/5e de l'effectif total, parmi les sous-préfets et les administrateurs civils hors classe, donc parmi les fonctionnaires recrutés en principe par la voie de l'ENA, justifiant d'une certaine ancienneté et ayant une certaine expérience administrative. Pour le 1/5e restant, le choix est totalement discrétionnaire en faisant éventuellement appel à des personnes n'étant pas forcément fonctionnaires. La pratique contemporaine des nominations montre qu'il est surtout fait appel à des fonctionnaires.

Mais le statut des préfets est plus marqué par des obligations que par des droits, compte tenu des exigences de loyalisme envers le gouvernement qu'il sert. Un manque de loyauté peut avoir des conséquences négatives sur la carrière. Les garanties dont ils disposent sont plus faibles que pour les autres fonctionnaires. « Les garanties dont disposent les membres du corps préfectoral sont des garanties d'occuper un emploi au sein de la fonction publique et de percevoir les rémunérations qui s'y attachent, mais pas celle d'occuper un emploi en poste territorial » (J.-F. Auby, *Le Commissaire de la République*, PUF, 1983, p. 105). Les mutations sont opérées discrétionnairement comme les avancements. Les sanctions disciplinaires sont prononcées sans recours à des instances disciplinaires, après simple communication du dossier. Le dossier administratif des préfets peut comporter mention des opinions politiques, ce que ne permet pas le statut général de la fonction publique. Les préfets n'ont ni le droit syndical, ni le droit de grève. L'existence d'un statut fait bien des préfets des fonctionnaires même lorsqu'ils exercent des fonctions territoriales, mais ils restent des fonctionnaires à part, compte tenu de leur affectation.

2. Les attributions du préfet

Les attributions du préfet sont définies dans leur principe par la Constitution : « Dans les départements, le délégué du Gouvernement a la charge des intérêts nationaux, du contrôle administratif et du respect des lois » (art. 72, al. 3). Il s'agit donc bien de l'autorité pivot de la déconcentration administrative. Ses attributions sont précisées et développées par la loi du 2 mars 1982 et par le décret du 10 mai 1982. Le préfet « est le dépositaire de l'autorité de l'État dans le département. Délégué du gouvernement, il est le représentant direct du Premier ministre et de chacun des ministres. Il dirige sous leur autorité les services des administrations civiles de l'État. Il a la charge des intérêts nationaux, du respect des lois et de l'ordre public. Il veille à l'exécution des règlements et des décisions gouvernementales » (Décr., art. 1er). L'ensemble des attributions du préfet se décompose en trois catégories : politique, policière et administrative.

❑ *Les attributions de nature politique* concernent la fonction de représentation du gouvernement dans le département. Le préfet doit expliquer aux administrés et aux élus locaux la politique du gouvernement en faisant œuvre de pédagogie administrative. Il joue ainsi le rôle de porte-parole du gouvernement, du Premier ministre et des ministres. Il a, en sens inverse, mission d'informer le gouvernement de l'état de la situation politique dans le département, cette tâche étant importante en période électorale. Depuis la décentralisation, il est encore plus l'interlocuteur privilégié des responsables des collectivités territoriales aussi bien du président du Conseil général que des maires des villes essentielles du département, dont le chef-lieu.

❑ *Les attributions de police* sont parmi les plus anciennes. En effet, il a toujours été chargé de veiller à l'ordre public dans le département. Il est donc une importante autorité de police administrative qui doit prendre toutes les mesures nécessaires à la préservation de la sécurité, de la tranquillité et de la salubrité publique dans le département. Dans certains départements, ou dans les chefs-lieux de zone de défense, les préfets sont assistés d'un préfet de police (Paris), d'un préfet adjoint pour la sécurité (Ajaccio) ou d'un préfet délégué pour la sécurité et la défense (Lyon, Marseille, Lille...). La loi du 21 janvier 1995 d'orientation et de programmation relative à la sécurité a augmenté les pouvoirs des préfets ou des préfets adjoints ou délégués en charge de la sécurité. Jusqu'à la réforme du Code de procédure pénale en 1993, le préfet était aussi une autorité de police judiciaire ayant des pouvoirs comparables à ceux d'un magistrat judiciaire, surtout dans le cadre d'infraction portant atteinte à la sûreté de l'État.

❑ *Les attributions administratives* du préfet sont les plus nombreuses et les plus variées. On a pu considérer qu'il s'agit d'un véritable empilement de compétences, comme si le préfet était l'institution à tout faire de la République. Les lois de 1982 et 1992, ainsi que le décret de 1982 ont confirmé ce rôle d'administration générale dans le département.

Ces attributions administratives lui permettent de mettre en œuvre les politiques nationale et communautaire dans le département. Il dirige les services déconcentrés de l'État dans le département et a autorité directe sur les chefs des services. Cette direction lui permet de veiller à une bonne cohérence de l'activité administrative dans le département. Ce rôle n'est pas facile à assumer compte tenu de la tradition des relations directes entre les administrations centrales et les administrations déconcentrées, la liaison verticale fonctionnant parfois mieux que la coordination horizontale. Pour pouvoir exercer réellement cette direction, le préfet dispose de plusieurs outils ou moyens juridiques allant de la circulation des correspondances, entre les administrations centrales destinées aux services déconcentrés de l'État, qui doivent nécessairement passer par lui, aux pouvoirs de notation des chefs des services déconcentrés, ou à la présidence de nombreuses commissions administratives.

Néanmoins, certaines activités ne sont pas placées sous sa direction. Les missions relatives au contenu et à l'organisation de l'action éducatrice ainsi qu'à la gestion des personnels qui y concourent relèvent du recteur. Les actions d'inspection de la législation du travail ou les activités fiscales et du trésor public échappent à l'autorité du préfet. Ne relèvent pas non plus de lui, les institutions juridictionnelles. Cela s'explique par l'autonomie nécessaire aux services concernés.

Il dispose du pouvoir de prendre des décisions administratives individuelles, pouvoir accru par les décrets précités de 1997. Il est l'ordonnateur secondaire unique des dépenses de l'État dans le département. Il est responsable de la gestion du patrimoine immobilier et des matériels des services de l'État dans le département. Il gère les investissements publics de l'État dans le département. Il négocie et conclut au nom de l'État toute convention avec le département, une ou plusieurs communes ainsi que leurs établissements publics.

L'observation des attributions administratives du préfet permet de mesurer l'extrême diversité des champs concernés. Pour donner quelques exemples, il intervient dans le domaine de la politique de l'emploi ou la gestion des grands conflits du travail pour une médiation. Il est actif pour les questions d'aménagement du territoire. Il est animateur de l'action économique de l'État dans le département. On peut relever aussi des implications pour les questions culturelles, le droit des associations, la sécurité routière, les transports, le droit des étrangers… Le préfet a aussi en charge le contrôle administratif de la légalité des actes des collectivités territoriales donc des départements et des communes. Nous examinerons ce pouvoir plus en détail avec l'étude des collectivités territoriales.

Si la décentralisation, intervenue en 1982, a déstabilisé les préfets et le corps préfectoral par la remise en cause de certains pouvoirs, on a pu dire à juste raison que les préfets étaient de retour (J.-J. Gleizal, préc.). Le préfet reste une autorité administrative généraliste au centre de ce qu'on appelle parfois l'État territorial ou l'État sur le territoire.

B. La préfecture, le sous-préfet d'arrondissement et les services départementaux de l'État

❑ *La préfecture* est l'administration généraliste qui assiste le préfet dans ses attributions. Elle peut être considérée tantôt comme une administration de gestion pour certains services, tantôt comme une administration d'état-major pour d'autres.

Le préfet dispose de collaborateurs immédiats avec un directeur de cabinet, éventuellement un ou plusieurs chargés de mission et un secrétaire général de la préfecture qui veille à la bonne administration de la préfecture et souvent de l'arrondissement chef-lieu. Ces deux responsables font aussi partie du corps préfectoral ayant le grade de sous-préfet. La préfecture est divisée en directions souvent dénommées de manière identique dans chaque département : direction de l'administration générale, direction de la réglementation et des libertés publiques, direction des actions interministérielles, direction des affaires décentralisées. Ces directions sont elles-mêmes divisées en bureaux. À côté du corps préfectoral, les personnels des préfectures appartiennent à des corps ordinaires de fonctionnaires bénéficiant des mêmes règles statutaires que tous les autres. Ils sont rattachés aussi au ministère de l'Intérieur.

❑ *Le sous-préfet* a la charge de l'administration de l'arrondissement. Chaque département est divisé en arrondissements, aujourd'hui 333 en comptant les sous-préfets chargés des arrondissements chefs-lieux des départements. Le sous-préfet a un statut très proche de celui du préfet avec les mêmes obligations et contraintes. Son recrutement s'opère essentiellement parmi les anciens élèves de l'ENA et, de manière complémentaire, parmi les administrateurs civils. Sa carrière s'effectue, normalement, en position territoriale dans un arrondissement ou une préfecture (directeur de cabinet, secrétaire général) ou aussi dans d'autres emplois de la fonction publique. Les sous-préfets sont au nombre de 439 dont 333 en postes territoriaux.

« Le sous-préfet d'arrondissement est le délégué du préfet dans l'arrondissement. À ce titre, il assiste le préfet dans la représentation territoriale de l'État et sous son autorité : il veille au respect des lois et des règlements et concourt au maintien de la sécurité et de l'ordre publics et à la protection des populations ; il anime et coordonne l'action des services de l'État pour la mise en œuvre des politiques nationales et communautaires, notamment en matière d'aménagement du territoire et de développement local ; il participe à l'exercice du contrôle administratif et au conseil des collectivités locales. Le préfet peut lui confier des missions particulières, temporaires ou permanentes » (Décr. 10 mai 1982, art. 4-1).

❑ *Les services départementaux de l'État* constituent ses services déconcentrés au niveau de chaque département. L'administration de l'État est donc très présente sur le territoire par ses relais territoriaux de l'administration centrale. Cela explique que la majorité des fonctionnaires soit justement sur le territoire. Depuis le découpage de la France en circonscriptions administratives départementales, les ministères ont très vite eu le souci d'être aussi présents à ce niveau pour pouvoir faire correctement appliquer leurs décisions ou leur politique. Le département est apparu comme le plus adapté à l'action administrative spécialisée, même si par la suite il est concurrencé par d'autres circonscriptions générales comme la région ou plus spécialisée encore.

Ces services déconcentrés sont organisés sous la forme de directions départementales comme les directions départementales de l'équipement, les directions départementales de l'agriculture, les directions départementales du travail et de l'emploi ou les directions départementales de l'action sanitaire et sociale... Il arrive aussi que d'autres dénominations soient employées, mais il s'agit toujours de services départementaux de l'État, comme par exemple, la trésorerie générale, l'inspection académique, le service départemental de l'éducation surveillée, le service départemental de l'architecture. Les établissements publics de l'État ont de plus souvent une implantation départementale comme l'Agence nationale pour l'emploi, l'Office national des forêts ou l'Office national de l'immigration.

Avec l'implantation successive de relais administratifs de l'État dans les départements sous des formes variées et surtout leur multiplication, le paysage administratif territorial s'est complexifié, surtout si on y ajoute les effets structurels de la décentralisation intervenue à compter de 1982. Il fallait donc opérer, à nouveau, une rationalisation et une harmonisation, à la fois, de la carte administrative des circonscriptions départementales et de l'action administrative de l'État dans le département. La question n'est pas nouvelle, elle avait déjà fait l'objet d'un traitement par le décret du 2 juin 1960 portant harmonisation des circonscriptions administratives. Le renouvellement de la déconcentration, à partir de 1992, vise justement ces objectifs.

La rationalisation passe par le fait que le département est bien l'échelon de droit commun de l'implantation administrative de l'État, placé sous l'autorité générale du préfet. Ce cadre s'impose, sauf dérogation indispensable, aux administrations centrales. Cette rationalisation est soutenue par l'existence d'un schéma départemental des implantations des services de l'État dans le département qui prend en compte les orientations fixées par les ministres concernés en matière d'implantation et de développement des services déconcentrés. Il revient au préfet d'élaborer ce schéma départemental.

La coordination est facilitée par l'existence dans chaque département d'un *collège des chefs de services*, créé par le décret du 1er juillet 1992 portant charte de la déconcentration. Ce collège comprend, sous la présidence du préfet : les membres du corps préfectoral en fonction dans le département ; les chefs ou responsables des services en fonction dans le département. Le préfet peut y convier les chefs de juridiction pour les affaires relevant de leur compétence. Il peut aussi inviter des personnalités qualifiées. Le collège des chefs de services examine les conditions de mise en œuvre des politiques de l'État dans le département et notamment les conditions d'organisation et de fonctionnement des services de l'État en vue de l'harmonisation de la gestion des moyens ou de la mise en œuvre d'actions communes. Le recours par le préfet a des *chefs de projets* et la création de *pôles de compétences* contribue aussi à mieux rationaliser et coordonner l'action de l'État dans le département.

III. L'administration de l'État dans la région

La région a acquis une place essentielle dans la carte administrative française notamment dans le domaine économique et social. Elle constitue une circonscription administrative de l'État à la tête de laquelle se trouve le préfet de région. Des préoccupations économiques, d'ordre public et d'aménagement du territoire, ont historiquement justifié la création progressive de ces circonscriptions. On peut qualifier ce mouvement de régionalisation administrative.

Le découpage de la France en circonscriptions régionales n'a pas la même histoire que celui des départements. Il s'opère de manière progressive. Cela commence par les régions dites « Clementel » en 1919, forme de coordination régionale, se poursuit avec les régions économiques en 1938, les régions de programme du décret du 30 juin 1955 ou les circonscriptions d'action régionale des décrets du 7 janvier 1959 et du 2 juin 1960.

Il faut attendre la réforme introduite par le décret du 14 mars 1964 pour que soient organisés les services de l'État dans les circonscriptions d'action régionale. Cette réforme dessine la carte administrative régionale contemporaine qui sera confirmée par le décret du 10 mai 1982 relatif aux pouvoirs des préfets de région, à l'action des services et organismes publics de l'État dans la région. La charte de la déconcentration du 1er juillet 1992, à la suite de la loi sur l'administration du territoire de la République, stabilise définitivement cette circonscription. La France est donc découpée en 26 circonscriptions régionales (dont 4 régions d'outre-mer). L'État est présent dans ces régions, d'une part avec les préfets de régions, d'autre part au travers de services déconcentrés.

A. Le préfet de région

Institué par le décret de 1964, confirmé par celui de 1982, le préfet de région a eu d'éphémères précurseurs avec les préfets régionaux instaurés, en 1941 par le gouvernement de Vichy, les commissaires régionaux de la République, créés à la Libération et supprimés dès 1948, ou les préfets coordonnateurs de la conférence interdépartementale de 1959.

Le préfet de région est aujourd'hui le préfet du département où se trouve le chef-lieu de la région. Il est donc à la fois préfet d'un département et préfet de la région. Les gouvernements ont donc toujours préféré opter pour la pratique du dédoublement fonctionnel que de créer une institution à part, sorte de super-préfet supérieur hiérarchique des autres. Cela présente une série d'avantages et peu d'inconvénients. Le préfet de région a une pratique administrative comparable à celle de ses collègues et peut donc développer avec crédibilité un ascendant fonctionnel sur les autres préfets de département. Il y a, de ce fait, moins de risques politiques découlant de prérogatives excessives pour une autorité territoriale. L'inconvénient réside dans la surcharge de travail et de fonctions pour cette autorité.

Il n'est pas nécessaire de reprendre la description du statut du préfet de région dans la mesure où il est identique à celui des préfets. Il est issu du même corps, selon les mêmes modalités et dispose des mêmes droits et obligations. Nommé par décret du Président de la République en conseil des ministres, il est le représentant de l'État dans la région. Délégué du gouvernement, il est le représentant direct du Premier ministre et de chacun des ministres pour l'exercice de leurs compétences à l'échelon de la région. Il dirige sous leur autorité, les services déconcentrés des administrations civiles de l'État dans la région. Il a la charge des intérêts nationaux et du respect des lois dans la région.

❑ *Les attributions administratives générales* sont relativement comparables à celles du préfet. Il dirige les services déconcentrés de l'État dans la région. Il a autorité directe sur les chefs de services, les délégués ou correspondants de ces administrations. Pour pouvoir exercer réellement cette direction, le préfet de région dispose de plusieurs outils ou moyens juridiques allant de la circulation des correspondances, entre les administrations centrales destinées aux services déconcentrés de l'État, qui doivent nécessairement passer par lui, aux pouvoirs de notation des chefs des services régionaux, ou à la présidence de nombreuses commissions administratives qui intéressent les services extérieurs de l'État dans la région.

Néanmoins, certaines activités ne sont pas placées sous sa direction comme : les missions relatives au contenu et à l'organisation de l'action éducatrice ainsi qu'à la gestion des personnels qui relèvent du recteur ; les actions d'inspection de la législation du travail ; les activités fiscales et du trésor public… Ne relèvent pas non plus du préfet de région, les institutions juridictionnelles.

Le préfet de région est l'ordonnateur secondaire unique des dépenses de l'État dans la région. Il est responsable de la gestion du patrimoine immobilier et des matériels des services de l'État dans la région. Il gère les investissements publics de l'État dans la région. Il négocie et conclut au nom de l'État toute convention que ce dernier passe avec la région ou l'un de ses établissements publics. Cela fait de lui l'interlocuteur privilégié de la région collectivité territoriale et de son président. Il a aussi en charge le contrôle administratif de la légalité des actes de la région, de ses établissements publics et des établissements publics interrégionaux ayant leur siège dans la région. Nous examinerons ce pouvoir plus en détail avec l'étude des collectivités territoriales.

❑ *Les attributions administratives spécialisées* du préfet de région concernent plus particulièrement le développement économique et social et l'aménagement du territoire. C'est dans ce cadre que l'ascendant fonctionnel du préfet de région s'est le plus rapproché de la hiérarchie administrative. En effet, le préfet de région fixe, après consultation de la conférence administrative régionale, les orientations nécessaires à la mise en œuvre des politiques nationale et communautaire concernant le développement économique et social et l'aménagement du territoire. Il les notifie aux préfets de départements qui s'assurent de la conformité des décisions qu'ils prennent avec ses orientations et lui rendent compte (Décr. 10 mai 1982 relatif au préfet de région, art. 4). Il intervient également dans le domaine de la planification, soit pour la confection du plan national, soit pour l'élaboration du futur contrat de plan entre l'État et la région. Il anime et coordonne les politiques de l'État dans la région dans le domaine culturel, de l'environnement, de la politique de la ville ou de l'espace rural. Il est important aussi de signaler que la construction communautaire a sensiblement renforcé son rôle dans la mise en œuvre des politiques européennes. La coopération décentralisée, notamment des régions, lui a, en outre, donné un rôle international (v. H. Oberdorff, *Le préfet à l'heure européenne*, in J.-J. Gleizal, préc., p. 165).

B. La coordination administrative régionale et les services régionaux de l'État

Le préfet de région est assisté dans l'exercice de ses fonctions par un secrétaire général aux affaires régionales et par les chefs des services de l'État dans la région. La coordination administrative régionale est en effet assurée par deux instances essentielles de l'administration régionale.

❑ *Le secrétariat général aux affaires régionales,* placé sous la responsabilité d'un secrétaire général, composé de chargés de mission ou de conseillers techniques, est une administration de mission dont les membres proviennent de divers horizons administratifs avec des profils et des compétences variés. Il est souvent doté de services d'études et de prospectives. Le secrétaire général et les chargés de mission n'appartiennent pas forcément au corps des sous-préfets. Sa vocation est de concevoir, imaginer, proposer des orientations en matière de développement économique et social, mais aussi scientifique, universitaire ou culturel de la région. Il fonctionne aussi comme le correspondant de la DATAR. Son rôle se concrétise au moment de la négociation et de la conclusion du contrat de plan entre l'État et la région, synthèse des orientations de l'État et des politiques régionales imaginées par le Conseil régional. Il n'a pas vraiment de mission de mises en œuvre qui relève plus des administrations classiques des services de l'État dans la région ou les départements.

❑ *La conférence administrative régionale* (CAR) est un véritable organe de coordination administrative. Placée sous la présidence du préfet, la CAR est composée : des préfets de départements ; du secrétaire général de la préfecture du département où est situé le chef-lieu de la région ; du trésorier-payeur général de région ; des chefs des services déconcentrés de l'État dans la région, pour les affaires relevant de leur compétence. Le préfet de région peut inviter les chefs de juridictions aux travaux de la conférence, ainsi que toute personnalité qualifiée. La CAR est une instance de consultation, de prospective et d'évaluation. Elle se prononce sur les orientations de l'action de l'État dans la région, notamment en matière de développement économique et social et d'aménagement du territoire. Elle est consultée sur la préparation des contrats de plan entre l'État et la région ainsi que sur celle des programmes nationaux et communautaires concernant la région. Elle en suit l'exécution. Enfin, elle intervient en matière d'investissements publics de l'État dans la région.

❑ *Des services déconcentrés de l'État* sont organisés dans chaque région. La circonscription régionale n'a jamais été conçue comme une circonscription généraliste sur le modèle du département. Elle garde un caractère spécialisé pour les matières touchant au développement économique et social, à l'aménagement du territoire ou à certaines politiques publiques qui y contribuent. Les textes de 1992 le confirment une nouvelle fois. Cela apparaît bien dans les types de services déconcentrés de l'État dans la région. En plus, ces services ont moins une activité de gestion que de coordination administrative. Plus rares sont les services de gestion. Pour ce qui est de la coordination on peut signaler notamment les directions régionales de l'équipement, les directions régionales de l'industrie et de la recherche ou les directions régionales des affaires sanitaires et sociales… Ces directions ont surtout une mission de coordination ou de concertation entre les services départementaux de la région. Ces services régionaux peuvent avoir d'autres formes comme les commissariats à l'industrialisation ou à l'aménagement, déjà évoqués pour l'aménagement du territoire.

Certains services régionaux ont une vocation de gestion, la plupart du temps lorsque l'administration centrale n'a décidé d'avoir des relais administratifs qu'au niveau régional. On peut citer dans ce cadre : les directions régionales des affaires culturelles ; les directions régionales de la consommation, des prix et de la répression des fraudes ; les directions régionales des douanes ; les directions régionales pour l'environnement. Il faut aussi évoquer certains services régionaux à compétence spécialisée, alors qu'il n'existe pas de direction régionale généraliste comme pour l'administration de l'agriculture : le service régional d'aménagement de la forêt, le service régional de l'aménagement des eaux ou le service régional des statistiques agricoles.

Afin de lutter contre l'hétérogénéité des structures administratives régionales, les gouvernements ont recherché une harmonisation et une simplification qu'ils ont toujours eu du mal à atteindre, compte tenu des impératifs contradictoires. D'un côté, chaque administration centrale veut des relais efficaces, découpés géographiquement en fonction de nécessités administratives jugées incontournables, de l'autre, il faut administrer le territoire dans toutes ses facettes, donc avec un minimum de coordination, d'harmonie et d'interministérialité. Il en découle, ces dernières années, un renforcement des outils de déconcentration coordonnée, du type des pôles de compétence.

Les collectivités territoriales de la République

Les collectivités territoriales de la République, composées des communes, des départements et des régions, concrétisent la décentralisation. Elles représentent de manière spécifique leurs ressortissants. Elles exercent leurs compétences avec une autonomie de décision. Elles n'appartiennent pas à l'État, au sens administratif du terme, mais constituent des composantes de la République. Pour autant, elles ne remettent pas en cause le caractère indivisible de la République. On reste bien dans un État unitaire décentralisé à l'inverse d'un système fédéral. On peut parler de « décentralisation à la française ».

Depuis la loi du 2 mars 1982 relatif aux droits et libertés des communes, des départements et des régions, la décentralisation a été accentuée. Elle est devenue une réalité administrative apparemment irréversible et fait l'objet d'une forme de consensus politique. En même temps, la décentralisation est un état d'esprit et pas seulement un état du droit à un moment donné. En effet, elle s'épanouit au fur et à mesure des initiatives originales, bien que légales, des collectivités territoriales.

I. La libre administration des collectivités territoriales

La Constitution de la Ve République pose le cadre général de la décentralisation dans son article 72 : « Les collectivités territoriales de la République sont les communes, les départements et territoires d'outre-mer. Toute autre collectivité territoriale est créée par la loi. Ces collectivités s'administrent librement par des conseils élus et dans les conditions prévues par la loi. » Il revient ensuite au Parlement de déterminer, par la loi, la mise en œuvre de ces principes. La réforme de 1982 a plus que d'autres, dans la période récente, renforcé les droits et les libertés des collectivités territoriales.

A. Les grandes étapes de la décentralisation

La décentralisation est déjà une longue histoire pour notre pays qui est souvent considéré comme un prototype d'État seulement centralisé. Sans faire une description exhaustive de cette histoire, il n'est pas inutile d'en tracer les grandes étapes.

1. La décentralisation jusqu'en 1982

La France semble avoir toujours été marquée par deux mouvements d'idées éventuellement contradictoires, dont il a fallu réaliser la synthèse politique et administrative. Ils ont alternativement, et parfois simultanément, construit des systèmes administratifs territoriaux originaux. Il s'agit d'abord d'une forte tradition centralisatrice considérée comme la meilleure garantie pour les intérêts fondamentaux de la Nation ou de la République. Cette tradition a été illustrée par les jacobins, Napoléon Ier ou les chantres de la République. Elle vise à défendre avant tout le principe d'égalité. Il s'agit ensuite, d'une aspiration plus ou moins satisfaite pour la décentralisation, permettant l'expression de la diversité territoriale, avec le fameux principe de liberté locale, comme une des facettes essentielles des libertés fondamentales. Ces deux mouvements, aux justifications différentes, traversent encore notre société et les expressions de sa représentation politique. Aujourd'hui, on a parfois l'impression que suivant les sujets, certains responsables politiques sont tantôt centralisateurs, tantôt décentralisateurs.

a) La tradition centralisatrice

L'histoire administrative de la monarchie est paradoxale. Elle présente une très grande diversité institutionnelle marquée par l'empirisme, l'histoire, que les révolutionnaires vont rejeter brutalement. Mais en même temps, les rois n'auront de cesse que de centraliser les pouvoirs pour donner une unité au pays autour de la couronne. La centralisation politique et administrative est le meilleur instrument de construction de la France si diverse.

La conception dominante du système révolutionnaire « en matière d'administration locale a été d'unifier et d'uniformiser. Cette idée procède de l'esprit égalitaire de la Révolution et aussi du désir de réagir contre l'extrême diversité et complexité de l'Ancien Régime » (A. de Laubadère, J.-C. Venezia et Y. Gaudemet, *Droit administratif*, t. 1, LGDJ, 1990, p. 111). L'abolition des privilèges de la fameuse nuit du 4 août 1789 touche aussi « les privilèges particuliers des provinces, principautés, pays, cantons, villes et communautés d'habitants ». Ainsi le territoire va être uniformément découpé en départements (L. 22 déc. 1789-2 janv. 1790), le département en districts (L. 22 déc. 1789), le district en cantons, le canton en communes (L. 14 déc. 1789). L'uniformité touche aussi bien les structures que leurs institutions de gestion.

Même si la première période connaît une décentralisation très poussée, cette ossature administrative uniforme permet un retour rapide à un système centralisé. Très vite, l'administration napoléonienne, organisée par la loi du 28 pluviôse an VIII, peut y déployer un système très centralisé. À partir de cette période, la tradition centralisatrice va s'installer durablement, même si certaines évolutions vont en sens inverse, comme sous la monarchie de juillet. Les Républiques engagent des mouvements de décentralisation, mais en se gardant bien de remettre en cause les instruments déterminants de la centralisation, comme le préfet. Les atermoiements de la IVe République sur le maintien du rôle du préfet comme exécutif du département l'attestent de manière éclairante. L'augmentation actuelle des pouvoirs du préfet montre aussi le poids de cette tradition centralisatrice, même modulé par la déconcentration.

b) Les mouvements de décentralisation

Cette longue tradition centralisatrice a parfois laissé place à des mouvements de décentralisation. Dès la Révolution, l'uniformité administrative choisie était compensée par une forte décentralisation. C'est en effet le recours systématique, dans toutes les circonscriptions, à l'élection, sans qu'une tutelle intervienne. Cet exemple, rare dans notre histoire, ne dure que peu de temps. L'anarchie engendrée par ce système amène vite d'importantes corrections et un retour à la centralisation dès l'an II. Mais les circonscriptions, mises en place à cette période, ont permis de reconnaître les spécificités territoriales. Elles demeurent dans leurs grandes lignes aujourd'hui. Cela explique qu'elles puissent être simultanément le siège des interventions de l'État et celui des collectivités territoriales.

Mis à part, le mouvement de décentralisation de la Monarchie de Juillet, c'est surtout la IIIe République qui fait œuvre de décentralisation, par réaction contre le second Empire. Deux grandes lois marquent cette période : la loi du 10 août 1871 sur l'organisation du département, la loi du 5 avril 1884 sur l'organisation de la commune. Elles mettent en place une administration locale laissant place à l'ambivalence des logiques mais dont les aspects décentralisés vont progressivement s'accentuer.

La IVe République admet constitutionnellement le principe de libre administration des collectivités territoriales sans le mettre toujours législativement en œuvre (Constit. de 1946, art. 87).

Jusqu'en 1982, la Ve République confirme plutôt les dispositifs institutionnels existants, en portant son effort sur l'allégement de la tutelle administrative avec la loi du 31 décembre 1970 sur la gestion municipale et les libertés communales, sur la coopération intercommunale avec les syndicats de communes, le district, la communauté urbaine et sur l'émergence d'une régionalisation avec la loi du 5 juillet 1972 créant les établissements publics régionaux.

2. La réforme décentralisatrice à partir de 1982

Concrétisée par la fameuse loi du mars 1982 portant droits et libertés des communes, des départements et des régions, la réforme décentralisatrice de 1982 met en œuvre de manière plus déterminée le principe constitutionnel de la libre administration des collectivités territoriales posé par l'article 72 de la Constitution. Cette réforme a été voulue, et rendue possible, par les nouveaux responsables politiques français, arrivés au pouvoir à la suite de l'élection de François Mitterrand à la présidence de la République. Le nouveau Président résume sa pensée sur ce sujet en disant : « La France a eu besoin d'un pouvoir centralisé fort pour se faire, elle a besoin d'un pouvoir décentralisé pour ne pas se défaire ». Si plusieurs changements avaient déjà été envisagés dans des rapports, comme Vivre ensemble d'Olivier Guichard (1975), ou au travers d'une consultation nationale des maires (1978), le volontarisme du ministre de l'intérieur et de la décentralisation de l'époque, Gaston Defferre, permettra de mener rapidement à son terme cette importante réforme de la décentralisation. En partant d'un fondement constitutionnel revisité, la réforme entreprise constitue une œuvre législative qui se veut irréversible dans son principe. Plus de vingt ans après, de nouvelles démarches sont entreprises pour poursuivre la décentralisation. On peut signaler, d'une part les travaux de la « commission pour l'avenir de la décentralisation » présidée par Pierre Mauroy, l'un des initiateurs de la décentralisation et son rapport de 2000, d'autre part le rapport sénatorial de 2000 intitulé « Pour une République territoriale ».

a) Le fondement constitutionnel de la réforme

La réforme entreprise est effectuée à cadre constitutionnel constant, c'est-à-dire sans remettre en cause ni l'unité, ni l'indivisibilité de la République, ni l'unité du pouvoir normatif français. Elle est décentralisatrice et non fédérale. Elle utilise les possibilités constitutionnelles du moment, mais rien que ces possibilités. L'article 72 de la Constitution est donc respecté dans tous ses éléments. Cela induit le maintien des communes, des départements, des départements d'outre-mer et des territoires d'outre-mer et autorise la création par la loi de la région, ce qui est fait en 1982, ou d'autres collectivités, ce qui intervient aussi pour la Corse. Toute remise en cause fondamentale du département suppose une révision constitutionnelle. Ce choix n'est pas fait en 1982. Le mode de fonctionnement des collectivités territoriales doit reposer sur des autorités élues au suffrage universel. L'élection est généralisée y compris pour le conseil régional. L'unité normative est préservée par la création d'un contrôle administratif de la légalité des actes des collectivités territoriales.

Saisi à plusieurs reprises, pendant la gestation et la mise en œuvre de la réforme, le Conseil constitutionnel donne toute sa densité au principe constitutionnel de libre administration des collectivités territoriales dans le cadre d'un État unitaire et indivisible. Il construit, de cette manière, une jurisprudence constitutionnelle sur le droit de la décentralisation. Plusieurs décisions doivent être relevées. La décision du 25 février 1982, à propos de la loi portant droits et libertés des communes, des départements et des régions, insiste sur l'exigence d'un contrôle efficace des actes des collectivités par le représentant de l'État dans le département (*GDCC*, préc., p. 491). La décision du 25 février 1982 sur la collectivité territoriale de Corse admet la spécificité de la Corse à condition qu'elle reste de nature administrative (*GDCC*, préc., p. 495). La décision du 9 mai 1991 à propos de la législation sur la Corse, ainsi que la décision du 17 janvier 2002 concernant la nouvelle loi relative à la Corse, le précisent à nouveau, de manière très nette. La décision du 28 décembre 1982 à propos de la loi sur Paris, Lyon, Marseille veille à un équilibre entre les prérogatives de l'État et la libre administration locale, comme il le fera plus tard à propos de la fonction publique territoriale, dans la décision du 20 janvier 1984.

Le principe constitutionnel de libre administration, précisé par le Conseil constitutionnel, se résume aux éléments suivants : une liberté posée par la Constitution, organisée par la loi et garantie par le Conseil constitutionnel ; une liberté de gestion des affaires locales par des organes élus ; une liberté contrôlée dans son exercice, au regard de sa légalité, par les représentants de l'État sur le territoire.

b) La réforme de décentralisation : une œuvre législative

On peut effectivement parler d'une œuvre législative compte tenu de l'ampleur quantitative et qualitative des textes adoptés pour créer ce processus de décentralisation administrative. On peut dénombrer plus d'une soixantaine de lois touchant à l'organisation et au fonctionnement de l'administration décentralisée auxquelles il faut évidemment ajouter les décrets nécessaires à leurs applications. Sans faire une énumération exhaustive de ces textes, il est utile d'en citer quelques-uns. Les lois adoptées touchent à quatre domaines. Le Code général des collectivités territoriales regroupe maintenant l'ensemble des textes législatifs et réglementaires concernant cette décentralisation administrative. C'est un outil essentiel pour connaître le droit des collectivités territoriales. Afin de bien mesurer l'ampleur de ce processus de décentralisation, il n'est inutile de répertorier les principaux textes.

❑ *Pour les transformations institutionnelles,* il faut signaler notamment :
– la loi n° 82-213 du 2 mars 1982 sur les droits et les libertés des communes, des départements et des régions ;
– la loi n° 82-594 du 10 juillet 1982 relative aux chambres régionales des comptes et modifiant celle relative à la Cour des comptes ;
– la loi n° 82-623 du 22 juillet 1982 relative aux conditions d'exercice du contrôle administratif sur les actes des autorités communales, départementales et régionales ;
– la loi n° 82-1169 du 31 décembre 1982 sur l'organisation administrative de Paris, Marseille, et Lyon et les établissements publics de coopération intercommunale ;
– la loi n° 85-692 du 10 juillet 1985 sur l'élection des conseillers régionaux ;
– la loi n° 86-16 du 6 janvier 1986 sur l'organisation des régions et des conseils généraux ;
– la loi n° 88-13 du 5 janvier 1988 d'amélioration de la décentralisation ;

– la loi n° 92-108 du 3 février 1992 relative aux conditions d'exercice des mandats locaux ;
– la loi d'orientation n° 92-125 du 6 février 1992 relative à l'administration du territoire de la République ;
– la loi n° 99-586 du 12 juillet 1999 relative au renforcement et à la simplification de la coopération intercommunale ;
– la loi n° 2000-295 du 5 avril 2000 relative à la limitation du cumul des mandats électoraux et des fonctions électives et à leurs conditions d'exercice ;
– les lois concernant la Corse dont la plus récente est la loi n° 2002-92 du 22 janvier 2002 ;
– la loi n° 2002-276 du 27 février 2002 relative à la démocratie de proximité.

❑ *Pour les transferts de compétence de l'État vers les collectivités territoriales*, on peut citer notamment :
– la loi du 2 mars 1982 sur les droits et les libertés des communes, des départements et des régions ;
– les lois n° 83-8 du 7 janvier 1983 et n° 83-663 du 22 juillet 1983 relative à la répartition des compétences entre les communes, les départements, les régions et l'État ;
– la loi n° 84-1284 du 31 décembre 1984 relative aux relations de l'État avec les collectivités locales ;
– la loi n° 85-97 du 25 janvier 1985 sur les relations entre l'État et les collectivités territoriales pour les questions d'enseignement ;
– la loi n° 85-1098 du 11 octobre 1985 relative à la prise en charge par l'État, les régions, les départements et les communes des dépenses de personnel.
– la loi n° 2002-276 du 27 février 2002 relative à la démocratie de proximité (elle concerne aussi les questions de transferts de compétences).

❑ *Pour les questions de fonction publique*, on doit évoquer :
– la loi n° 83-634 du 13 juillet 1983 sur les droits et les obligations des fonctionnaires ;
– la loi n° 84-16 du 26 janvier 1984 relative à la fonction publique territoriale ;
– la loi n° 84-53 du 12 juillet 1984 sur la formation des agents de la fonction publique territoriale ;
– la loi n° 87-529 du 13 juillet 1987 sur la fonction publique territoriale.

❑ Enfin, pour *les activités spécifiques sur le territoire* ayant à voir avec l'administration territoriale, il faut citer notamment :

– la loi n° 82-653 du 29 juillet 1982 portant réforme de la planification ;
– la loi n° 82-1153 du 30 novembre 1982 d'orientation des transports intérieurs ;
– la loi n° 83-597 du 7 juillet 1983 relative aux sociétés d'économie mixte locales ;
– la loi n° 85-30 du 9 janvier 1985 relative au développement et à la protection de la montagne ;
– la loi n° 86-2 du 3 janvier 1986 relative à l'aménagement, la protection et à la mise en valeur du littoral ;
– la loi n° 91-662 du 13 juillet 1991 d'orientation pour la ville ;
– la loi n° 95-115 du 4 février 1995 d'orientation pour l'aménagement et le développement du territoire.
– la loi n° 99-533 du 25 juin 1999 d'orientation pour l'aménagement et le développement durable du territoire modifiant celle de 1995

c) La décentralisation : un processus irréversible

La loi de 1982 a non seulement fixé un nouveau cadre général pour les collectivités territoriales, mais a surtout enclenché un processus de décentralisation pour l'action publique, c'est-à-dire un nouvel équilibre entre l'État et les collectivités décentralisées. Elle a ensuite redonné un nouveau souffle au principe de libre administration des collectivités territoriales qui semblait inscrit dans la Constitution sans en avoir tous les effets induits. En effet, la décentralisation ne peut s'épanouir que si les collectivités et leurs responsables peuvent prendre les décisions qui concernent leurs administrés avec une liberté d'action.

La décentralisation est aussi un état d'esprit, c'est-à-dire le sens des responsabilités autonomes des responsables locaux ou régionaux par rapport au pouvoir central. Elle repose sur le dynamisme des élus. Le notable classique doit céder la place au gestionnaire de l'action publique. Ainsi, de nombreux pouvoirs ont été transférés aux élus dont l'activité n'est contrôlée que sur le terrain de la légalité et de manière a posteriori, et non plus a priori. La décentralisation a donc donné naissance à de nouvelles figures d'élus. Ce processus semble irréversible. D'une part, il repose sur des élus auxquels il est politiquement difficile de reprendre les pouvoirs octroyés par la loi, d'autre part, la décentralisation fait dorénavant partie du paysage administratif français.

B. Le contenu actuel de la libre administration des collectivités territoriales

Les collectivités territoriales, communes, départements et régions, disposent d'une autonomie institutionnelle, de grandes capacités d'action, mais demeurent des composantes de la République unitaire et indivisible. Le contenu du principe de libre administration des collectivités territoriales découle de cette dialectique.

1. L'autonomie institutionnelle

❑ *L'autonomie institutionnelle* des collectivités territoriales a permis une amélioration de la démocratie locale sur le territoire.

Le niveau régional est confirmé dans le paysage administratif français, par une transformation des établissements publics régionaux issus de la loi de 1972 en collectivités territoriales. Cette transformation est juridiquement effective à compter des premières élections au suffrage universel des conseillers régionaux, en 1986. Le choix du législateur de 1982 s'est donc porté sur la confirmation d'un échelon administratif supplémentaire sans remettre en cause les autres échelons, c'est-à-dire ajouter sans retrancher. Le débat sur le nombre d'échelons, parfois jugé excessif, demeure donc récurrent dans notre pays.

La tutelle traditionnelle sur les actes est remplacée par un contrôle de la légalité a posteriori placé sous la responsabilité des préfets et du juge administratif. Ce changement donne plus de liberté aux collectivités qui assume pleinement leur responsabilité tout en devant respecter la légalité française. De manière plus claire, les exécutifs des collectivités sont bien les présidents des assemblées délibérantes, le maire, le président du conseil général ou le président du conseil régional. Le préfet a perdu ses responsabilités dans ce domaine, notamment pour le département ou la région. Cette suppression des interférences entre l'État et les collectivités territoriales est une clarification de leurs relations.

Chaque collectivité dispose d'une liberté d'action dans le cadre de sa circonscription géographique. Elle est libre de définir et de mettre en œuvre des politiques adaptées à son niveau de responsabilité en fonction des orientations de la majorité des élus de son assemblée délibérante. Cette autonomie est légitimée par la généralisation du suffrage universel pour le choix des élus locaux. La démocratie locale repose sur l'élection.

Il n'existe pas de hiérarchie entre les niveaux de collectivité, même si la réalisation de certaines politiques induit parfois des influences fonctionnelles, comme dans le domaine de l'aménagement du territoire.

❑ Cette autonomie n'est réelle que si les collectivités disposent vraiment de compétences. La mise en œuvre de la décentralisation a nécessité de *nouvelles répartitions de compétences entre l'État et les collectivités décentralisées.* Cela suppose de trouver une théorie de la répartition verticale des compétences publiques, donc de répondre à des questions apparemment simples : qui fait quoi ? Qui est responsable de quoi ? De manière régulière, il est envisagé de clarifier les compétences, dans le souci de ne pas perdre les administrés dans les méandres administratifs.

Pour trouver la collectivité la plus adaptée à un domaine d'activité publique, et donc sa spécialité, le concept de subsidiarité est très utile. Il s'agit de savoir qu'elle est la bonne collectivité ou circonscription à utiliser en fonction des moyens à mobiliser. La réalisation juridique de la répartition des compétences utilise deux techniques, soit la clause générale de compétence, soit la compétence d'attribution de compétence, toutes deux actuellement mises en œuvre. La clause générale de compétence est posée dans le Code général des collectivités territoriales, par exemple de la manière suivante pour la commune : « la commune gère par ses délibérations les affaires de la commune ». Cela donne au conseil municipal la liberté de fixer ses interventions en fonction de ce qu'il considère comme utile à la commune, à la seule condition de ne pas empiéter sur les compétences des autres collectivités ou de l'État. Le même raisonnement s'applique au département et à la région. À l'inverse, la compétence d'attribution est effectuée par la loi à un niveau de collectivité, par une démarche de spécialisation de la collectivité.

Les lois de décentralisation de 1982 et 1983 ont en quelque sorte abouti à une spécialisation des niveaux de collectivités, en plus des attributions générales ou traditionnelles. La commune est maîtresse du sol et de ses utilisations. Elle est responsable des équipements de proximité, comme les écoles ou les équipements culturels ou sportifs. Le département assure les missions de solidarité ou de péréquation, notamment entre l'urbain et le rural, tout en ayant aussi en charge des équipements, comme la voirie ou les collèges. La région est le niveau de réflexion et d'impulsion pour le développement et l'aménagement du territoire, avec aussi des préoccupations de formation, comme la formation continue ou les lycées.

Grâce à cet ensemble de compétences distribuées, les collectivités ont développé des politiques publiques locales, départementales ou régionales, originales ou complémentaires de celles de l'État.

Tout en respectant les compétences régaliennes de l'État, les collectivités manifestent souvent la volonté d'aller le plus loin possible dans l'exercice de leurs compétences.

2. La décentralisation et l'ordre juridique national

La décentralisation ne remet pas en cause notre modèle constitutionnel d'État unitaire. Des moyens sont même mis en œuvre pour en garantir le respect.

a) L'uniformité des structures

Ainsi, l'uniformité des structures est mise au service de l'unité de la République. Le doyen Vedel indiquait, à juste titre, « en France, on décentralise, façon centralisée ». En effet, c'est l'État qui décentralise. Il le fait au travers d'un modèle administratif standard et uniforme sur l'ensemble du territoire, avec un fort souci d'égalité entre les collectivités appartenant à une même catégorie. Nous sommes face, au moins en droit, à un jardin à la française, donc une conception rationnelle et logique et une pensée centrale pour l'ensemble du territoire. Il n'y a pas vraiment, comme ailleurs, de recours à l'idée de décentralisation à la carte.

Cette uniformité des structures est générale. Les communes ont toutes les mêmes structures, les mêmes droits et libertés, quelle que soit leur taille, à l'exception de Paris, Lyon et Marseille. Il en est de même pour tous les départements, sauf des exceptions historiques, mais modestes, pour les départements d'Alsace et de Moselle ou des situations lointaines comme les départements d'outre-mer. Les régions sont organisées sur un modèle identique, sauf pour l'Île-de-France, la Corse ou l'outre-mer. Cette uniformité se retrouve aussi au niveau du contrôle de la légalité. Enfin, cette identité se conjugue avec le parallélisme institutionnel entre l'administration déconcentrée et l'administration décentralisée. D'autres choix sont souvent considérés, pour l'instant, comme des risques pour l'unité de la République.

b) L'unité du pouvoir normatif et le contrôle de la légalité des actes

Le pouvoir normatif reste l'apanage exclusif de l'État et des organes constitutionnels au travers de la loi et du règlement, avec la hiérarchie des normes nationales. Les collectivités territoriales ne peuvent donc intervenir que dans un cadre prédéterminé par la loi, aussi bien pour les principes de leur organisation que pour leurs compétences, la gestion de leur personnel, dans le statut de la fonction publique territoriale ou pour les finances publiques locales. Leur activité peut être contrôlée par rapport à ce cadre. Les collectivités territoriales ne disposent alors que d'un pouvoir réglementaire résiduel, c'est-à-dire d'application ou de mise en œuvre des lois et règlements nationaux.

L'autonomie juridique leur est mesurée. Souvent, d'ailleurs, on peut constater que les collectivités territoriales innovent à la lisière de la légalité et entraînent, ainsi, à leur suite des évolutions législatives. On reste bien dans le cadre d'un seul pouvoir normatif, un seul ordre juridique national, ce qui est éventuellement différent ailleurs, même dans des États décentralisés, comme l'Espagne ou l'Italie. Ces derniers reconnaissent un pouvoir normatif initial aux collectivités décentralisées, comme les communautés autonomes espagnoles ou les régions italiennes.

Le maintien de l'unité de la République se réalise grâce au contrôle de la légalité des actes des collectivités territoriales comme l'exige la Constitution dans son article 72 qui donne au délégué du gouvernement sur le territoire la charge du contrôle administratif et du respect des lois. Ce contrôle de la légalité est organisé en deux temps, d'une part un contrôle administratif exercé par le préfet, d'autre part un contrôle juridictionnel exercé par le juge administratif. Il fonctionne de la même manière pour les communes, les départements ou les régions.

❑ *Le contrôle administratif* par le préfet constitue le point de départ de l'action de contrôle. Les actes des collectivités territoriales (délibérations, arrêtés, contrats) doivent être transmis au représentant de l'État, une fois leur adoption réalisée. Les actes des collectivités territoriales sont d'ailleurs dits exécutoires à compter de leur transmission et de leur publication ou notification. La transmission au bureau du contrôle de la légalité de la préfecture permet justement le déclenchement du contrôle administratif sans empêcher son exécution. À partir de là, une éventuelle discussion peut intervenir entre le préfet et l'autorité décentralisée sur l'acte pris afin d'éviter la saisine du tribunal administratif. Si l'acte apparaît illégal au préfet, il informe l'autorité décentralisée de son appréciation et son intention d'en déférer au tribunal administratif. L'autorité décentralisée est alors devant un choix de réactions : le maintien de l'acte, le retrait de l'acte, la modification de l'acte. Suivant la décision de l'autorité décentralisée, le préfet se trouve plus ou moins dans l'obligation de saisir le tribunal administratif.

❑ *Le contrôle juridictionnel* par le juge administratif démarre à partir de la saisine du juge, soit par le préfet directement à l'issue du contrôle administratif, soit par le préfet à la demande d'une personne lésée par un acte d'une collectivité territoriale, soit par une personne lésée.

Le préfet, pour éviter les conséquences dommageables de l'acte exécutoire, peut assortir son déféré d'une demande de suspension d'exécution de l'acte incriminé. Il revient au juge des référés de se prononcer sur cette demande suivant deux régimes, soit suivant l'hypothèse générale lorsqu'il existe un doute sérieux quant à la légalité de la mesure contestée, soit en plus dans un délai de 48 heures, notamment lorsque l'acte contesté est de nature à compromettre l'exercice d'une liberté publique ou individuelle. La réforme des procédures d'urgence introduite par la loi du 30 juin 2000 s'applique aussi à cette catégorie de contentieux de la légalité.

L'intervention du juge administratif se fait dans les mêmes conditions que pour les autres contentieux. Simplement, dans le cas de la décentralisation, cette intervention est déclenchée par le préfet. Au début de la décentralisation, certains prédisaient un encombrement des juridictions administratives par ce contentieux issu du déféré préfectoral. Le rapport annuel du gouvernement au Parlement sur le contrôle de la légalité des actes des collectivités territoriales montre que les flux contentieux demeurent quantitativement modestes. Chaque année, les statistiques sont très significatives sur la pratique du contrôle de la légalité. En effet, les chiffres montrent qu'il y a sur plus de 6 millions d'actes transmis environ 1 500 à 2 000 déférés préfectoraux et entre 180 000 et 200 000 lettres d'observation. Si on ajoute que les désistements sont fréquents, les statistiques prouvent bien la modestie du contrôle. Les domaines les plus concernés sont les questions de personnel et d'urbanisme. Les collectivités les plus concernées étaient les communes. Le nombre limité des recours peut s'interpréter de plusieurs manières, soit la qualité de l'expertise juridique des collectivités, soit la faiblesse du contrôle. La vérité est certainement entre ces deux propositions. En tout état de cause, ce contrôle de la légalité passe plus par un dialogue entre les représentants de l'État et les collectivités pour améliorer la qualité de l'État de droit, que par des procédures contentieuses. Les lettres d'observations ont assurément une fonction pédagogique et dissuasive. Mais, on peut aussi s'interroger sur le fait de savoir si le préfet, compte tenu de ses fonctions ambivalentes, est forcément le mieux placé pour exercer cette fonction de contrôle. Les préfectures ont-elles vraiment les moyens du contrôle face à la quantité des actes à contrôler ? Le maintien de l'ordre juridique impose un contrôle de qualité comme le suggère le Conseil d'État dans son rapport annuel de 1993.

c) Le contrôle des finances publiques locales

La décentralisation ne pouvant être le désordre, les collectivités territoriales doivent aussi respecter le droit des finances publiques. Dans ce but, le législateur a mis en place des instances spécialisées de contrôle, les chambres régionales des comptes. Il s'agit de juridictions financières de première instance qui ont justement pour mission de contrôler les finances publiques locales. Elles ont eu d'ailleurs, ces dernières années, un rôle essentiel pour dénoncer les graves dysfonctionnements dans l'utilisation des deniers publics, que la presse qualifie comme des « affaires ». Les chambres régionales des comptes exercent, dans ce domaine trois types de contrôle.

❑ *Le contrôle des budgets des collectivités territoriales*. Chaque collectivité doit nécessairement adopter un budget réellement équilibré, qui absorbe le déficit antérieur et couvre les dettes exigibles comme les dépenses obligatoires. Si le budget n'est pas voté avant le 31 mars de l'exercice, le préfet saisit la chambre régionale des comptes qui formule alors des propositions de règlement pour que le préfet règle le budget et le rende exécutoire. Si le budget est voté en déséquilibre, le préfet peut aussi saisir la chambre régionale des comptes qui fait des propositions pour rétablir l'équilibre. Il revient à la collectivité de faire ensuite le nécessaire. Si le budget ne prend pas en compte les dépenses obligatoires, le préfet peut aussi saisir la chambre régionale des comptes pour aboutir justement à leur prise en compte.

❑ *Le contrôle juridictionnel des comptes*. La chambre régionale des comptes juge dans son ressort l'ensemble des comptes des comptables publics des collectivités territoriales et de leurs établissements publics. Ce contrôle consiste à vérifier la régularité de chaque dépense et de chaque recette au travers de toutes les pièces justificatives, sur place, grâce à un large pouvoir d'investigation. Depuis la loi du 5 janvier 1988, ce contrôle porte sur les communes de plus de 2 000 habitants. La décision prise par la chambre est un jugement susceptible de recours notamment en appel devant la Cour des comptes.

❑ *Le contrôle de la gestion des collectivités territoriales*. La chambre peut leur présenter des observations qui doivent conserver une certaine confidentialité. C'est à l'occasion de ces observations que la chambre peut aussi faire des suggestions ou donner d'utiles conseils. Là encore le contrôle est l'occasion d'un dialogue avec les collectivités territoriales.

II. La commune

La commune est la collectivité la mieux implantée dans notre système administratif. Elle bénéficie d'une longue tradition et d'un grand attachement des citoyens. L'identité communale demeure très vivace dans notre pays. Les libertés communales sont parmi les plus anciennes des libertés collectives.

La commune est donc l'échelon administratif de base et l'expression de la démocratie locale. Parmi les nombreux textes qui jalonnent le droit des communes, le plus important est évidemment la grande loi du 5 avril 1884 qui a été longtemps le cadre de l'administration communale. Aujourd'hui, l'ensemble des dispositions juridiques concernant les communes est regroupé dans le Code général des collectivités territoriales adopté en 1996.

A. Les institutions communales

Elles sont composées d'une assemblée délibérante, le conseil municipal et d'un exécutif, le maire et les adjoints.

1. Le conseil municipal

Les conseillers municipaux sont élus, pour six ans, au suffrage universel direct, soit au scrutin majoritaire plurinominal à 2 tours pour les communes de moins de 3 500 habitants, soit au scrutin majoritaire de liste comprenant des éléments de proportionnalité pour les communes de plus de 3 500 habitants. Ce dernier mode de scrutin original, car mixte, a été mis en œuvre par la loi du 19 novembre 1982 afin de permettre de dégager une majorité de gestion tout en permettant aussi la représentation d'une minorité d'opposition susceptible d'enrichir le débat municipal.

Le nombre de conseillers municipaux varie de 9 pour les communes de moins de 100 habitants à 69 pour les communes de plus de 300 000 habitants, suivant l'importance de la population des communes (CGCT, art. L. 2121-2). Compte tenu de leur importance, les communes de Paris, Lyon et Marseille disposent respectivement de 163, 73 et 101 conseillers municipaux. Dans ces villes, le découpage électoral est fait en fonction de l'existence d'arrondissements.

Si pendant longtemps, le statut des élus est resté sous la forme de dispositions éparses, la loi du 3 février 1992 sur les conditions d'exercice des mandats locaux et celle du 5 avril 2000 relative à la limitation du cumul des mandats électoraux et des fonctions électives et à leurs conditions d'exercice lui ont donné plus d'ampleur. Les élus locaux se voient octroyer des garanties pour pouvoir simultanément exercer leur mandat d'élus et leur activité professionnelle. Bien que l'exercice des mandats locaux demeure non rémunéré, les élus bénéficient d'un régime d'indemnités. Cette mesure a permis d'opérer une régularisation des modalités d'indemnisation, et donc de générer à la fois une moralisation de la vie publique et une plus grande transparence. Les élus locaux doivent pouvoir aussi bénéficier d'une formation permanente adaptée. Les éléments du statut de l'élu local sont complétés et renforcés par la loi du 27 février 2002 relative à la démocratie de proximité.

Le conseil municipal se réunit, sous la présidence du maire, au moins une fois par trimestre et chaque fois que le maire le juge utile. Les séances sont normalement publiques sauf si le maire ou 3 conseillers demandent la réunion en comité secret. Les réunions du conseil municipal se font en assemblée plénière, mais peuvent engendrer aussi des réunions en commissions afin de préparer les délibérations du conseil. Les délibérations du conseil municipal sont exécutoires de plein droit à l'issue de leur publication et de leur transmission au représentant de l'État dans le département ou son délégué dans l'arrondissement. En cas de dissensions graves entraînant un mauvais fonctionnement du conseil municipal, la dissolution est prononcée par décret motivé et publié en conseil des ministres. Cette dissolution est le dernier recours pour ramener un fonctionnement normal au sein du conseil municipal. Elle entraîne la mise en place d'une délégation spéciale remplaçant temporairement le conseil municipal et préparant les prochaines élections municipales nécessaires.

2. Le maire

Le maire est élu, pour six ans, par le conseil municipal à la première séance qui suit les élections municipales, parmi les conseillers élus, à la majorité absolue pour les deux premiers tours et relative pour le troisième tour. Autorité centrale de la commune, il détient à ce titre de nombreux pouvoirs et bénéficie d'un dédoublement fonctionnel, car il est à fois agent de l'État dans la commune et agent de la commune.

❑ *Agent de l'État dans la commune.* Cette qualité est juridiquement précisée (CGCT, art. L. 2122-27) En effet, la commune constitue aussi une circonscription administrative de l'État, ce qui justifie les pouvoirs du maire dans ce cadre. Il est à ce titre officier de police judiciaire et officier d'état civil. Il exécute les lois et règlements dans la commune. Il collabore avec les services de l'État pour l'établissement des listes électorales. Il est responsable de l'état civil. Pour l'ensemble de ses fonctions, le maire agit sous l'autorité du représentant de l'État dans le département. Dans ce cas, il est soumis à un pouvoir hiérarchique, et non pas seulement à un contrôle administratif.

❑ *Agent de la commune.* Le maire est d'abord l'exécutif du conseil municipal (CGCT, art. L. 2122-21). Sous le contrôle du conseil municipal et sous le contrôle administratif du représentant de l'État dans le département, le maire est chargé d'exécuter les délibérations du conseil municipal. Il agit donc juridiquement en fonction des orientations du conseil et sous son contrôle. Dans la pratique, le maire dispose d'une certaine latitude d'action dans la mesure où il prépare ses délibérations, les défend lors des séances du conseil et dispose d'une majorité politique de soutien au sein du conseil. Cette fonction d'exécutif se concrétise en matière budgétaire et financière, dans la gestion du patrimoine communal ou sur le plan juridique, par la signature des marchés et contrats au nom de la commune.

Le maire est ensuite délégataire du conseil municipal (CGCT, art. L. 2122-21). Dans ce cadre, le maire peut être chargé de toute une série de fonctions comme notamment : la fixation des tarifs et des droits de voirie et de stationnement, la détermination de l'affectation des propriétés communales, la passation des marchés, la réalisation des emprunts. La délégation doit être expresse et donnée au maire pour la durée de son mandat. Le maire doit rendre compte régulièrement au conseil municipal de ce type d'actes.

Le maire dispose enfin de pouvoirs qui lui sont propres. Il est le chef de l'administration communale. Il a comme tout chef de service des pouvoirs généraux d'organisation et de gestion de cette administration plus ou moins étoffée suivant l'importance de la commune. Il a ainsi compétence et autorité pour les personnels communaux de la fonction publique territoriale, comme pour les mesures individuelles (nomination, promotion ou sanctions…). Le maire est une autorité de police administrative et concourt par ses pouvoirs aux missions de sécurité publique (CGCT, art. L. 2213-2). Il doit veiller par des mesures appropriées au « bon ordre, à la sûreté, à la sécurité et à la salubrité publiques ». Cet ensemble de termes recouvre des possibilités très étendues d'intervention. Ainsi, dans le cadre de la police municipale générale, il intervient pour la sûreté et la tranquillité du passage dans les rues, le bon ordre dans les endroits où se font de grands rassemblements (foires, marchés ou spectacles…), la lutte contre les accidents ou les fléaux ou contre la pollution. Le maire a aussi des pouvoirs de police spéciale comme la police de la circulation et du stationnement, la police des cimetières, la police rurale, la police des plages, des ports ou des immeubles menaçant ruine.

Le maire est l'objet d'un contrôle hiérarchique sur les fonctions qu'il exerce comme agent de l'État et aussi d'un contrôle sur sa personne. En vertu de ce dernier, il peut être suspendu de ses fonctions par arrêté ministériel pour une durée d'un mois après qu'il se soit expliqué sur les faits reprochés. Il peut aussi être révoqué par décret en conseil des ministres. Évidemment, ces actes sont toujours susceptibles eux-mêmes d'être contestés devant le juge administratif.

B. Les compétences communales

Comme pour chaque collectivité territoriale, il existe deux manières d'approcher la question des compétences. Cela permet de distinguer les collectivités territoriales des établissements publics. Si pour ces dernières, il faut appliquer le principe de spécialité, il existe pour les collectivités des compétences générales appuyées sur une légitimité électorale.

1. Les compétences communales générales

Elles découlent du principe constitutionnel de libre administration des collectivités territoriales traduit par la loi de la manière suivante : « Le conseil municipal règle par ses délibérations les affaires de la commune... Il émet des vœux sur tous les objets d'intérêt local » (CGCT, art. L. 2121-29). Cela donne au conseil la capacité de délimiter lui-même ce qui ressort ou non de sa compétence en fonction de ses souhaits ou de ses orientations générales.

Ainsi, le conseil municipal peut créer un service public local ou une activité d'intérêt communal en fonction des moyens dont il dispose. Néanmoins, il ne doit pas empiéter sur la compétence des autres collectivités. Il doit rester dans la sphère de l'intérêt communal direct tout en sachant que celui-ci est difficile à cerner. De même, le conseil municipal ne peut pas empiéter sur le domaine privé ou les compétences de la société civile, notamment en matière économique. Le juge administratif veille au respect du libéralisme économique qui reste essentiel dans notre pays. Un service public local n'est légal, donc légitime, que s'il correspond bien à un besoin réel de la population locale, s'il ne contrevient pas à la liberté du commerce et de l'industrie et en fonction des circonstances locales. Ainsi, la clause générale de compétence est aussi juridiquement encadrée.

2. Les compétences communales d'attribution

Plusieurs compétences sont directement liées à la gestion des affaires communales. Le conseil municipal vote le budget de la commune, gère le domaine communal qu'il soit privé ou public. Le conseil municipal a compétence pour créer et organiser les services publics locaux. Certains sont obligatoires à gérer comme ceux de l'hygiène ou de la salubrité publique, d'autres sont facultatifs.

Des compétences ont fait l'objet de transfert de la part de l'État, surtout depuis les lois du 2 mars 1982 et du 7 janvier 1983, et ont ainsi spécialisé la commune. La commune est compétente dans le domaine de l'action sociale et de la santé, au travers de sa participation à l'aide sociale, de la mise en œuvre du bureau municipal de l'hygiène ou de sa participation à la gestion des hôpitaux, hospices ou dispensaires. Lorsqu'il existe un hôpital dans la ville, suivant la nature de cet établissement, le maire exerce les fonctions de président du conseil d'administration. La commune est compétente dans le domaine de l'éducation et de la culture, par exemple pour ce qui est la création et l'implantation d'écoles maternelles et primaires ou pour la gestion des bibliothèques municipales. Elle peut aussi intervenir pour favoriser le développement économique ou pour assurer le maintien des services publics indispensables, donc pratiquer un certain interventionnisme économique. La commune a de nombreuses responsabilités dans le secteur de l'urbanisme, soit par l'élaboration du schéma directeur, soit par la délivrance par le maire du permis de construire. Elle peut aussi intervenir pour la protection du patrimoine et de l'environnement.

Si cet ensemble de compétences est attribué à toutes les communes, il est évident qu'elles ne peuvent être mises en œuvre que par celles qui ont les moyens nécessaires. Cela pose la question de l'émiettement communal.

C. L'émiettement communal et la coopération intercommunale

Avec 36 779 communes dont 35 565 pour la métropole (Travail de la DGCL sur le dénombrement des collectivités locales, à l'issue du recensement général de population en 1999), la France connaît bien un émiettement communal, surtout si nous comparons notre pays avec d'autres États européens. Les 14 autres pays de l'Union européenne ne disposent collectivement que de 40 634 communes selon le décompte suivant : Grande-Bretagne, 481 districts ; Italie, 8 000 communes ; Espagne, 8 150 communes ; Allemagne, 16 257 communes (depuis l'unification) ; Belgique, 589 communes. Cet ensemble de communes se répartit de la manière suivante : 60 % ont moins de 500 habitants, près de 90 % ont moins de 2 000 habitants et plus de 3 000 communes ont moins de 100 habitants. 37 villes ont plus de 100 000 habitants et 5 plus de 300 000 habitants. Si la taille moyenne de nos communes comprend 1 580 habitants, celle des communes belges est de 16 890 habitants, allemandes de 7 050 ou britanniques de 129 040. Cet émiettement communal est peut-être satisfaisant sous l'angle de la démocratie, il l'est moins sous celui de la rationalité de la gestion.

En France, les fusions de communes semblent très difficiles, voire impossibles, à l'inverse des autres pays de l'Union européenne. Cela s'explique pour plusieurs raisons. L'histoire communale est l'une des premières raisons. La commune contient une forte charge symbolique pour la population, comme la participation électorale aux élections municipales le montre. La commune renvoie aux traditionnelles libertés locales ou municipales, base de la démocratie. L'administration communale est historiquement une administration de proximité, le maire est vécu depuis longtemps comme un intercesseur (v. déjà Henrion du Pensay, *Du pouvoir municipal*, 1833).

Les raisons démocratiques justifient l'émiettement communal. La commune, quelle que soit sa taille, est l'expression de la démocratie locale, car il existe un lien direct entre les élus et les électeurs. La fonction de maire permet de saisir directement les besoins quotidiens des habitants de la commune et d'y répondre utilement. Cette relation est d'autant plus facile que la commune est petite. Cet émiettement communal amène un grand nombre de citoyens à s'investir dans la gestion locale, plus de 500 000 élus locaux. Cette disponibilité est précieuse pour la vie démocratique. La vie politique française repose en grande partie sur son implantation sur le territoire grâce aux élections locales. La durée d'une carrière politique est rendue souvent possible par une bonne implantation locale. Cela peut aussi entraîner un certain conservatisme des notables à l'égard de toute politique de regroupement ou de fusion.

Mais, tous ces arguments ne suffisent pas à gommer les inconvénients de l'émiettement communal et son absence de rationalité. Cet émiettement obère durablement les finances locales, rend non rentable de nombreux équipements locaux ou alourdit tout simplement les charges des petites ou moyennes communes. Un gaspillage des deniers publics s'en suit, comme à terme le sous-équipement communal aussi. L'interventionnisme économique est un leurre pour beaucoup de communes. La balkanisation communale peut se révéler un obstacle rédhibitoire au développement économique et social.

La lutte contre les excès de cet émiettement est passée par le développement de la coopération intercommunale, dans la mesure où des choix plus radicaux n'ont jamais été vraiment possibles. En effet, les démarches plus directives de fusions n'ont pas vraiment donné de résultats probants. La loi de 1971 sur la fusion de communes n'ayant pas été d'une grande efficacité, la France s'est plutôt orientée vers le développement de la coopération intercommunale. Cette coopération est une démarche ancienne, mais elle a connu un nouvel essor, ces dernières années. Plusieurs modalités de coopération existent dorénavant, toujours fondées sur le volontarisme communal, sauf lors de la création des premières communautés urbaines qui sont le fait du législateur (en 1966 pour Bordeaux, Lille, Lyon ou Strasbourg).

❑ *La coopération de gestion* consiste en la création, sur l'initiative des communes, d'un établissement public territorial ayant mission de gérer pour le compte des communes créatrices, un ou des services publics d'intérêt commun, sous la forme de syndicat intercommunal, à vocation unique ou à vocations multiples (SIVOM).

❑ *La coopération de projet* consiste en l'élaboration d'un projet commun de développement économique et social, dans un espace intercommunal, pour un ensemble de collectivités intéressées. Il s'agit toujours d'établissements publics territoriaux dont la vocation est adaptée au projet envisagé. La loi du 6 février 1992 a multiplié les choix de coopération intercommunale. La loi du 12 juillet 1999 vise au renforcement et à la simplification de la coopération intercommunale. Maintenant, cette coopération de projet peut prendre des formes diverses comme : la communauté d'agglomération, la communauté urbaine et la communauté de communes.

Cette coopération intercommunale a de plus en plus de succès, comme en attestent les chiffres du ministère de l'Intérieur (DGCL, bulletin d'informations statistiques, avril 2002), au 1er janvier 2002 : 14885 syndicats à vocation unique, 2165 syndicats à vocation multiples, 171 districts, 14 communautés urbaines, 2032 communautés de communes, 120 communautés d'agglomération, 8 syndicats d'agglomération nouvelle.

Cette coopération intercommunale, sous la forme d'établissement public de coopération intercommunale (EPCI), montre que, derrière la démocratie locale représentée par les communes, il existe une administration fonctionnelle efficace, mais à la légitimité politique plus faible, d'où les suggestions de plus en plus fréquentes de faire élire, au suffrage universel direct, les responsables de ces organes de coopération. Cela permettrait de donner plus de lisibilité à une administration communale à plusieurs niveaux (F. Dreyfus, F. d'Arcy, *Les institutions politiques et administratives*, Économica, 1997, p. 299).

III. Le département

Le terme de département, comme nous l'avons déjà signalé, recouvre deux réalités administratives distinctes, soit une circonscription administrative de l'État avec le préfet comme autorité responsable, soit une collectivité territoriale avec un président de conseil général. La confusion des termes fut longtemps accentuée dans la mesure où le préfet était l'exécutif du département. Ces deux facettes touchent soit à l'administration déconcentrée, soit à l'administration décentralisée.

L'histoire du département montre le passage progressif, en dehors de la courte période révolutionnaire, d'une entité conçue comme un outil administratif de gestion du territoire de manière uniforme, vers la reconnaissance des spécificités territoriales. La grande loi du 10 août 1871 donne son ossature moderne au département. Au moment des lois de décentralisation de 1982 et 1983, le département n'est pas remis vraiment en cause. Il est confirmé comme collectivité territoriale, mais aussi comme circonscription de l'État. Cette confirmation est logique par rapport à son ancrage constitutionnel. La loi de 1992 va aussi dans le même sens. Le débat sur l'avenir du département semble moins vif aujourd'hui d'autant plus que les collectivités territoriales départementales disposent de moyens importants pour gérer des services publics et mener des politiques publiques adaptées. Les moyens des départements sont même très sensiblement supérieurs à ceux des régions. La France est divisée en 100 départements, dont 4 pour l'outre-mer.

A. Les institutions départementales

Leur organisation est simple : un conseil général, un président du conseil général et une administration départementale.

1. Le conseil général

Les conseillers généraux sont élus à raison d'un conseiller par canton, au suffrage universel, au scrutin majoritaire à 2 tours, pour un mandat de six ans. Le renouvellement du conseil général s'opère toujours par moitié tous les trois ans, malgré la volonté d'abandonner ce renouvellement triennal, par la loi du 11 décembre 1990 qui le prévoyait et qui a été à son tour abandonné par celle du 11 janvier 1994.

Le département est divisé en cantons qui sont avant tout des circonscriptions électorales pour l'élection du conseiller général. Les élections cantonales sont de moins en moins prisées par les électeurs, surtout urbains qui ont du mal à percevoir convenablement le rôle du département. C'est moins le cas en milieu rural. On dénombre actuellement 4214 cantons, y compris ceux d'outre-mer. Leur représentativité dépend largement du découpage cantonal qui a vieilli et dénote plutôt une sur-représentation du monde rural et une sous-représentation du monde urbain.

Le conseil général se réunit au moins une fois par trimestre, à l'initiative de son président sur un ordre du jour déterminé par lui et le bureau de l'assemblée. La loi de 1982 a abandonné le mécanisme des sessions. Les séances sont publiques, sauf si une majorité absolue du conseil en décide autrement. Elles se tiennent en l'hôtel du département et sont susceptibles d'être retransmises par des moyens modernes de communication audiovisuelle. Le préfet peut être entendu par le conseil général, soit à la demande du conseil, soit à la demande du Premier ministre. Cette audition est intéressante dans la mesure où le préfet dirige les services de l'État dans le département et constitue l'interlocuteur privilégié de la collectivité départementale.

Le conseil général est une assemblée qui est divisée en commissions spécialisées comme celles des finances, des affaires économiques, des travaux publics et des transports ou des affaires sociales. Ces commissions préparent les délibérations de l'assemblée plénière.

Les délibérations du conseil général sont exécutoires de plein droit, d'une part à compter de leur publication dans le recueil des actes du département, d'autre part après leur transmission au représentant de l'État dans le département. Les mécanismes de contrôle de la légalité sont de même nature pour l'ensemble des collectivités territoriales, comme nous l'avons déjà examiné plus haut.

Par ailleurs, le conseiller général qui refuse, sans excuse valable de remplir une fonction dévolue par la loi, peut être démis d'office par le tribunal administratif. Le conseil général peut être dissous par décret en conseil des ministres, lorsque le fonctionnement de l'assemblée se révèle impossible. Dans ce cas rarissime, le gouvernement doit informer le Parlement de sa décision et organiser de nouvelles élections.

2. Le président du conseil général et l'administration départementale

Le président du conseil général est élu, à la majorité absolue des membres du conseil général pour les 2 premiers tours et relative pour le suivant, pour un mandat de trois ans à l'issue du renouvellement triennal. Il est procédé simultanément à l'élection des autres membres de la commission départementale qui est composée du président du conseil général, de 4 à 10 vice-présidents et éventuellement d'un ou plusieurs autres membres.

Avec la décentralisation entreprise en 1982, la fonction de président du conseil général a profondément changé du fait du transfert de l'exécutif du département du préfet, justement au président de l'assemblée délibérant. Cette fonction est maintenant très recherchée par le personnel politique, à la fois comme moyen d'ancrage politique durable dans le territoire et pour sa capacité d'influence sur le devenir du département. Ses fonctions sont à la fois celles d'un président d'assemblée et d'exécutif du département.

❑ Comme *président de l'assemblée départementale,* il en fixe l'ordre du jour avec la commission départementale. Il en assure le fonctionnement en faisant respecter son règlement intérieur. Il en assure aussi la police et préside aux délibérations.

❑ Comme *exécutif du département,* le président du conseil général assume de multiples fonctions. Il est assisté dans ses fonctions par la commission départementale, émanation permanente du conseil général. Il prépare et exécute les délibérations du conseil général. Ce pouvoir lui donne la capacité de conduire de véritables politiques départementales dans la mesure où il a l'initiative politique et peut s'appuyer sur une majorité politique qui l'a amené au pouvoir. Le système politique départemental connaît aussi une dimension présidentielle. Il prépare et exécute le budget du département en tant qu'ordonnateur des dépenses. Il présente chaque année au conseil général la situation financière du département. Il gère le domaine du département, à ce titre, il exerce les pouvoirs de police afférents à cette gestion. Il a notamment un pouvoir de police sur la voirie départementale. Il représente le département en justice. Il négocie et signe les contrats et les marchés au nom du département. Il est aussi le chef hiérarchique des services administratifs du département. Il a donc le pouvoir de prendre des mesures d'organisation générale ou des décisions individuelles concernant la gestion du personnel départemental.

❑ *Les services du département* se sont étoffés avec la décentralisation de 1982, soit du fait de transfert de services et de personnels de l'État, soit par la création de nouveaux services adaptés aux nouvelles missions du département. En effet, les transferts de compétence entre l'État et le département ont entraîné de profondes restructurations de l'administration territoriale dans le département, notamment par exemple pour l'administration de l'équipement ou l'administration des affaires sociales. Les services des départements se présentent toujours sur le même modèle.

Il s'agit d'abord de l'entourage du président du conseil général, avec un cabinet composé d'un directeur de cabinet, de conseillers techniques et de chargés de mission. Cette équipe doit être établie avec mesure comme le suggère le décret du 16 décembre 1987. Les services sont ensuite organisés en directions placées sous la responsabilité d'un directeur général des services comme des directions générales du personnel ou des finances, des directions spécialisées par domaine de compétences, sur un modèle comparable à celui des services déconcentrés de l'État dans le département. Les sigles employés visent à chaque fois à se distinguer de ceux de l'État aussi bien pour les affaires sociales que pour l'équipement. Les personnels employés sont régis par le statut de la fonction publique territoriale. Si, au début de la décentralisation, le corps préfectoral a vu certains de ses membres rejoindre l'administration pour des postes de responsabilité, progressivement, les départements se sont dotés d'une capacité d'expertise et de direction.

B. Les compétences départementales

Comme pour la commune, il est possible de distinguer les compétences générales des compétences spécialisées.

« Le conseil général règle par ses délibérations les affaires du département. Il statue sur tous les objets sur lesquels il est appelé à délibérer par les lois et règlements et, généralement, sur tous les objets d'intérêt département dont il est saisi » (CGCT, art. L. 3211-1).

On peut en tirer plusieurs conséquences. Cela permet à l'assemblée départementale de définir en fonction de ses orientations ce qu'elle juge entrer dans ses compétences pour administrer le département. C'est un large pouvoir d'appréciation. Évidemment cette intervention ne doit pas entrer en conflit avec les compétences, soit des autres collectivités territoriales, soit de l'État. Dans le cas contraire, l'illégalité de l'action peut être démontrée. Cette compétence générale permet au conseil général de mettre en œuvre des politiques départementales adaptées en fonction des besoins du département.

Le conseil général vote le budget du département aussi bien en recettes qu'en dépenses et définit la politique financière de la collectivité. Il crée les emplois et les services nécessaires au fonctionnement du département.

Les compétences spécialisées du département sont anciennes, mais ont été aussi relativement renouvelées lors des lois de décentralisation. Ses compétences sont diverses, nombreuses. Elles entraînent souvent de lourdes charges financières. Nous n'en signalons ici que quelques-unes. Le département est compétent dans le domaine de l'action sociale et de la santé, par la prise en charge d'un ensemble de prestations légales d'aide sociale (aide à l'enfance, aide sociale aux familles, aide sociale aux personnes âgées, aide sociale aux handicapés...), par la gestion de services spécialisés pour l'aide sociale (service départemental d'aide sociale, service de lutte contre les fléaux ou de dépistage de maladies...) ou par la programmation des actions sociales ou médico-sociales (comme le schéma départemental des établissements et services sociaux et médico-sociaux...).

Le département intervient dans le secteur de l'enseignement et de la culture, par exemple, par la prise en charge des collèges (équipement, entretien et fonctionnement à l'exception des dépenses pédagogiques et de personnel...) ou pour les bibliothèques centrales de prêt, pour les établissements d'enseignement public de musique, de danse, d'art dramatique ou d'arts plastiques. Le département a la charge des ports maritimes de commerce et de pêche, sauf lorsqu'ils sont autonomes ou d'intérêt national. À ce titre, le président du conseil général est responsable de la police des ports maritimes. Le département a des compétences dans le domaine de la voirie et du transport, avec la gestion et l'entretien des routes départementales (plus de 52 km de routes) ou la mise en place et la gestion des transports routiers non urbains de personnes ou des transports scolaires en milieu rural.

Il ne faut oublier que le département peut aussi intervenir dans le domaine du développement économique, par des aides directes et indirectes aux entreprises, par des garanties d'emprunt, par des participations au capital de sociétés. Il intervient aussi dans le secteur de l'environnement, pour la planification et l'aménagement du territoire.

IV. La région

La région est une collectivité territoriale un peu spécifique dans le tissu administratif et institutionnel français. Elle est relativement récente et détient toujours de nombreuses potentialités d'adaptation et de développement. Elle a l'avantage de mettre notre pays dans la même démarche de découpage des territoires que les autres États membres de l'Union européenne. À partir de 1982, la France a rejoint, plus nettement les autres pays en procédant de manière plus systématique à une régionalisation de son territoire. Néanmoins, cette démarche reste dans le cadre des spécificités de la décentralisation à la française. La naissance de cette nouvelle collectivité territoriale a fait rejaillir des questions récurrentes sur l'organisation administrative du territoire, notamment celle des niveaux d'administration. Par une sorte de phénomène de sédimentation administrative, la région s'est ajoutée, le département est demeuré.

A. La régionalisation

La régionalisation n'est pas apparue brutalement en 1982. La création, par la loi, de cette dernière collectivité territoriale est le résultat d'une longue évolution des esprits et des institutions sur la régionalisation. La région actuelle est un compromis entre plusieurs conceptions dont les motivations sont loin d'être identiques.

1. La revendication régionaliste

Cette revendication est exprimée dans certaines parties du territoire (Alsace, Bretagne, Savoie), de manière parfois violente (Corse). Elle vise à mettre en avant les forts particularismes régionaux culturels ou linguistiques, considérés comme limités ou étouffés par le centralisme français ou parisien. Elle reprend une idée ancienne de Décoloniser la France pour s'opposer à l'État central jugé peu apte à satisfaire les besoins particuliers des populations régionales. On a pu parler de régionalisme politique. Cette revendication peut aller jusqu'à la remise en cause du modèle de l'unité de la République, comme le font les autonomistes ou les indépendantistes corses. On peut observer, une forme de gradation de la revendication allant de la simple décentralisation politique à l'autonomie, voire à l'indépendance. Face à cette gamme, on peut constater, en réponse, une gamme d'institutions plus ou moins adaptées. Il s'agit, d'aller le plus loin possible dans la satisfaction régionaliste, soit en ne remettant pas en cause l'unité et l'indivisibilité de la République, soit au contraire en préparant le passage à l'autodétermination.

En métropole, cela se rencontre pour l'admission de la spécificité corse et sa traduction sur le plan institutionnel et administratif, mais sans admettre le concept juridique de peuple corse, composante du peuple français, proposé par le législateur et refusé par Conseil constitutionnel. Pourtant, la loi du 13 mai 1991 donne à cette partie du territoire le statut de collectivité territoriale de Corse, donc pas celui d'une région ordinaire, avec des institutions et des compétences originales. Le statut spécifique de la Corse est renforcé par la loi du 22 janvier 2002, notamment en ce qui concerne les compétences de la collectivité, même si le Conseil constitutionnel, compte tenu du cadre constitutionnel actuel, n'a pas admis, dans sa décision du 17 janvier 2002, le projet de dévolution législative expérimentale que la loi proposait.

Pour l'outre-mer, les particularismes sont reconnus par la Constitution qui distingue bien la France métropolitaine des autres parties du territoire de la République, par ses articles 73 et 74, aussi bien pour les départements que pour les territoires d'outre-mer. Il s'agit, soit d'admettre des adaptations législatives pour les départements d'outre-mer, soit de donner un statut d'autonomie pour les territoires. Pour les départements d'outre-mer, la loi leur reconnaît « la possibilité de disposer à l'avenir d'une organisation institutionnelle qui leur soit propre » (art. 1er, L. n° 2000-1207 du 13 déc. 2000 d'orientation pour l'outre-mer). De son côté, la Nouvelle-Calédonie est un véritable laboratoire législatif, afin de préparer, dans la durée, le passage programmé au statut d'État associé à la République française (v. notamment la loi du 9 novembre 1988 organisant le statut de ce territoire à la suite des accords de Matignon de juin 1988 et plus récemment ceux de mai 1998, ainsi que la révision de la Constitution de 1998).

Les mouvements indépendantistes manifestent, régulièrement, pour leur part, leur volonté d'amener certains départements d'outre-mer à l'indépendance. Cela s'est produit dans le passé, avec l'Algérie en 1962, mais aussi avec Djibouti ou l'archipel des Comores en 1975.

2. La régionalisation administrative

Cette conception vise surtout à mieux administrer le territoire dans le cadre de circonscriptions plus grandes que les départements pour certains thèmes de l'action publique : surveillance policière ou maintien de l'ordre public, aménagement du territoire ou interventionnisme économique.

Le découpage régional actuel est largement issu de ce type de préoccupation plus que de démocratie régionale. Historiquement, les questions de défense et de sécurité ont incité les pouvoirs publics à créer des préfets de région, à l'époque du régime de Vichy, avec des compétences en matière de police et de discipline des fonctionnaires. À la Libération, ils seront remplacés par des commissaires régionaux de la République, et à partir de 1948, par des inspecteurs généraux de l'administration en mission extraordinaire (IGAME). Ces derniers exercent alors une fonction de maintien de l'ordre sur plusieurs départements. Les problèmes économiques expliquent aussi la création de circonscriptions régionales sur des dénominations variées, déjà évoquées.

La régionalisation administrative prend sa forme moderne au travers d'un décret du 14 mars 1964 relatif au préfet de région, assisté sur le mode consultatif par la commission de développement économique régionale (CODER). Elle est confirmée, et même amplifiée, par les textes organisant en 1982 et en 1992 la déconcentration administrative.

3. La décentralisation régionale

La décentralisation régionale est la troisième conception de régionalisation. Elle induit la mise en place d'une démocratie régionale complémentaire des autres, qu'elle soit locale ou nationale. Ce mouvement d'idée a été entravé par des malentendus politiques, mais aussi la crainte d'effets centrifuges de la décentralisation régionale : remise en cause de l'unité de l'État, création d'une classe de notables trop puissants par rapport à l'État...

En 1968, le Président de la République considère que le moment est venu de décentraliser : « Des siècles de centralisation suffisent, il faut décentraliser » (Lyon, 24 mars 1968). Après les événements de mai 1968, il poursuit dans cette voie, en proposant, aussi comme réponse à la contestation, un référendum de révision constitutionnelle portant sur la régionalisation et la réforme du Sénat. Le vote négatif pour le référendum de 1969 qui entraîne la démission du général de Gaulle, a eu un effet redoutable sur le processus de régionalisation, par crainte du thème. La loi du 5 juillet 1972 organise donc une modeste décentralisation régionale en créant des régions sous la forme d'établissement public régional. L'EPR est doté d'une assemblée délibérante, le Conseil régional, d'une assemblée consultative, le Comité économique et social, et d'un exécutif, le préfet de région.

Dans le cadre du statut relativement étriqué de 1972, les régions commencent à affirmer leur identité et à construire des politiques régionales spécifiques. Il ne faut oublier que ce sont des présidents de conseils régionaux qui sont, en 1982, les chantres de la décentralisation, Gaston Defferre pour

Provence-Alpes-Côte-d'Azur, Pierre Mauroy pour le Nord-Pas-de-Calais. Avec les réformes de 1982, le principe de libre administration des collectivités territoriales s'applique aussi aux régions qui deviennent des collectivités territoriales. La légitimité politique de la région est affirmée par l'extension du suffrage universel au conseil régional en 1986. Il existe alors bien une régionalisation qui n'est pas seulement administrative, mais aussi démocratique, dans le cadre maintenu de l'unité de la République. Cette régionalisation n'est pas comparable aux Länder allemands ou aux composantes de l'État fédéral de Belgique. Elle se rapproche des régions italiennes ou des communautés autonomes espagnoles sans aller pourtant jusqu'à la confection d'un État autonomique.

Cette régionalisation présente plusieurs caractéristiques. Les régions françaises sont plutôt de taille moyenne. Les 22 régions métropolitaines auxquelles s'ajoutent 4 régions d'outre-mer ont leurs contours géographiques définis pour les circonscriptions régionales dans les années 1950. Elles se présentent donc, soit comme une continuité historique par rapport aux anciennes provinces (Alsace, Lorraine, Bretagne, Aquitaine, Bourgogne...), soit comme un découpage arbitraire ou imposé (Rhône-Alpes, Midi-Pyrénées, Centre...). Suivant le découpage, l'identité régionale est plus ou moins facile à construire. Il existe une certaine inégalité en terme de superficie, de nombre de départements ou de population entre les régions, on peut ainsi opposer la région Rhône-Alpes à la région du Limousin. Ce découpage est régulièrement l'objet de critique comme s'il existait vraiment un « standard régional européen » ou un « optimum dimensionnel régional », ce qui est loin d'être certain.

B. Les institutions régionales

Ces institutions sont relativement simples. Les dernières élections régionales et leurs résultats les ont mis sous les feux de l'actualité, notamment au moment du choix des présidents des conseils régionaux. Elles comprennent des assemblées délibérantes et un président de conseil régional, comme exécutif. « Le conseil régional par ses délibérations, le président du conseil régional par l'instruction des affaires et l'exécution des délibérations, le conseil économique et social régional par ses avis concourent à l'administration de la région » (CGCT, art. L. 4131-2).

1. Le conseil régional

Le conseil régional est une assemblée délibérante dont les membres sont élus au suffrage universel direct depuis le changement du mode de désignation intervenu avec la loi du 10 juillet 1985. Les conseillers régionaux sont élus, pour un mandat de cinq ans (à compter de la prochaine élection), au scrutin de liste régionale, qui associe le mode majoritaire à la représentation proportionnelle de manière comparable au mode de scrutin municipal. Ce nouveau mode de scrutin régional, introduit par la loi du 19 janvier 1999, sera certainement d'une plus grande efficacité que le précédent pour faciliter l'émergence d'une réelle identité régionale, régionaliser vraiment la classe politique et construire une majorité politique suffisante et stable pour gérer la région.

Le conseil régional est composé d'un nombre de conseillers qui varie suivant la démographie de la région : 31 conseillers pour la région Guyane, 157 pour la région Rhône-Alpes, 209 pour la région Ile-de-France.

Fort de sa légitimité démocratique, le conseil régional établit son règlement intérieur. Il se réunit au moins une fois par trimestre à la demande de son président, ou de son bureau, sur un ordre du jour déterminé. Les réunions sont publiques en l'hôtel de la région. Le conseil régional peut entendre le préfet de région. Le conseil régional travaille en assemblée plénière ou en commissions spécialisées. Les conseillers se répartissent en groupes politiques.

Les délibérations du conseil régional sont exécutoires de plein droit à l'issue de leur publication au bulletin officiel de la région et de leur transmission au représentant de l'État dans la région. Le contrôle de la légalité sur les actes du conseil régional se déroule selon les modalités déjà évoquées pour l'ensemble des collectivités territoriales.

Lorsque le fonctionnement d'un conseil régional se révèle impossible, le gouvernement peut en prononcer la dissolution par décret motivé pris en conseil des ministres. Il en informe le Parlement dans le délai le plus bref. La dissolution ne peut jamais être prononcée par voie de mesure générale (CGCT, art. L. 4132-3). Elle s'est produite pour l'assemblée de Corse pour des difficultés persistantes pour l'adoption du budget régional (décret de dissolution du 29 juin 1984 de l'assemblée de Corse).

2. Le président du conseil régional et l'administration de la région

Avec la réforme de 1982, la fonction de président du conseil régional a changé d'importance. À l'origine, simple président d'une assemblée, il est devenu le véritable exécutif de la région collectivité territoriale.

Le président du conseil régional est élu, pour un mandat de six ans, ainsi que les membres du bureau, lors de la première réunion de l'assemblée qui suit les élections régionales, à la majorité absolue des membres pour les 2 premiers tours et ensuite à la majorité relative. Les événements récents ont montré les difficultés de choisir facilement un président compte tenu parfois de majorité suffisamment stable.

Le président est assisté d'une commission permanente composée de lui-même, de 4 à 15 vice-présidents et éventuellement d'un ou plusieurs autres membres.

Le président a d'abord la fonction de présider au fonctionnement de l'assemblée régionale en fixant l'ordre du jour et en veillant au bon déroulement des délibérations.

❑ Comme *exécutif de la région,* il doit ensuite préparer et exécuter les délibérations du conseil régional. Il peut à cette occasion initier et développer de véritables politiques régionales, à condition qu'il puisse s'appuyer sur une majorité qui le soutient au sein de l'assemblée. Il prépare et exécute le budget de la région aussi bien en dépenses qu'en recettes. Il est ordonnateur des dépenses de la région. Il représente la région dans l'ensemble des actes juridiques, y compris en justice. Il négocie et signe les contrats et les marchés au nom de la région, notamment le contrat de plan entre l'État et la région. Il gère le patrimoine de la région.

❑ Il est aussi *le chef hiérarchique des services administratifs régionaux*. À partir de 1982, les régions se sont dotées de services pour gérer leurs compétences, ce qui n'était pas vraiment le cas auparavant. Les services régionaux actuels sont issus, soit des transferts de moyens accompagnant les transferts de compétences, soit de création directe de services. Cette administration régionale comprend d'abord l'entourage direct du président du conseil régional avec un cabinet regroupant un directeur de cabinet, des conseillers techniques et des chargés de mission. Il se divise ensuite en directions administratives (gestion du personnel et des finances) ou techniques (formation professionnelle, gestion des lycées...) placées sous l'autorité d'un directeur général des services de la région. Les personnels des régions sont régis par le statut de la fonction publique territoriale. Compte tenu de la nature des compétences de la région, cette administration est plus une administration de mission que de gestion, sauf pour l'exercice de certaines de compétences, comme la gestion des lycées ou de la formation professionnelle.

3. Le conseil économique et social régional

La loi du 6 février 1992 a donné à cette instance consultative la nouvelle dénomination de conseil, plutôt que de comité, pour valoriser son rôle souvent resté dans l'ombre du conseil régional et donner une représentation plus comparable à celle du conseil économique et social.

Le conseil économique et social régional est composé de 65 à 122 membres (pour les régions de métropole), selon la région concernée, désignés pour six ans, répartis en collèges de la manière suivante :
– le premier collège comprend des représentants des entreprises et activités professionnelles non-salariées pour un nombre de sièges au moins égal à 35 % du total des sièges ;
– le deuxième collège comprend des représentants des organisations syndicales de salariés représentatives au niveau national, de l'Union nationale des syndicats autonomes et de Fédération syndicale unitaire pour un nombre de sièges au moins égal à 35 % du total des sièges ;
– le troisième collège comprend des représentants des organismes et associations qui participent à la vie collective de la région pour un nombre de sièges au moins égal à 25 % du total des sièges ;
– le quatrième collège comprend des personnalités qui en raison de leur qualité et de leurs activités concourent au développement régional pour un nombre de sièges au moins égal à 5 % du total des sièges pour des personnalités qualifiées qui concourent au développement régional.

Cette composition est fixée par décret en Conseil d'État, aujourd'hui celui du 31 juillet 2001. Le conseil choisit son président et son bureau. Il établit son règlement intérieur qui fixe l'organisation et le fonctionnement de l'assemblée, notamment la division en commissions. La loi du 6 février 1992 a ajouté une instance au sein des conseils économiques et régionaux sous la forme de section, chaque conseil devant bénéficier de deux sections dont l'organisation est fixée, sur sa proposition, par décret en Conseil d'État. Ces sections spécifiques à chaque région permettent d'associer des personnalités extérieures au fonctionnement du conseil. Par exemple, pour la région Auvergne, il s'agit d'une section chargée de la prospective et d'une section chargée de l'évaluation et de la conjoncture (Décr. 30 déc. 1994) ou pour la région Bretagne, d'une section chargée de la prospective et d'une section chargée de la mer et du littoral Manche-Atlantique (Décr. 30 déc. 1994). Le conseil régional met à la disposition du conseil économique et social régional les moyens de fonctionnement nécessaires.

Le conseil économique et social régional est, auprès du conseil régional, une assemblée consultative qui doit donc émettre des avis. Il est obligatoirement saisi pour avis pour la préparation et l'exécution du plan régional, sur les orientations générales du budget de la région, sur les orientations générales de la région pour les domaines transférés par l'État à la région. Dans les autres hypothèses, la saisine reste facultative. Il peut aussi s'autosaisir dans les domaines de compétence de la région. L'influence du conseil économique et social régional est très liée, d'une part à la qualité de son travail d'expertise, d'autre part aux relations qu'il entretient avec le conseil régional.

C. Les compétences régionales

Comme pour les autres collectivités territoriales, on peut distinguer des compétences générales et des compétences spécialisées.

« Le conseil régional règle par ses délibérations les affaires de la région. Il a compétence pour promouvoir le développement économique, social, sanitaire, culturel et scientifique de la région et l'aménagement de son territoire et pour assurer la préservation de son identité, dans le respect de l'intégrité, de l'autonomie et des attributions des départements et des communes. Il peut engager des actions complémentaires de celles de l'État, des autres collectivités territoriales et des établissements publics situés dans la région… » (CGCT, art. L. 4221-1).

Cette énumération des compétences générales de la région donne de précieuses indications sur la place de cette collectivité dans le système administratif territorial. Elle n'a pas vraiment le caractère d'une instance de gestion de services lourds sur le plan financier. Elle est plutôt considérée comme une instance de réflexion et d'impulsion, voire même complémentaire des interventions de l'État ou des autres collectivités territoriales. Néanmoins, son domaine d'intervention est vaste et touche à tous les aspects de la vie de la région. En plus, la région est aussi en charge de l'aménagement de son territoire, ce qui lui donne une forme de prééminence fonctionnelle par rapport aux autres collectivités. Enfin, elle doit assurer la préservation de son identité, ce qui suppose qu'elle en est une. Cela dépend largement du découpage régional et de la circonscription géographique délimitée. Évidemment les interventions de la région doivent être respectueuses des compétences des autres collectivités.

Ces compétences représentent un éventail assez large. La région a d'abord pour mission de contribuer au développement économique, social et culturel de son espace géographique. Cette contribution peut se faire isolement ou en collaboration avec l'État et les autres collectivités. Elle prend la forme d'études, de proposition, de participation ou de réalisation d'équipements collectifs présentant un intérêt régional direct.

En ce qui concerne le développement économique, la région peut accorder des aides directes ou indirectes aux entreprises ou des garanties d'emprunt, participer au capital des sociétés de développement régional, des sociétés de financement interrégionales ou propres à chaque région ou des sociétés d'économie mixte. Elle attribue pour le compte de l'État des aides financières aux entreprises qui concourent au développement régional et à l'emploi. Elle a aussi des compétences en matière de planification pour le développement économique, social et culturel de la région. Elle négocie et conclut le contrat de plan entre l'État et la région.

Dans le domaine de la formation de l'enseignement et de la recherche, la région dispose de compétences spécifiques. Le secteur de la formation professionnelle et de l'apprentissage est dorénavant une compétence régionale de droit commun, l'État n'ayant plus qu'une compétence d'attribution. La région est responsable de la construction, de l'équipement et des dépenses d'entretien des lycées à l'exception des dépenses pédagogiques et de personnel. Elle intervient dans le domaine de la recherche et du développement technologique. Certaines régions ont amplifié cette intervention en contractualisant leurs relations avec les établissements d'enseignement supérieur de la région, comme les universités ou les écoles (v. par exemple, la politique de la région Rhône-Alpes à ce sujet). On peut évoquer d'autres compétences spécialisées dans les domaines de l'urbanisme, du logement, de la pêche, des ports fluviaux, des canaux ou de l'environnement.

V. Les collectivités à statut dérogatoire

Face à la multiplication des statuts dérogatoires, un auteur a pu écrire la République française, une fédération qui s'ignore ? (T. Michalon, *RDP*, 1982, p. 623, à propos des institutions de l'outre-mer). En effet, s'il existe une grande uniformité administrative confirmée par les lois relatives aux droits et aux libertés des communes, des départements et des régions, le législateur n'a pas hésité à multiplier le recours à des statuts dérogatoires.

Les justifications de ces statuts spécifiques sont diverses : la tradition historique (les communes d'Alsace-Moselle), l'adaptation aux nécessités de l'aménagement du territoire (les villes nouvelles avec les lois du 13 juillet 1983 et du 17 décembre 1991, par ex. pour Saint-Quentin-en-Yvelines, Cergy-Pontoise, Marne-la-Vallée, le Vaudreuil ou l'Isle d'Abeau...), l'importance démographique ou politique des collectivités concernées (Paris, Marseille et Lyon ou la région Ile-de-France), une plus grande reconnaissance de l'identité locale ou régionale (la Corse, les départements ou les territoires d'outre-mer).

A. Paris, Marseille, Lyon

Plusieurs raisons expliquent un régime juridique spécifique pour Paris, Lyon et Marseille. Ces grandes villes exigent une gestion particulière garantissant à la fois efficacité, rationalité et démocratie. Les nécessités de l'ordre public supposent une organisation adaptée. Les contraintes politiques, ou le souvenir du rôle historique de certaines villes, ont amené à penser des structures particulières.

1. Le régime juridique de Paris

Les autorités centrales se sont toujours méfiées de la sensibilité politique de la capitale. Le souvenir de l'opposition d'Étienne Marcel, prévôt des marchands, au pouvoir royal, du rôle de Paris pendant la Révolution ou de la Commune de Paris en 1871 a amené à mettre la capitale à l'écart des grandes lois de décentralisation jusqu'en 1975.

À partir de 1871, Paris dispose d'un conseil municipal dont les membres sont élus, avec des compétences d'attribution, mais pas d'un maire. Le préfet de la Seine et le préfet de police sont les institutions déterminantes. La loi du 10 juillet 1964 réorganise la région parisienne et fait de

Paris une collectivité territoriale à statut particulier ayant des compétences communales et départementales. Le préfet de la Seine devient préfet de Paris.

La loi du 31 décembre 1975 donne à la capitale un statut communal plus classique, avec un conseil de Paris et un maire élu. Paris se voit reconnaître des compétences générales. Néanmoins, Paris reste à la fois, une commune et un département. Le conseil de Paris exerce tantôt les fonctions d'un conseil municipal, tantôt celles d'un conseil général. Le préfet de Paris conserve ses attributions de représentant de l'État et exerce la tutelle sur les actes du conseil. De son côté, le préfet de police conserve ses attributions de police municipale.

Aujourd'hui, depuis les lois du 2 mars 1982 et du 31 décembre 1982, le territoire de la ville de Paris recouvre les attributions de deux collectivités territoriales, la commune de Paris, à laquelle s'appliquent la plupart des dispositions communales ordinaires sauf dérogation pour les conseils d'arrondissements, et le département de Paris qui est soumis à l'ensemble des dispositions départementales sauf exception. Les affaires de ces deux collectivités sont réglées par les délibérations d'une même assemblée, le conseil de Paris, présidée par le maire de Paris.

Le conseil de Paris est une assemblée délibérante, composée de 163 membres, élus au suffrage universel direct. Le maire de Paris est élu par le conseil. Il a simultanément les pouvoirs de maire et de président de conseil général. Néanmoins, il continue de partager avec le préfet de police les pouvoirs de police. Ainsi, le préfet de police de Paris reste en grande partie l'exécutif du conseil de Paris dans ce domaine avec un budget spécifique.

Par ailleurs, Paris est divisé en conseils d'arrondissements, comme c'est le cas aussi pour Marseille et Lyon.

2. Les conseils d'arrondissements pour Paris, Marseille et Lyon

Ce recours aux conseils et maires d'arrondissements vise, par une déconcentration administrative, à améliorer la gestion des grandes villes. Ainsi, les affaires des communes de Paris, Marseille et Lyon sont réglées par un conseil municipal, et pour certaines attributions limitativement définies par des conseils d'arrondissements. Ces arrondissements sont respectivement au nombre de 20, 16 et 9.

Le conseil d'arrondissement est composé des conseillers municipaux et des conseillers d'arrondissement élus dans l'arrondissement. Le nombre des conseillers d'arrondissement est le double de celui des conseillers municipaux. Ces conseils d'arrondissement fonctionnent dans des conditions similaires à celles d'un conseil municipal. Mais ils ont essentiellement des compétences d'attribution, soit sous forme consultative pour le conseil municipal, soit sous forme de décision exercée par délégation du conseil municipal. La proximité des conseils d'arrondissement des administrés ne peut que bénéficier à une bonne gestion administrative, par exemple de nombreux équipements publics.

Le maire d'arrondissement est élu par le conseil d'arrondissement parmi les membres du conseil municipal. Il dispose d'un statut proche de celui de maire, même si ses pouvoirs sont en réalité plus modestes.

B. La région Ile-de-France et la Corse

Ces deux entités régionales bénéficient d'un statut particulier, d'une part du fait de l'importance démographique et politique de l'Île-de-France, d'autre part compte tenu de la spécificité insulaire et identitaire de la Corse.

1. La région Ile-de-France

La région Ile-de-France est la plus importante des régions françaises en terme de démographie, mais aussi d'influence économique, sociale ou culturelle. Elle constitue même la première région au sein de l'Union européenne. Cela suppose un statut adapté à ces réalités.

Le statut actuel est le résultat d'évolutions successives de la région parisienne. Dans la période moderne, le particularisme de la région parisienne est reconnu par la mise en place, par la loi du 2 août 1961, d'un district, établissement public administratif dirigé par un délégué général. Ce district joue un rôle décisif pour les grands aménagements urbains, comme la Défense, le marché national de Rungis ou le réseau express régional (RER). Il intervient aussi pour la conception des villes nouvelles de cette région. La loi du 10 juillet 1964 procède à une réorganisation administrative de la région parisienne en remplaçant les départements de la Seine et de la Seine-et-Oise, par 7 nouveaux départements : Paris, Yvelines, Essonne, Hauts-de-Seine, Seine-Saint-Denis, Val-de-Marne, Val-d'Oise. Ces départements forment avec la Seine-et-Marne, la région parisienne. Le décret du

10 août 1966 place à la tête de l'administration régionale, un préfet de région. Par la loi du 6 mai 1976, le district devient la région « Ile-de-France ».

La loi du 2 mars 1982 fait de cette région, une région comparable aux autres, avec néanmoins des particularismes en terme de compétence, comme de moyens financiers. Comme dans les autres circonscriptions régionales, la région Ile-de-France est le siège de l'administration territoriale de l'État avec un préfet de région et de la collectivité territoriale régionale.

La région Ile-de-France est dotée des mêmes institutions que les autres, avec un conseil régional de 209 membres et son président et un conseil économique et social de 110 membres. Elle a des compétences supplémentaires dans plusieurs domaines : en urbanisme avec un droit de préemption pour des acquisitions immobilières en vue de la réalisation d'équipements collectifs présentant un intérêt régional direct; pour mener une politique d'aménagement d'espaces verts, de forêts et de promenades; pour définir la politique régionale de circulation et de transport des voyageurs. Cette région bénéficie de ressources supplémentaires comme : la taxe spéciale d'équipement, la redevance pour construction de bureaux ou la taxe complémentaire à la taxe locale d'équipement.

2. La Corse

Depuis 1768, année de sa cession à la France par la République de Gênes, son insularité et ses problèmes récurrents de développement ont longtemps donné à la Corse une place particulière dans l'ensemble français en terme de reconnaissance d'identité, de solidarité nationale et d'aménagement du territoire. Cela s'est traduit sur le plan institutionnel.

Jusqu'en 1970, la Corse appartient à la région Provence-Alpes-Côte-d'Azur. Elle est autonomisée, d'abord comme circonscription administrative régionale spécifique, dans le cadre de la déconcentration par le décret du 9 janvier 1970, ensuite comme établissement public régional par la loi du 5 juillet 1972. À compter de la loi du 15 mai 1975, la Corse est divisée en deux départements, Corse du Sud et Haute-Corse.

La montée de la revendication régionaliste et les problèmes de développement incitent la nouvelle majorité de 1981 à aborder la question corse d'une manière nouvelle en allant plutôt vers un statut dérogatoire. C'est le cas avec l'une des lois du 2 mars 1982 spécifique à la Corse. Si le régime général est comparable aux autres régions, la Corse bénéficie d'une organisation particulière, de compétences et de moyens supplémentaires. Cela a d'ailleurs amené le Conseil constitutionnel à se prononcer sur la conformité du statut à la Constitution dans sa décision du 25 février 1982. Il reconnaît la compétence du législateur pour donner à la Corse une organisation administrative régionale particulière, sous la forme d'une catégorie de collectivités territoriales.

La réussite imparfaite de ce statut avec une dissolution de l'assemblée de Corse par décret en 1984, les difficultés engendrées par la contestation nationaliste et les importantes grèves de 1988 et 1989, notamment dans la fonction publique, ont incité le gouvernement à rechercher un statut plus adapté à la reconnaissance de l'identité corse avec la loi du 13 mai 1991 portant statut de la collectivité territoriale de Corse. À cette occasion, par sa décision du 9 mai 1991, le Conseil constitutionnel censure le législateur en rejetant la reconnaissance qu'il faisait de la notion juridique de « peuple corse composante du peuple français », tout en admettant les innovations administratives. Ce rejet est justifié par une atteinte, à ses yeux, à l'indivisibilité du peuple français support de celle de la République. Cette quête du meilleur statut tout en maintenant la Corse dans la République s'est poursuivie ces dernières années en concertation avec tous les élus de l'Assemblée de Corse. On a parlé du « processus de Matignon ». Il intervient dans un contexte souvent tragique. Sans aller aussi loin que prévu initialement, la loi du 22 janvier 2002 relative à la Corse apporte de nombreuses innovations en admettant un large pouvoir réglementaire au profit de l'Assemblée de Corse. En effet, le Conseil constitutionnel, dans sa décision du 17 janvier 2002, a, à nouveau, censurer la loi, en considérant comme contraire à la Constitution « la possibilité pour le législateur, fût-ce à titre expérimental, dérogatoire et limité dans le temps, d'autoriser la collectivité de Corse à prendre des mesures relevant du domaine de la loi » La mesure la plus emblématique de l'évolution du statut a donc été rejetée par le Conseil constitutionnel. Le Conseil d'État dans un avis du 8 février 2001 avait déjà indiqué cette contradiction avec la Constitution. Une révision de la Constitution envisagée pour 2004 rendrait possible cette évolution du domaine législatif.

Aujourd'hui, la Corse dispose donc à la fois de deux circonscriptions administratives départementales avec des représentants de l'État, de deux départements, d'une circonscription régionale avec un représentant de l'État et d'une collectivité territoriale.

❑ *La Corse est une collectivité territoriale de la République* qui s'administre librement au sens de l'article 72 de la Constitution. Les institutions de cette collectivité comprennent l'assemblée de Corse et son président, le conseil exécutif de Corse et son président et un conseil économique, social et culturel de Corse. Cette collectivité territoriale dispose de spécificités institutionnelles et de compétences supplémentaires par rapport aux autres régions. Sur le plan des institutions, la distinction est plus nette entre l'assemblée délibérante et l'exécutif de la collectivité que pour les régions classiques.

❑ *L'assemblée de Corse* est composée de 51 membres élus au suffrage universel direct, pour un mandat de six ans, au scrutin de liste dans le cadre d'une circonscription unique. Le scrutin est mixte, majoritaire et proportionnelle, afin de permettre l'émergence d'une majorité de gestion et d'une opposition. Ce mode de scrutin permet aussi l'émergence d'une meilleure identité régionale que pour les autres régions du continent. L'assemblée siège par sessions, notamment deux sessions ordinaires ouvertes en février et en septembre, sur convocation de son président. Elle choisit son président et sa commission permanente. Elle a tous les pouvoirs d'une assemblée délibérante. Elle règle par ses délibérations les affaires de la collectivité territoriale de Corse et contrôle le conseil exécutif. Elle peut ainsi mettre en cause la responsabilité du conseil exécutif par le vote d'une motion de défiance « constructive » dans la mesure où cette motion propose en plus les remplaçants possibles des membres du conseil exécutif (CGCT, art. L. 4422-20). Cela n'est pas s'en rappeler le mécanisme de la censure dans les régimes parlementaires.

❑ *Le conseil exécutif de Corse* est l'émanation de l'assemblée de Corse à l'issue d'une élection en son sein. Les fonctions de membres du conseil sont incompatibles avec celles de membres de l'assemblée. Ce conseil est composé d'un président assisté de 6 conseillers. Le président du conseil exécutif prépare et exécute les délibérations de l'assemblée. Il est l'ordonnateur des dépenses. Il est le chef des services de la collectivité, il gère les personnels. Il représente la Corse en justice et dans les actes de la vie civile et juridique de la collectivité. Il rend compte chaque année de son activité à l'assemblée.

❑ *Le conseil économique, social et culturel de Corse* est une assemblée consultative qui assiste les autres organes. Sa composition est assez proche des autres institutions de cette nature. Ce conseil comprend deux sections, une section économique et sociale, une section de la culture, de l'éducation et du cadre de vie.

Les compétences et les moyens sont plus importants que ceux des régions du continent. La loi de 2002 les a renforcées de manière très significative. La collectivité territoriale de Corse détient maintenant, en vertu de l'article L. 4424-2 du Code général des collectivités territoriales, un pouvoir réglementaire autonome et peut suggérer des modifications et des adaptations des dispositions législatives et réglementaires concernant la Corse. Elle est dorénavant compétente dans quatre grands domaines. La défense de l'identité culturelle de la Corse la dote de compétences spécifiques, notamment dans le domaine de l'éducation, comme la carte scolaire, la carte des formations, l'enseignement secondaire jusqu'à l'enseignement supérieur, l'enseignement général ou l'enseignement spécialisé et l'enseignement de la langue corse, mais aussi dans le domaine de la culture, de la communication audiovisuelle et du sport. Les attributions dans les domaines de l'aménagement et du développement concernent le plan d'aménagement et de développement durable, les transports, la gestion des infrastructures et le logement. Le développement économique donne à la Corse de nombreuses compétences : les aides au développement économique, l'agriculture, la forêt, le tourisme, la formation professionnelle. Enfin, la Corse est compétente pour : l'environnement, les services de proximité, l'eau et l'assainissement, les déchets et l'énergie. La loi de 2002 organise un renforcement des moyens et des ressources de la collectivité territoriale de Corse, d'une part au travers des transferts financiers de l'État en adéquation avec les transferts de compétences, d'autre part grâce à un important programme d'investissement particulier à l'île.

La Corse est bien une exception dans l'uniformité régionale française compte tenu de ses particularismes. La France y expérimente une décentralisation régionale plus poussée qui n'est pas sans intérêt pour les autres régions.

C. L'outre-mer

Ce concept d'outre-mer recouvre des réalités bien différentes. La France dispose encore de nombreux territoires dans le monde, souvent bien loin de la métropole, sous des latitudes très diverses. On a pu parler de « poussière d'empire ». Il s'agit effectivement des éléments d'un ancien empire colonial qui forment un vaste territoire pour lequel il est important de donner quelques chiffres.

L'outre-mer représente une population de près de 2 millions d'habitants. Cet ensemble représente aujourd'hui 559 km^2 de territoire terrestre dont 90 km^2 pour la Guyane et 439 km^2 pour les Terres australes françaises. Le territoire maritime est impressionnant, surtout lorsqu'on y inclut la zone économique exclusive des 200 miles marins. Il représente 10 millions de km^2 avec notamment 4,8 millions de km^2 pour la Polynésie française.

Cet ensemble est composé de départements d'outre-mer et de territoires d'outre-mer et aussi de collectivités territoriales particulières. La Constitution leur donne un fondement essentiel dans ses articles 73 et 74, avec maintenant les articles 76 et 77 issus de la révision constitutionnelle du 20 juillet 1998 concernant la Nouvelle-Calédonie.

1. Les départements et régions d'outre-mer

Il s'agit aujourd'hui des 4 départements d'outre-mer et 4 régions d'outre-mer (région mono-départementale) : la Martinique avec 1 km^2 et 381 427 habitants, la Guadeloupe avec 1 km^2 et 422 496 habitants, la Guyane avec 90 km^2 et 157 213 habitants et la Réunion avec 2 km^2 et 706 300 habitants (les chiffres correspondent au recensement de 1999).

Longtemps colonies, ces territoires sont départementalisés par la loi du 16 mars 1946 qui en fait des départements français, ce qui réalise une assimilation administrative au cadre de la métropole. La Constitution de 1958 maintient implicitement l'assimilation, mais prévoit des adaptations des textes nationaux.

À compter de 1972, la réforme régionale s'applique aussi aux DOM en superposant sur le même territoire un département et une région mono-départementale. Lors des lois de décentralisation de 1982, un projet de réforme est adopté. Il consiste à supprimer cette superposition étonnante en la remplaçant par une assemblée unique, un conseil général et régional ayant à la fois une compétence départementale et une compétence régionale, en s'inspirant de l'organisation administrative de Paris. Par sa décision du 2 décembre 1982, le Conseil constitutionnel considère cette évolution comme contraire à la Constitution, du fait d'une remise en cause des DOM. Une autre solution était possible. Ce refus fait donc perdurer l'idée peu convaincante de région mono-départementale. Le rapport de la commission

Vedel de 1993 fait des propositions pour mettre un terme à cette anomalie administrative.

Ces quatre départements d'outre-mer comprennent donc sur le même territoire, une circonscription administrative départementale de l'État, avec un préfet qui est aussi préfet de région, une collectivité territoriale départementale avec un conseil général et un président, et enfin une collectivité territoriale régionale avec un conseil régional et son président, un conseil économique et social et un conseil de la culture, de l'éducation et de l'environnement. Chaque niveau a évidemment son domaine de compétence avec des spécificités en relation avec la situation de ces départements et régions d'outre-mer, pour le développement économique comme pour la défense de l'identité culturelle. Afin de donner une meilleure cohérence entre les deux collectivités, la loi d'orientation pour l'outre-mer du 13 décembre 2000 prévoit la mise en place d'un congrès des élus départementaux et régionaux qui délibère de toute proposition d'évolution institutionnelle, de toute proposition relative à de nouveaux transferts de compétences de l'État vers le département et la région concernés. Cette loi reconnaît à la Guadeloupe, la Guyane, la Martinique et la Réunion la possibilité de disposer d'une organisation institutionnelle qui leur soit propre. Le Conseil constitutionnel rappelle, dans sa décision du 7 décembre 2000 que cette dernière disposition ne peut être entendue que dans le cadre de l'article 73 de la Constitution : « Le régime législatif et l'organisation administrative des départements d'outre-mer peuvent faire l'objet de mesures d'adaptation nécessitées par leur situation particulière ».

2. Les territoires d'outre-mer

Au sens strict, ces territoires d'outre-mer sont au nombre de quatre : la Polynésie française avec 4 km^2 de territoires terrestres et 219521 habitants (1996), la Nouvelle-Calédonie avec 19 km^2 et 196836 habitants (1996), Wallis et Futuna avec 280 km^2 et 14166 habitants (1996) et les Terres australes et antarctiques françaises. On n'évoque ici que le statut des deux premiers territoires.

Il ne faut pas oublier de signaler que deux territoires disposent d'un statut spécifique de collectivité territoriale taillé sur mesure pour leur administration et leur développement. Il s'agit de Saint-Pierre-et-Miquelon avec ses 242 km^2 et ses 6600 habitants (1996) et de l'île de Mayotte avec ses 374 km^2 et ses 131320 habitants (1997). Le statut de Mayotte a été modifié par la loi du 11 juillet 2001. Mayotte constitue donc, conformément à l'article 72 de la Constitution, une collectivité territoriale qui prend le nom de « collectivité départementale de Mayotte ». L'histoire et l'évolution de ces territoires expliquent leurs statuts actuels.

La Polynésie française qui comprend les îles du Vent, les îles Sous-le-Vent, les îles Tuamotu et Gambier, les îles Marquises, les îles Australes, est, au sein de la République, un territoire d'outre-mer doté d'un statut d'autonomie. Le statut actuel est régi par la loi organique du 12 avril 1996 et la loi du 12 avril 1996. Il s'agit d'une autonomie dans le cadre de la République française, une situation de nature préfédérale. Le Conseil constitutionnel a veillé à l'application des principes fondamentaux du droit français sur le territoire, par la décision du 9 avril 1996. Ainsi, sur le plan des symboles, la Polynésie française détermine librement les signes distinctifs permettant de marquer sa personnalité dans les manifestations publiques officielles aux côtés de l'emblème national et des signes de la République. De même si le français est la langue officielle, la langue tahitienne et les autres langues polynésiennes peuvent être utilisées et sont enseignées.

La Polynésie française exerce librement et démocratiquement, par ses représentants élus, les compétences qui lui sont dévolues par la loi. « La République garantit l'autonomie de la Polynésie française ; elle favorise l'évolution de cette autonomie, de manière à conduire ce territoire d'outre-mer au développement économique, social et culturel, dans le respect de ses intérêts propres, de ses spécificités géographiques et de son identité » (L. 1996, art. 1er).

Dans le cadre de ses compétences propres délimitées par la loi et distinctes de celles de l'État, le territoire est géré par l'assemblée de Polynésie française et par le gouvernement de Polynésie française. Ces institutions sont choisies démocratiquement. La loi organique du 15 janvier 2001 vise d'ailleurs à améliorer l'équité des élections à l'assemblée de la Polynésie française. Le délégué du gouvernement de la République est un haut-commissaire qui veille à l'exercice régulier de leurs compétences par les autorités de la Polynésie française et à la légalité de leurs actes.

La Nouvelle-Calédonie constitue le territoire d'outre-mer le plus étendu avec ses 19 km^2 et comprend notamment la Grande Terre, l'île des Pins, ou les îles Loyauté. Elle est dotée d'un statut fondé sur l'autonomie dans le cadre de l'article 74 de la Constitution. Son statut est fixé, aujourd'hui, par la loi référendaire du 9 novembre 1988 portant dispositions statutaires et préparatoires à l'autodétermination de la Nouvelle-Calédonie en 1998.

Depuis que la France a pris possession de la Grande-Terre à la suite de James Cook, le 24 1853, le territoire a connu un grand nombre de statuts ou d'organisation administrative dans le cadre français.

Dans la période moderne, les années 1980 ont été très mouvementées du fait, notamment des revendications autonomistes et nationalistes du peuple Kanak dont le point culminant est constitué par les violents événements du 22 février 1988. Ils forment un tournant décisif pour l'évolution de ce territoire avec un aboutissement heureux grâce à l'accord de Matignon du 26 juin 1988 qui amène une nouvelle législation à l'issue du référendum national du 6 novembre 1988 et la loi du 9 novembre 1988. Les institutions de la Nouvelle-Calédonie comprennent, aujourd'hui, les assemblées de province, le congrès territorial, l'exécutif du territoire, le comité économique et social, le conseil consultatif coutumier du territoire et les conseils municipaux. Ce système institutionnel démocratique permet une représentation des différentes composantes de Nouvelle-Calédonie et l'exercice des compétences autonomes du territoire. Le haut-commissaire de la République est dépositaire des pouvoirs de la République, représentant du gouvernement et chef des services de l'État. Il est l'exécutif du territoire.

Dix ans après l'accord de Matignon de 1988, une nouvelle étape est ouverte. « La relation de la Nouvelle-Calédonie avec la métropole lointaine est demeurée longtemps marquée par la dépendance coloniale, un lieu univoque, un refus de reconnaître les spécificités, dont les populations nouvelles ont aussi souffert dans leurs aspirations… Le moment est venu de reconnaître les ombres de la période coloniale, même si elle ne fut pas dépourvue de lumière… Le passé est le temps de la colonisation. Le présent est le temps du partage, par un rééquilibrage. L'avenir doit être le temps de l'identité, dans un destin commun. La France est prête à un partage de souveraineté, vers la voie de la pleine souveraineté… » (Accord sur la Nouvelle-Calédonie signé à Nouméa le 5 mai 1998, *JO* 27 mai 1998, p. 8039).

Cette nouvelle étape est enregistrée par une révision de la Constitution et des dispositions transitoires relatives à la Nouvelle-Calédonie pour qu'elle puisse devenir, à terme un État associé à la France (Loi constitutionnelle du 20 juillet 1998 modifiant les articles de la Constitution, *JO* 21 juill. 1998, p. 11143).

CHAPITRE 4

La modernisation de l'administration à l'heure européenne

La modernisation de l'administration publique est toujours une préoccupation pour les autorités publiques et les gouvernants afin de l'adapter en permanence aux nécessités et aux besoins du moment. Cette modernisation permet de donner à l'administration les conditions institutionnelles et procédurales nécessaires à une meilleure satisfaction de l'intérêt général. L'administration peut alors mieux assumer ses responsabilités. Ce souci a eu, tantôt des aspects politiques lorsqu'il touche à l'État dans son ensemble, tantôt des aspects seulement administratifs lorsqu'il ne s'intéresse qu'aux structures et aux procédures administratives.

L'histoire administrative est tellement imbriquée à l'histoire de la France et de sa société, qu'il n'est pas forcément aisé de distinguer ce qui relève d'une simple adaptation de l'administration aux évolutions de la société, de ce qui constitue en soi une réelle modernisation de l'administration. En effet, au moment de la Révolution et de l'empire, il a d'abord fallu construire une administration moderne en accompagnant la révolution politique par une révolution administrative, même si on a pu dire que la continuité administrative l'emportait souvent sur la rupture. À cette période, il y a de grands architectes de l'administration. Napoléon, à certains égards, peut être considéré comme l'un des pères de l'administration moderne. Son influence est considérable, tant au plan des institutions que de la conception des principes et des fonctions de l'administration. Ce modèle napoléonien va perdurer très longtemps. À partir de cette époque et jusqu'à nos jours, « un constat, trivial s'impose : toute l'histoire de l'administration est globalement celle d'un élargissement du champ de son action et d'une dilatation corrélative de son appareil » (F. Burdeau, Histoire de l'administration française du XVIIIe au XXe siècle, *Montchrestien, 1994, p. 108). C'est justement cette expansion de l'administration, ses effets négatifs et la naissance d'un pouvoir administratif qui vont nourrir les projets successifs de réforme administrative à la fin du XIXe siècle et au XXe siècle.*

Aujourd'hui, l'administration se trouve confrontée, d'une part à de classiques questions d'organisation, de coordination ou d'efficacité, d'autre part à de nouveaux défis d'ordre européen, social ou juridique. Des initiatives gouvernementales, des politiques publiques institutionnelles visent à moderniser le système administratif. La politique de renouveau du service public et celle de la réforme de l'État ont tenu une place particulière dans l'agenda politique des gouvernements successifs des dix dernières années. Ces mutations administratives ont intégré beaucoup des conséquences de notre appartenance à l'Union européenne. Si la construction communautaire n'explique pas toutes les réformes, elle est, ces dernières années, à l'origine de beaucoup d'entre elles, directement ou indirectement.

I. Une modernisation nécessaire

Pour comprendre la nécessité de la modernisation des administrations publiques, il est important de mesurer les reproches qui lui sont faits, mais aussi de répertorier les nouveaux défis qu'elle doit effectivement relever. Ce travail est facilité par les nombreux travaux qui existent en la matière, d'une part, les rapports des instances de contrôle qui relèvent régulièrement les dysfonctionnements, comme ceux du Conseil d'État, de la Cour des comptes et des corps d'inspection, d'autre part les rapports des commissions de réflexion du commissariat général au Plan ou de la délégation interministérielle à la réforme de l'État (ou auparavant le commissariat à la réforme de l'État).

A. Les critiques traditionnelles de l'administration

L'administration est régulièrement l'objet de critiques, parfois injustes car sommaires, mais récurrentes. Ces critiques apparaissent comme surprenantes compte tenu des rapports qu'entretiennent l'administration et les administrés. En effet, il y a souvent simultanément un flot de critiques et une demande d'intervention publique, soit pour protéger ou sécuriser, soit pour maintenir la cohésion économique et sociale. Cette attitude est contradictoire, mais réelle. Plusieurs thèmes reviennent de manière régulière : la pesanteur et l'inefficacité administrative, le manque ou l'absence de lisibilité de l'action publique et l'inflation normative ou procédurière.

1. La pesanteur administrative

Cette pesanteur administrative évoque deux idées majeures, d'une part, le poids de l'administration sur la société civile, d'autre part, une lourdeur ou une lenteur dans son intervention. De nombreuses images, pas forcément très obligeantes, sont souvent utilisées pour qualifier l'administration, ou plus largement l'État : *Le Leviathan* à la manière de Hobbes, la bureaucratie de Max Weber pour lequel la croissance de la bureaucratie est le phénomène le plus capital des sociétés modernes, le phénomène bureaucratique pour Michel Crozier, la machine administrative ou l'armée des bureaucrates... La littérature satirique, ou pas, abonde de présentations peu indulgentes de l'administration et des fonctionnaires, ou bureaucrates.

Cette pesanteur administrative se mesure d'abord quantitativement par le nombre considérable de fonctionnaires ou d'agents publics par rapport aux autres composantes de la société. Nous avons déjà donné quelques chiffres significatifs, plus de 4,5 millions agents, non compris les pensionnés et le personnel de la Poste et de France Télécom. Ces bataillons de fonctionnaires peuvent parfois générer des comportements corporatistes qui s'ajoutent à la pesanteur de l'administration, en terme de réforme ou de modernisation. On peut aussi mesurer cette importance par les moyens budgétaires qu'elle mobilise aussi bien pour l'État que pour les collectivités territoriales, notamment pour son seul fonctionnement. La présentation de l'administration centrale et de l'administration territoriale est en soi édifiante sur l'expansion contemporaine de l'administration.

Cette pesanteur s'apprécie aussi de manière qualitative. L'importance numérique des agents publics induit le recours à des modes de gouvernement adaptés au grand nombre, comme sur le plan militaire, c'est-à-dire aux principes de hiérarchie et d'obéissance. Ces principes ne sont plus forcément à même, aujourd'hui, de mobiliser les agents. Ils peuvent avoir un effet inverse. Si la hiérarchie est indispensable pour éviter de nombreux dysfonctionnements, sa pratique trop systématique ou trop formelle est susceptible de frustrer ou de démobiliser les fonctionnaires les plus dynamiques ou les plus inventifs.

Cette pesanteur amène aussi de grandes difficultés à gouverner ou à administrer les ensembles trop vastes. Cela est souvent évoqué pour l'immense administration de l'éducation nationale. Cette pesanteur liée à la dispersion des administrations peut expliquer les grandes difficultés à faire fonctionner de manière satisfaisante la coordination interministérielle. Elle amène aussi des comportements culturels qui incitent au maintien en l'état des situations ou des organisations plus qu'à des mutations. Enfin, il ne faut pas oublier la lourdeur des procédures publiques.

Cette pesanteur peut être accrue par la montée en puissance d'un pouvoir administratif, conjugaison du rôle des grands corps de l'État, de la permanence de l'administration et de son entrée sur le terrain politique.

Cet ensemble de phénomènes influe nécessairement sur l'efficacité de l'administration dans sa manière de répondre réellement aux attentes des administrés ou des usagers, même si la mesure de son efficacité n'est pas aisée à réaliser. Le reproche de lenteur et d'inefficacité est aussi souvent fait, même s'il est parfois injuste, au regard de la masse des travaux à effectuer ou de la complexité des situations à traiter.

Cette pesanteur suggère des évolutions ou des améliorations. Il s'agit d'abord de maîtriser l'évolution numérique de la fonction publique, d'éviter des créations superflues d'administrations ou de services publics, éventuellement de supprimer ou de redéployer les services qui ont perdu leur raison d'être. Ce fut après la guerre la vocation des commissions de la Hâche (1946) ou de la Guillotine (1947). Régulièrement, les gouvernements successifs ont imaginé d'adapter les emplois à l'évolution des besoins des services publics. « L'évolution des effectifs de la fonction publique devra correspondre à ces besoins. Tous les emplois ne seront pas systématiquement remplacés au fur et à mesure des départs. Selon les secteurs, les effectifs seront accrus, stabilisés ou réduits. Nous concentrerons nos forces là ou les besoins seront essentiels » (Discours de politique générale du Premier ministre du 3 juillet 2002).

Il faut aussi envisager de réduire les effets négatifs d'une pratique exagérée de la hiérarchie. Il s'agit par exemple de valoriser les capacités des fonctionnaires en leur donnant plus de responsabilités, d'où le développement des centres de responsabilité (à partir de 1989).

2. Le manque de lisibilité de l'action publique

Il découle logiquement de la complexité de l'appareil administratif public. Le parcours d'un bottin administratif ou d'un répertoire de l'administration publique permet d'en prendre rapidement la mesure. Cette richesse du paysage administratif est la réponse des administrations, et des gouvernants, aux demandes des citoyens de mise en place de nouveaux services. Des strates administratives se sont constituées et ont rendu de moins en moins lisible l'ensemble. Le développement de l'amplitude de l'intervention publique, la multiplicité des administrations contribuent à donner de l'administration une image de complexité incompréhensible. L'administré est parfois perdu au milieu des méandres administratifs.

La question de la répartition des compétences se pose avec une acuité d'autant plus grande que la gestion des affaires publiques est devenue de plus en plus complexe. En effet, il existe de nombreux mécanismes de coadministration, de financements croisés qui découlent, soit d'une mauvaise (ou impossible) répartition simple des compétences, soit d'une volonté de gestion commune d'activités. De nombreux exemples le prouvent, dans le domaine de l'action sociale ou de l'enseignement. La décentralisation, en voulant, à juste raison, créer plus de démocratie locale ou régionale, a eu aussi pour conséquence de complexifier, parfois inutilement, l'administration française.

Afin de rendre plus lisible l'action publique, plusieurs démarches ont été envisagées. Il s'agit d'abord, de clarifier, autant que faire ce peut, la répartition des compétences, notamment entre l'État et les collectivités territoriales, soit en resituant mieux l'État, soit en décentralisant plus clairement certaines activités. Il s'agit, ensuite, de mieux travailler les mécanismes de coordination entre les administrations. Et enfin, la communication accompagne efficacement la compréhension de l'action publique par les administrés. De nombreuses démarches sont entreprises, sur ce point, par l'administration. Cela va de la communication des documents administratifs (loi du 17 juillet 1978 portant diverses mesures d'amélioration des relations entre l'administration et le public) à des dispositions relatives à l'accès aux règles de droit (loi du 12 avril 2000 relative aux droits des citoyens dans leurs relations avec les administrations). Une forme de lutte contre les procédures excessives est régulièrement mise en route, comme le montre le travail entrepris autour de la simplification des formalités administratives (v. Décr. n° 98-1093 du 2 déc. 1998 relatif aux simplifications administratives et Décr. n° 2001-452 du 25 mai 2001 relatif aux simplifications des démarches et formulaires administratifs). L'une des simplifications les plus spectaculaires a été la suppression de fiche d'état civil organisé par le décret du 26 décembre 2000.

3. L'inflation normative

La surproduction normative peut être qualifiée d'inflation dans la mesure où elle présente des symptômes semblables à ceux de l'inflation monétaire. Elle a, en plus, des effets dévastateurs pour la sécurité juridique. On peut s'interroger, à juste raison avec le Conseil d'État, sur le point de savoir si : « Les États où la réglementation prolifère, où le droit change sans cesse et parfois sans cause, où les conditions d'élaboration de la norme juridique se dégradent, sont des États où le citoyen n'est plus protégé contre le risque d'arbitraire ? » (« Rapport du CE sur la Sécurité juridique », *EDCE*, n° 43, Doc. fr., 1992, p. 15 ; v. aussi B. Mathieu, *La loi*, Dalloz, 1996, notamment le titre 2).

L'inflation normative est d'abord une réalité quantitative. Si l'ensemble du stock législatif comprend environ 8 000 lois, il est beaucoup plus difficile de mesurer la réalité du stock réglementaire qui est estimé par le Conseil d'État et le secrétariat général du gouvernement à environ 90 000 textes réglementaires. Il faut ajouter les 15 000 circulaires émises chaque année par les autorités centrales, sans oublier plus de 21 000 règlements communautaires applicables dans l'Union européenne. De leur côté, les collectivités territoriales produisent chaque année plus de 6 millions d'actes dont la connaissance est acquise par leur transmission aux autorités déconcentrées de contrôle. Les autorités administratives indépendantes produisent aussi chaque année, en fonction de leur compétence, des normes ou des règles. Le *Journal officiel de la République française* a entre 17 000 et 20 000 pages par an, même s'il ne publie pas, à chaque fois, à proprement parler des normes.

Cette production et cette profusion de normes correspondent à la gestion juridique complexe d'une société développée. Elles répondent à une demande sociale, parfois pressante, pour faire disparaître ce mythique vide juridique ou pour réglementer une activité déterminée (v. H. Oberdorff, « Quand la société plaide pour le droit », *Économie et humanisme*, n° 318, 1991, p. 15).

Mais l'inflation normative, qui touche aussi bien le domaine de la loi que du règlement, a de nombreux effets négatifs qu'il faut maîtriser. C'est d'abord le manque de clarté juridique issue, soit de normes mal construites, mal écrites avec une langue juridique peu satisfaisante, soit d'un foisonnement de règles émiettées, trop spécialisées, contradictoires ou trop changeantes. En plus, la normativité juridique des lois et des règlements est devenue incertaine. « Quand, le droit bavarde, le citoyen ne lui prête plus qu'une oreille distraite… La dégradation de la norme réside dans le développement des textes d'affichage, un droit mou, un droit flou, un droit à l'état gazeux » (*Rapport du Conseil d'État*, 1992, p. 32). L'adage nul n'est censé ignorer la loi, si précieux dans un État de droit, devient une vue de l'esprit.

Plus inquiétant, l'inflation normative aboutit aussi à un droit mal appliqué par l'administration. En effet, le risque est que le droit soit mal connu, mal compris, non seulement par les administrés, mais aussi par les administrations en charge de l'appliquer. La pratique contestable, en droit, des tolérances administratives participe de l'inflation normative. Le recours à un droit spectacle, c'est-à-dire un droit dont l'application est incertaine ou impossible, n'est évidemment pas satisfaisant, ni pour les administrés, ni pour les administrations. La maîtrise de l'inflation normative est incontournable, même si elle reste délicate à réaliser. Comme le suggère le Conseil d'État, dans son rapport sur la Sécurité juridique, cette maîtrise doit passer, d'abord, par une maîtrise de l'usage du droit pour mettre en œuvre une politique publique. Cela suppose une attitude modeste des autorités publiques qui admettent d'utiliser d'abord le droit existant avant d'envisager de recourir à de nouvelles normes législatives ou réglementaires. Ne recourir à un nouveau droit que s'il est indispensable. Résister au syndrome du vide juridique. S'appuyer plus facilement sur des règles générales, notamment pour la loi, en laissant plus de liberté aux acteurs concernés, et plus de capacité d'adaptation, en cas de conflit, au juge.

Cette maîtrise passe ensuite par une meilleure information sur le droit existant, au moyen de la codification, comme elle a été relancée depuis 1989 avec la Commission nationale de codification. Cette entreprise de codification fait partie de la réforme de l'État pour mettre un terme à la prolifération et à l'enchevêtrement des règles (v. Circ. Prem. min. 30 mai 1996 relative à la codification des textes législatifs et réglementaires, *JO* 5 juin 1996, p. 8263). La codification est d'ailleurs devenue une exigence fixée par la loi : « La codification législative rassemble et classe dans des codes thématiques l'ensemble des lois en vigueur à la date d'adoption de ces codes. Cette codification se fait à droit constant, sous réserve des modifications nécessaires pour améliorer la cohérence rédactionnelle des textes rassemblés, assurer le respect de la hiérarchie des normes et harmoniser l'état du droit » (art. 3, L. 12 avr. 2000, préc.). Le travail de codification est maintenant bien avancé. Il concerne aujourd'hui une cinquantaine de codes. On peut citer quelques codes récents s'ajoutant aux codes traditionnels : le Code général des collectivités territoriales (1996), le Code de la justice administrative (2000), le Code de l'éducation (2000), le Code de l'environnement (2000), le Code monétaire et financier (2000), le Code de l'action sociale et des familles (2000).

B. Les nouveaux défis pour l'administration

L'administration est confrontée à de nouveaux défis qui lui sont surtout externes ou dont elle n'a pas directement la maîtrise. Les usagers ont progressivement changé de comportement à son endroit. Elle doit en prendre la mesure. Les contraintes économiques et financières se sont accentuées, notamment du fait des engagements européens de la France. Ils obligent l'administration et les pouvoirs publics à des choix. Enfin, l'administration publique ne peut rester en dehors de l'ouverture internationale et européenne qui agit parfois directement sur sa gestion et ses missions.

1. Les nouvelles demandes des usagers

Qu'on se place du côté de l'administration ou du côté des administrés, on assiste depuis quelques années à un renouvellement du discours sur le concept d'usager du service public, donc aussi à un changement des relations entre l'administration et les administrés. Les transformations des grands services publics se sont souvent accompagnées de la modification des rapports avec les usagers. À l'occasion de grands drames, comme l'affaire du sang contaminé, ou de grandes manifestations, comme les grands mouvements sociaux de décembre 1995, il est facile d'observer des changements de comportements ou de demandes des usagers des services publics. (v. P. Warin (dir.), *Quelle modernisation des services publics ? Les usagers au cœur de la réforme,* La Découverte, 1997). On est passé de l'administré, plutôt soumis, à l'usager exigeant, voire au simple client souvent revendicatif. Les différents termes d'administré, d'usager et de client induisent des comportements différents. Si les dénominations d'administré et d'usager ont un sens juridique relativement précis, celui de client a plus le contenu commercial d'une clientèle à satisfaire et à fidéliser. Pour un certain nombre de grands services publics, par exemple pour les transports ferroviaires publics de la SNCF ou pour les télécommunications de France Télécom ou les services de la Poste, on peut se demander si l'usager n'est pas tout simplement un client du service public (C. Barbier, « L'usager est-il devenu le client du service public ? », *JCP*, doctr., n° 3816, 1995).

De toute façon, l'usager des services publics, qu'ils soient industriels, commerciaux ou administratifs, a globalement changé de comportement. Il s'intéresse non seulement à l'existence des services publics, mais aussi à leur qualité, à leur prix ou à leur accueil. L'usager est plus contestataire et revendicatif qu'auparavant, comme en attestent les flux contentieux aussi bien devant le juge administratif que devant le juge judiciaire.

Ce changement de comportement est un véritable défi que l'administration relève de trois manières. Il s'agit d'abord de mieux se faire comprendre ou de mieux communiquer. Cela prend la forme de politiques de communication et d'information ou de campagnes de valorisation ou de promotion du service public, par exemple avec les campagnes de communication de la Poste, de France Télécom, de la SNCF ou d'EDF-GDF. Il s'agit ensuite de prendre mieux en compte les droits des usagers en allant au-delà du respect des lois traditionnelles du service public, comme l'égalité, la continuité, la neutralité ou l'adaptation, en reconnaissant aux administrés-usagers de nouvelles garanties dans le fonctionnement du service public, par le développement de chartes des services publics. La réforme de certains grands services publics prend en compte cette évolution des relations administration-administré-usager. Enfin, les usagers du service public sont aussi parfois associés à la gestion du service, par des mécanismes contribuant à la démocratie administrative comme la participation, la concertation ou la consultation. Les politiques de modernisation administrative ne manquent pas d'intégrer cette nouvelle dimension de l'usager.

2. Les nouvelles contraintes économiques et financières

Le modèle français de l'État a longtemps été plutôt celui d'un État providence prenant en charge un grand nombre de fonctions, créant et gérant un grand nombre de services publics. Il s'agit d'un État interventionniste qui adapte son activité aux besoins de la société civile. Mais, évidemment ce type d'État ne peut fonctionner que s'il trouve facilement les moyens financiers correspondant à son intervention au travers d'une pression fiscale adaptée.

À l'inverse, s'il y a crise de l'État providence, les contraintes économiques et financières deviennent impératives et imposent des choix, parfois draconiens. Cette crise découle du caractère excessif des prélèvements obligatoires, de l'importance des déficits publics et de la dette publique et du poids des charges publiques dans l'ensemble de la richesse nationale. Elle entraîne dans son sillage une certaine dévalorisation des services publics, surtout de ceux qui ne sont pas industriels et commerciaux. S'ajoute à ces données concernant les grands équilibres économiques, l'engagement de la France dans la construction communautaire et les fameux critères de convergence issus du traité sur l'Union européenne de 1992, pour la mise en place de la monnaie unique. En effet, la naissance de l'euro nécessite la réduction des déficits publics, comme la limite de la dette publique. Cet engagement européen, ainsi que la crise de l'État providence, constitue un défi pour l'administration et les autorités publiques (v. le rapport A. Minc pour le Commissariat au Plan, *La France de l'An 2000*, Doc. fr., 1994).

Cela oblige le gouvernement et l'administration, d'une part à maîtriser les finances publiques (v. par exemple la démarche de la loi du 24 janv. 1994 d'orientation quinquennale relative à la maîtrise des finances publiques), d'autre part à dépenser mieux, notamment en pratiquant l'évaluation des politiques publiques. Cela explique la pratique fréquente des livres blancs avant la prise de décision. Ces contraintes économiques et financières suggèrent une gestion publique plus maîtrisée aussi bien pour les services publics de l'État que des collectivités territoriales, comme le montrent les récents budgets de l'État.

Une très importante réforme de la gestion publique a été entreprise, à l'issue d'une réflexion menée, à l'Assemblée nationale, par un groupe de travail consacré à l'efficacité de la dépense publique et le contrôle parlementaire animé par Laurent Fabius, président de l'Assemblée nationale et Didier Migaud, rapporteur général de la commission des finances de l'Assemblée nationale. Elle a pris la forme de la loi organique du 1er août 2001 relative aux lois de finances qui remplace l'ordonnance du 2 janvier 1959. Ces nouvelles règles budgétaires s'appliqueront par étapes d'ici le 1er janvier 2005. Cette loi permet une gestion plus rigoureuse des crédits budgétaires en passant d'un budget de moyens à un budget d'objectifs, un contrôle accru de l'efficacité de la dépense publique et un renforcement de la transparence budgétaire. Ainsi, les nouvelles lois de finances permettront de « Piloter l'État autrement » (selon le titre du séminaire de la DGFP de 2001).

3. L'ouverture internationale

On évoque de manière régulière, ces dernières années, la mondialisation des activités économiques et commerciales, de la communication et de l'information, comme de la circulation des personnes et des idées. Ce processus de mondialisation concerne aussi l'administration publique et pas seulement les entreprises privées. L'ouverture internationale rejaillit sur l'ensemble de notre système administratif. On assiste au développement des relations internationales et donc à celle de la coopération administrative dans l'Union européenne, comme sur le plan bilatéral ou multilatéral.

Cette influence touche, à l'évidence le ministère des Affaires étrangères qui doit tirer partie, pour notre pays, de cette mondialisation au travers de ses services déconcentrés que sont les représentations diplomatiques françaises dans le monde (v. Circ. 17 juill. 1995 relative à la coordination de l'action extérieure de l'État, *JO* 21 juill. 1995, p. 10806). L'ouverture internationale concerne aussi d'autres services qui doivent s'adapter. Les services des douanes et les services de police intègrent les conséquences du développement de la circulation des personnes, ou pour l'Union, de l'ouverture des frontières.

L'ouverture des frontières entraîne une forme d'émulation entre les services publics appartenant à des pays différents. Elle permet des coopérations administratives intéressantes. Cela donne lieu à des échanges d'idées et d'expériences administratives. On assiste à des formes d'exportation ou d'importation de système administratif. Cela concerne aussi les collectivités territoriales qui développent de véritables politiques extérieures.

Au-delà de l'adaptation des missions des services publics, l'ouverture internationale apparaît comme un défi de plus pour les administrations comme la formation des personnels ou l'adaptation du droit de certains services publics aux échanges internationaux.

L'ouverture internationale suppose aussi que les Français soient présents, de manière significative, dans l'ensemble des organisations internationales (v. le séminaire DGFP consacré à la présence française à l'international, 2000) Selon les chiffres établis par le ministère des Affaires étrangères, en juin 1999, sur 120 000 fonctionnaires internationaux répartis dans 140 organisations internationales, 14 000 sont français, cette proportion de 12 % est relativement satisfaisante. Dans l'Union européenne, la présence française est globalement de 11 % après les Belges et les Italiens. Cette présence française devrait rester importante en nombre et en qualité pour permettre une forme de diffusion de notre culture, notamment administrative. Il n'est pas certain que cela soit une réelle préoccupation de politique publique.

Cette ouverture internationale est plus spécialement européenne. Nous l'examinerons plus particulièrement dans la dernière section. Néanmoins, il est important de rappeler que l'administration publique a préparé évidemment la mise en place définitive de la monnaie unique, l'euro. Cet avènement d'une nouvelle monnaie ne concernait pas que le ministère de l'Économie et des finances, mais l'ensemble des autres administrations (Circ. Prem. min. 22 mars 1996 relative à la préparation des administrations publiques et des organismes qui en dépendent à l'introduction de l'euro, *JO* 26 mars 1996, p. 4616). On a pu constater que ce changement s'est effectué dans les meilleures conditions. Ainsi à cette occasion, les administrations françaises ont montre leur capacité d'adaptation.

II. Les politiques de réforme et de modernisation

Depuis une dizaine d'années, les réformes globales de l'administration, ou les projets de réforme, sont à nouveau à l'agenda politique des gouvernants, au travers de la politique de renouveau du service public initiée par le gouvernement de Michel Rocard ou celle de la réforme de l'État initiée par le gouvernement d'Alain Juppé. Ces réformes montrent que l'administration n'est pas restée figée, mais qu'elle a pris la mesure des nouveaux enjeux ou défis à relever. Les gouvernements ne sont pas restés au niveau des diagnostics sur les dysfonctionnements administratifs, mais ont entrepris un processus de modernisation de l'administration.

On peut organiser l'observation de ces évolutions en plusieurs éléments. D'abord, la nouveauté de ces dernières années est l'élaboration de stratégies globales de réforme, ce qui renoue avec les approches générales des questions administratives, soit de la Libération à partir de 1945, soit des débuts de la Vᵉ République. En effet, ces stratégies visent à moderniser l'ensemble du système administratif à partir d'un diagnostic, d'objectifs, de priorités et de programmes de réforme. Il s'agit de stratégies globales. Ensuite, les réformes se réalisent de manière thématique, chaque thème de réforme étant intégré à l'ensemble. Il s'agit alors, en partant des stratégies choisies, de transformer les méthodes de travail administratif, de faire évoluer les relations administration-administrés ou d'introduire les nouvelles technologies de l'information dans l'administration. Nous examinerons d'abord les stratégies globales de réforme et ensuite les réformes thématiques.

A. Les stratégies globales de réforme

Évidemment, les stratégies actuelles de réforme de l'administration ne peuvent faire oublier qu'elles s'inscrivent dans une longue tradition française de modernisations successives de l'administration. Cette aspiration générale à la réforme de la bureaucratie publique est une constante dès la fin du XIXe siècle. Elle est à l'époque plutôt inspirée par une littérature économique libérale qui suggère déjà une application des techniques des entreprises à l'administration. Elle rejette aussi la plaie du fonctionnarisme à la suite d'un Clemenceau qui dénonce, en 1903, « un État anonyme de ronds-de-cuir où la routine tue toute initiative et toute responsabilité » (v. F. Burdeau, préc., p. 349).

L'entre-deux guerres est aussi propice à la réforme administrative ou à des projets de réforme. Des ouvrages, des revues dénoncent les mauvais fonctionnements de l'administration ou suggèrent des changements : Henry Fayol avec *Administration industrielle et générale* (1917), *L'incapacité industrielle* (1921) et la revue *L'État moderne* de Georges Mer (1928-1940). De nombreuses instances ont une vocation de réforme : le Comité national de l'organisation française (1923), la Commission des réformes présidée par Louis Marin, le Centre national d'organisation scientifique du travail (1936), le Comité supérieur de réorganisation administrative de Paul Reynaud (1938).

Après la Seconde Guerre mondiale, la réforme administrative est à nouveau à l'ordre du jour pour lutter contre le mauvais fonctionnement de l'administration et permettre la rénovation de l'État. Plusieurs innovations et transformations sont opérées successivement. L'ordonnance du 9 mai 1945 instaure un nouveau mode de recrutement et de formation de la haute fonction publique avec la création de l'ENA, crée le corps interministériel des administrateurs civils, et dote la fonction publique d'une direction générale qui aura par la suite la charge de la réforme de l'administration. Ensuite, la loi du 19 octobre 1946 donne, pour la première fois, un statut général aux fonctionnaires, en créant une unité des règles, en professionnalisant les fonctionnaires et en démocratisant la fonction publique dans son fonctionnement. Enfin, les questions de productivité administrative ne sont pas oubliées avec la mise en place, en 1946, du comité central d'enquête sur le coût et le rendement des services publics.

1. Les réformes sous la Ve République

Il ne s'agit pas ici de tracer une histoire administrative de la Ve République, mais plus simplement d'évoquer les temps forts des différents septennats en matière de réformes administratives.

❑ *Sous le général de Gaulle,* de 1958 à 1969, les préoccupations sont principalement d'ordres politique et constitutionnel. Il s'agit avant tout de restaurer le rôle et la place de l'État et donc d'instaurer surtout un pouvoir gouvernemental dans un régime parlementaire rationalisé avec une mission spécifique donnée au chef de l'État, Président de la République. Cette revalorisation de l'État s'accompagne nécessairement de celle de son administration. Cela touche aussi bien l'administration centrale que les services extérieurs, d'où le souci d'améliorer vraiment l'administration du territoire avec la déconcentration, comme d'ailleurs l'aménagement du territoire. L'administration décentralisée n'est pas oubliée avec l'intercommunalité, notamment la création des communautés urbaines. La fin du mandat du général de Gaulle est marquée aussi par un essai, non transformé, de décentralisation régionale (v. l'échec du référendum de 1969).

❑ Avec le *Président Georges Pompidou,* de 1969 à 1974, l'économie est privilégiée, au nom de l'impératif industriel. L'État entrepreneur a besoin d'outils administratifs, ils sont perfectionnés. La décentralisation régionale est entamée avec la loi du 5 juillet 1972. Les relations administration-administrés sont améliorées grâce à la création d'une institution adaptée, le Médiateur en 1973.

❑ *Le Président Valéry Giscard d'Estaing,* de 1974 à 1981, a le souci de rendre plus facile les relations entre l'administration et les administrés, dans le cadre de sa préoccupation plus générale de moderniser la société (l'abaissement de l'âge électoral, l'interruption volontaire de grossesse...). Les grandes lois sur la transparence administrative datent de cette période : la communication des documents administratifs (1978), la motivation des actes administratifs (1979), le respect par l'informatique et les fichiers des droits et des libertés individuels (1978). De manière complémentaire, des politiques de simplification des formalités administratives comme du vocabulaire administratif sont entreprises.

❑ Les deux septennats du *Président François Mitterrand* sont riches de réformes administratives majeures dont certaines ont déjà été présentées au travers de l'étude de l'administration contemporaine. On peut les regrouper autour de plusieurs grandes thématiques : la décentralisation à partir de 1982, la déconcentration à partir de 1982 et 1992, les pratiques de délocalisation de services publics dont la plus spectaculaire concerne l'ENA à Strasbourg, l'amélioration des relations administration-administrés avec le décret du 28 novembre 1983, la politique de renouveau du service public à partir de 1989.

❑ Sous *les présidences de Jacques Chirac,* depuis 1995, une réforme de l'État et des services publics est entreprise avec la mise en place d'abord d'un Commissariat à la réforme de l'État et d'un Comité interministériel pour la réforme de l'État, et ensuite une Délégation interministérielle à la réforme de l'État. Le ministre de la fonction publique, comme souvent sous la Vᵉ République, est chargé de la mise en œuvre de cette réforme. On peut constater une certaine continuité entre les présidences sur ce thème important de la modernisation de l'administration, au-delà des situations d'alternance ou de cohabitation.

Il est utile d'observer un peu plus le contenu des stratégies globales conçues ces dernières années pour moderniser l'administration, surtout parce que les initiateurs de ces réformes appartiennent à des sensibilités politiques différentes. En effet, les réformes de l'administration ne sont pas neutres. Elles sont nécessairement inspirées par des philosophiques politiques déterminées. Deux d'entre elles dominent, l'approche libérale, l'approche social-démocrate. La première tendance valorise, au nom du libéralisme, l'économie de marché, un État plus régulateur que producteur, les activités régaliennes de l'État. Elle privilégie plutôt la notion de puissance publique et atténue les différences entre le privé et le public. Au contraire la seconde tendance valorise, au nom du socialisme, l'intervention de l'État et de la collectivité au-delà des activités régaliennes classiques et une économie régulée. Elle privilégie plutôt le service public. Elle différencie le privé et le public de manière plus nette. Évidemment, si, dans la pratique gouvernementale lors des alternances, les différences ne sont plus aussi tranchées, elles demeurent et s'expriment par des valorisations différentes de concept ou de projet, même si un fonds commun d'idées pour la modernisation demeure.

2. La stratégie de renouveau du service public de 1989

Cette stratégie du renouveau du service public est initiée par Michel Rocard, Premier ministre d'un gouvernement socialiste. Elle est présentée dans une circulaire devenue fameuse, celle du 23 février 1989 relative au renouveau du service public (*JO* 24 févr. 1989, p. 2527) qui est à la fois un diagnostic, une conception de l'administration et un programme pour une réforme. Elle est inspirée par la sensibilité politique dominante du gouvernement, mais aussi par les travaux menés au sein du commissariat général au Plan dans le cadre de la commission « *Efficacité de l'État* » présidée par François de Closets qui élabore un rapport intitulé *Le Pari de la responsabilité* (Payot, 1989). Elle constitue l'une des premières stratégies globales de réforme.

Cette stratégie repose sur un certain nombre de principes essentiels. L'objectif général est de passer d'une administration de procédure à une administration de responsabilité selon les propos du Premier ministre. Il ne peut être atteint qu'en maintenant et en renouvelant le service public et la fonction publique. Il n'y a donc abandon, ni du service public, ni du statut de la fonction publique. C'est au contraire leur confirmation à condition que les pratiques trop bureaucratiques soient remplacées par des gestions plus managériales. « Les services publics doivent être capables d'assurer, dans les meilleures conditions d'équité et d'efficacité, les indispensables missions de garants des valeurs républicaines, de défenseurs de l'intérêt général et de promoteurs du progrès économique et social » (extrait Circ. 1989).

La stratégie repose aussi sur l'idée d'une mobilisation des acteurs, donc des fonctionnaires eux-mêmes. Elle choisit de ne pas recourir à des mesures hiérarchiques préfère le volontarisme des services. Ainsi, la circulaire est privilégiée par rapport au décret pour conduire la réforme, c'est un signe. Ce renouveau du service public propose une stratégie en quatre orientations principales : une politique de relation de travail rénovée avec une gestion plus dynamique des personnels et le développement du dialogue social dans les administrations ; une politique de développement des responsabilités avec l'utilisation de la déconcentration et la création de projets de service et de centres de responsabilité ; un devoir d'évaluation des politiques publiques ; une politique d'accueil et de service à l'égard des usagers.

À partir de cette stratégie, la mise en œuvre passe par plusieurs moyens : les séminaires gouvernementaux sur le renouveau du service public, les négociations avec les fonctionnaires et leurs syndicats pour aboutir à des accords-cadres, des propositions ministérielles ou des services pour créer les centres de responsabilité. Chaque administration a la charge de concevoir et de mettre en place un plan de modernisation avec un échéancier pour sa réalisation.

Cette politique de renouveau du service public est placée sous la responsabilité de la direction générale de l'administration et de la fonction publique. Elle suscite, dans un certain enthousiasme, des débats, des rencontres nationales et régionales autour du renouveau du service public, la création de la revue Service public, sous la responsabilité de la direction générale de l'administration et de la fonction publique et évidemment un certain nombre de réalisations, par exemple des projets de service, des centres de responsabilité et des accords-cadres pour la fonction publique. Cette politique est aussi saluée comme un signe encourageant par Michel Crozier : « un souffle nouveau anime le sommet de l'État et l'immense machine va commencer à s'ébranler » (*État moderne, État modeste,* préc., p. 293).

3. Les stratégies de réforme de l'État depuis 1995

Lors de la campagne électorale présidentielle de 1995, Jacques Chirac indique qu'il a la volonté, lui aussi, de moderniser et de réformer l'État et l'administration. Devenu Président de la République, il ouvre donc ce chantier avec le Premier ministre. Une nouvelle stratégie de réforme est construite. Elle est présentée par le Premier ministre, Alain Juppé, dans une importante circulaire relative à la préparation et à la mise en œuvre de la réforme de l'État et des services publics (Circ. 26 juill. 1995, *JO* 28 juill. 1995, p. 11217). Elle est inspirée par une philosophie plutôt libérale et aussi par les travaux de la Mission sur les responsabilités et l'organisation de l'État présidée par Jean Picq qui réalise un rapport intitulé *L'État en France, servir une nation ouverte sur le monde* (préc.). Cette nouvelle stratégie fixe des priorités et détermine un programme gouvernemental et administratif pour les atteindre.

Comme le souligne d'entrée le Premier ministre Alain Juppé, dans sa circulaire : « Les citoyens de notre pays veulent un État et des services publics plus efficaces, plus économes et plus accessibles ». Il fixe pour cela cinq objectifs prioritaires. Le premier vise à clarifier les missions de l'État et le champ des services publics. Mieux situer l'État est considéré comme essentiel. La répartition des compétences entre l'Union, l'État, les collectivités territoriales et le secteur privé doit être travaillée. Cette tâche de clarification est un exercice redoutable, souvent impossible dans une société complexe, et pourtant elle doit toujours être entreprise. Le deuxième objectif concerne une meilleure prise en compte des besoins et des attentes des citoyens en faisant évoluer les relations de l'administration et des citoyens-usagers au travers du développement d'une charte des citoyens et des services publics. Les troisième et quatrième objectifs sont consacrés aux évolutions des modes d'organisation et de fonctionnement de l'État central et de l'administration territoriale, grâce à la déconcentration administrative et au développement des responsabilités, au travers des centres de responsabilité ou des contrats de services. À ce niveau, une large continuité apparaît entre les gouvernements successifs. Le cinquième objectif s'intéresse à la rénovation de la gestion publique aussi bien pour la fonction publique que pour les procédures financières ou les règles de comptabilité publique.

Là encore, à partir de cette stratégie initiale, le gouvernement est mobilisé par la tenue de séminaires spécifiques à la réforme de l'État. Un programme d'action est défini. Chaque ministre doit, dans son département, mettre en œuvre les principes de cette réforme.

L'innovation la plus importante, par rapport à la démarche de renouveau du service public, est le début d'une institutionnalisation de la réforme, au-delà de l'existence dans le gouvernement, d'un ministre chargé de la réforme administrative. En effet, la réforme est suivie de la mise en place, pour trois ans, d'un commissariat à la réforme de l'État et d'un comité interministériel pour la réforme de l'État, évidemment en charge de la mener à bien (Décr. 13 sept. 1995, *JO* 14 sept. 1995, p. 13558). Le comité interministériel est chargé de fixer les orientations de la politique gouvernementale en fonction des objectifs prioritaires posés par le Premier ministre dans sa circulaire. Le Commissariat à la réforme de l'État, placé auprès du Premier ministre, est chargé d'animer la politique de réforme des administrations, en suivant les orientations du gouvernement en la matière, de proposer des réformes d'organisation, de procédure, de fonctionnement ou de modernisation technologique.

Il propose aussi la manière de tenir compte des suggestions issues des travaux du Conseil d'État, de la Cour des comptes, du Médiateur de la République, du commissariat général au Plan ou de la DATAR. Les rapports du commissariat à la réforme de l'État attestent de son travail, des avancées de la réforme sur le terrain de la déconcentration administrative, de la simplification des procédures et des structures. Il s'agit surtout de réformes des administrations plus que de l'État. En même temps, on peut aussi constater que le temps politique a manqué à cette institution compte tenu de l'alternance politique de 1997.

Le changement de gouvernement et de Premier ministre, à l'issue de l'alternance politique de 1997 et l'arrivée de Lionel Jospin, ne remet pas en cause fondamentalement les politiques précédentes. Le relais est passé. Il prend, à nouveau, la forme d'une circulaire du Premier ministre relative à la préparation des programmes pluriannuels de modernisation des administrations (Circ. 3 juin 1998, *JO* 9 juin 1998, p. 8703). Ce texte est plus technique et programmatique. Il est une prolongation et un approfondissement des actions entreprises : « il est nécessaire de procéder à une profonde adaptation de l'État et à la poursuite de l'effort de rénovation du service public… La modernisation de l'administration est permanente : de nombreuses actions ont déjà été conduites à ce titre ou sont en cours pour accroître l'efficacité de l'État » (Circ. 1998).

Il s'agit plus concrètement de concevoir et de mettre en œuvre des programmes pluriannuels de modernisation des administrations par ministère. Ces programmes doivent concerner : les missions de l'État, les procédures de travail, les circuits de décision, l'organisation des services, la gestion des ressources humaines, les méthodes de gestion publique et les nouvelles technologies de l'information et de la communication.

Afin d'animer durablement cette politique, une délégation interministérielle à la réforme de l'État est placée auprès du Premier ministre (Décr. 8 juill. 1998 modifiant celui de 1995). Elle remplace l'ancien commissariat à la réforme de l'État. Cette structure est permanente. Le directeur général de l'administration et de la fonction publique est simultanément le délégué interministériel à la réforme de l'État.

Lors de la campagne présidentielle de 2002, Jacques Chirac a insisté, à nouveau, sur son souhait « de rétablir l'autorité de l'État ». De son côté, le nouveau Premier ministre Jean-Pierre Raffarin propose plusieurs pistes pour la réforme de l'État et de l'administration lors de sa déclaration de politique générale du 3 juillet 2002 afin de renforcer l'autorité de l'État : « un État attentif, un État qui n'est pas trop dispersé ; un État qui veut se recentrer sur ses missions régaliennes et réaffirmer ce qu'on attend de lui, c'est-à-dire l'autorité républicaine ; une relance de la décentralisation et de la démocratie locale ; la réforme de nos administrations pour aller vers une administration de services ». Encore une fois, on peut constater à la fois, une continuité dans la volonté de réformer et de moderniser l'État et l'administration, et en même temps des approches différentes de cette question en fonction des orientations politiques successives. Le gouvernement actuel comprend aussi un ministre de la fonction publique, de la réforme de l'État et de l'aménagement du territoire assisté, cette fois-ci d'un secrétaire d'État à la réforme de l'État.

B. Les récentes réformes thématiques ou sectorielles

Ces réformes sont très nombreuses ces dernières années. Nous ne présentons ici que les plus significatives. Mais, il ne faut pas oublier que nous avons eu l'occasion de présenter certaines de ces réformes lors de l'étude des administrations centrales, décentralisées ou déconcentrées, notamment celles qui touchent à la régulation, à la décentralisation ou la déconcentration. Ces grandes réformes de la distribution du pouvoir administratif ont largement contribué à modifier le système administratif français. Les réformes présentées, à ce moment du livre, sont soit sectorielles, soit thématiques.

1. Les réformes récentes de grands services publics

Ces toutes dernières années, de nombreux services publics ont été modernisés. Ces réformes sectorielles constituent des apports particuliers à la grande entreprise de modernisation de l'administration et du service public. Elles visent à réformer la mission, l'organisation et le fonctionnement de certains services publics. Là encore, on ne peut citer que des exemples aussi bien pour les services publics de souveraineté, comme la justice, la police que pour des activités industrielles ou commerciales, comme les télécommunications.

❑ *La justice* est un grand service public confronté depuis de nombreuses années à des problèmes récurrents nécessitant des réformes, comme sa lenteur. En effet, l'ensemble des juridictions doit faire face, aussi bien les juridictions civiles et pénales, qu'administratives, à une surcharge de leurs prétoires et à de considérables flux contentieux avec l'avènement d'une justice, dite « de masse ». Une justice débordée ne peut que créer de nombreux dysfonctionnements au préjudice des justiciables comme des règlements trop tardifs des litiges. Par ailleurs, l'organisation de la justice reste toujours d'une grande complexité ce qui ne facilite ni sa lisibilité, ni son accessibilité pour les citoyens.

Ce grand service public a été longtemps administré avec parcimonie sur le plan des moyens humains et budgétaires. En plus, on critique régulièrement une éventuelle dépendance de la justice à l'égard des autres pouvoirs. Cet ensemble de préoccupations concerne la question fondamentale, dans tous les sens des termes, d'une bonne administration de la justice (T.S. Renoux et A. Roux, *L'administration de la justice en France*, PUF, 1994).

Ces dernières années, la justice semble avoir fait l'objet de beaucoup d'attentions de la part des autorités publiques justement sur le terrain d'une meilleure administration. On peut évoquer ici plusieurs textes sur la réforme de l'administration de la justice, indépendamment de la mise en œuvre d'un nouveau code pénal à compter du 1er mars 1994 : la loi constitutionnelle du 27 juillet 1993 relative au Conseil supérieur de la magistrature suivie d'une loi organique du 5 février 1994 ; la loi de programme du 6 janvier 1995 relative à la justice qui vise à améliorer le fonctionnement de la justice par l'octroi de moyens supplémentaires et une augmentation des effectifs ; la loi du 8 février 1995 relative à l'organisation des juridictions et à la procédure civile, pénale et administrative qui introduit entre autres de nouveaux modes de règlement des litiges avec la conciliation et la médiation judiciaire.

Le Président Chirac a fait de la justice l'un des thèmes majeurs de son action politique en indiquant son intention de « moderniser la justice afin de la rendre plus rapide, plus claire et plus proche des besoins des citoyens » (Allocution télévisée du Président, 20 janv. 1997). À la suite des travaux de la commission de réflexion sur la justice (P. Truche, *Rapport de la commission de réflexion sur la justice*, Doc. fr., 1997) et dans le cadre de la cohabitation politique, de nouveaux projets de lois ont été mis en chantier afin de faire de la justice un service public plus accessible, plus simple, plus respectueux des libertés individuelles, plus indépendant et plus impartial (É. Guigou, *Le service public de la justice*, O. Jacob, 1998). Les aléas politiques de la cohabitation (1997-2002), ainsi que l'importance des enjeux n'ont permis de mener à leur terme toutes les réformes envisagées, notamment la révision constitutionnelle touchant au Conseil supérieur de la magistrature. Néanmoins, de nombreuses réformes sont intervenues. On peut citer : la loi du 18 décembre 1998 sur l'accès au droit et à la résolution amiable des conflits, la loi du 23 juin 1999 renforçant l'efficacité de la procédure pénale, la loi du 15 juin 2000 relative à la présomption d'innocence et aux droits des victimes ou la loi du 30 juin 2000 relative au référé devant les juridictions administratives et modifiant le code de justice administrative.

À l'issue des élections présidentielles et législatives de 2002, la justice reste l'objet de nombreuses attentions spécifiques pour en améliorer le fonctionnement. Une loi d'orientation et de programmation pour la justice est proposée par le nouveau gouvernement afin de renforcer les moyens humains et matériels de la justice afin que les délais de traitement des dossiers soient réduits. Une justice de proximité est aussi envisagée.

❑ *La police*, un autre grand service public, a fait l'objet d'une modernisation ces dernières années dans une relative continuité malgré les alternances politiques. Les politiques publiques policières entreprises, devant le vieillissement de l'administration de la police, sa relative inadéquation aux nouveaux défis de la sécurité et l'ouverture des frontières issue de la construction communautaire et de l'espace Schengen, ont entrepris une réforme globale de la police en modernisant les concepts, les métiers et les structures. Évidemment, sur un sujet aussi sensible dans une démocratie, les sensibilités politiques des gouvernants ont une influence non négligeable (J.-J. Gleizal, J. Gatti-Domenach, C. Journès, *La police, le cas des démocraties occidentales*, PUF, 1993).

Plusieurs grands textes récents marquent cette politique de modernisation : la loi du 8 août 1985 portant modernisation de la police nationale qui vise à rendre la police plus opérationnelle, à accroître l'efficacité des investigations, à améliorer la prévention du territoire et les conditions d'emploi de la police ; le décret du 18 mars 1986 sur le code de déontologie de la police nationale ; la loi du 21 janvier 1995 d'orientation et de programmation relative à la sécurité qui pose la sécurité comme un droit fondamental et détermine les orientations permanentes de la politique de la sécurité, comme notamment le développement d'une police de proximité, le renforcement de la coopération policière ou le développement de la coopération internationale en matière de sécurité. Ces politiques publiques se proposent toutes d'améliorer la sécurité intérieure et donc de mieux administrer les activités et les personnels de police.

La question de la sécurité ayant été au centre la campagne présidentielle de 2002, elle est devenue l'un des axes majeurs de la politique gouvernementale avec plusieurs orientations essentielles : le renforcement du rôle du Conseil de sécurité intérieure, la restructuration des dispositifs territoriaux de sécurité (Décr. 17 juill. 2002 relatif aux dispositifs territoriaux de sécurité et de coopération pour la prévention et la lutte contre la délinquance), le rapprochement sous l'autorité fonctionnelle du ministre de l'intérieur, de la sécurité intérieure et des libertés locales des policiers et des gendarmes, une nouvelle loi d'orientation et de programmation pour la sécurité intérieure pour afin de donner aux forces de sécurité les moyens humains et matériels d'exercer leurs missions.

❑ *La défense nationale* connaît aussi de profondes évolutions au travers de deux importantes lois de programmation. La loi du 23 juin 1994 relative à la programmation militaire pour les années 1995-2000 prend la mesure des évolutions géopolitiques et donc de la nécessaire adaptation stratégique qui en découle. De son côté, la loi du 2 juillet 1996 relative à la programmation militaire pour les années 1997-2002 décide d'une réduction du format des armées en passant de l'armée de conscription à l'armée de métier. Cela induit des changements d'option politique, mais aussi d'organisation et de fonctionnement du service public de la défense nationale. Une nouvelle organisation de la réserve militaire et du service de défense a été construite par la loi du 22 octobre 1999. La encore, une nouvelle loi de programmation militaire est envisagée pour 2002 afin de restaurer la disponibilité des matériels, moderniser les équipements, poursuivre la professionnalisation des armées et améliorer la condition militaire.

❑ *Les télécommunications* (France Télécom) constituent un autre exemple de réforme sectorielle de service public. Elle est d'autant plus exemplaire qu'elle touche à la conception même du service public. Cette modernisation des télécommunications s'est opérée par étapes dont les plus décisives sont deux lois essentielles : la loi du 26 juillet 1996 relative à l'entreprise nationale France Télécom et la loi du 26 juillet 1996 de réglementation des télécommunications.

Plusieurs objectifs sont poursuivis. Il s'agit d'abord de changer la structure de l'entreprise. France Télécom est passée successivement d'une administration publique à un exploitant public, sous la forme d'un établissement public, et de cette forme à une entreprise nationale dont l'État ne détient que la moitié du capital. Cette mutation donne à cette entreprise les moyens d'une meilleure compétitivité sur le marché mondial des télécommunications. Il s'agit ensuite de séparer plus nettement la production des télécommunications de sa régulation, en mettant en place une Autorité de régulation des télécommunications.

Enfin, cette réforme renforce et modernise le service public des télécommunications par l'introduction, en droit français du service universel d'inspiration européenne, tout en mettant fin au monopole public des télécommunications. Cette modernisation n'a été possible que grâce à un remarquable compromis social consistant à garder pour le personnel en place le statut de la fonction publique, tout en prévoyant des adaptations originales en fonction des métiers des télécommunications. Le Conseil d'État a rendu, en 1993, un avis très important sur le statut des agents de France Télécom permettant d'accompagner son évolution vers une société anonyme tout en disposant de fonctionnaires (*GACE*, 1997, p. 387).

❑ *D'autres réformes sectorielles* sont aussi intervenues. Elles montrent les capacités de modernisation des grands services publics. On peut citer dans le domaine social et le sanitaire : pour la sécurité sociale, les ordonnances des 24 avril et 22 juillet 1996 ; pour le système hospitalier, l'ordonnance du 24 avril 1996 portant réforme hospitalière qui crée les agences régionales d'hospitalisation et favorise la coopération hospitalière. Le secteur de l'électricité a aussi fait l'objet d'une importante réforme avec la loi du 10 février 2000 relative à la modernisation et au développement du service public de l'électricité. Cette dernière réforme permet de préciser le contenu du service public de l'électricité, comme cela a été fait pour celui des télécommunications : « Le service public de l'électricité a pour objet de garantir l'approvisionnement en électricité sur l'ensemble du territoire national, dans le respect de l'intérêt général… » (art. 1er, L. 2000) Cette loi donne naissance à de nouvelles institutions ou procédures comme : la Commission de régulation de l'électricité, le fonds du service public de production de l'électricité (Décr. 6 déc. 2001), les observatoires régionaux du service public de l'électricité (Décr. 30 avr. 2001) ou l'aide aux personnes en situation de précarité pour préserver ou garantir leur accès à l'électricité (Décr. 20 juin 2001) On voit ainsi que ces différentes modernisations des grands services publics sont aussi l'occasion de mieux définir la fonction et les missions des services publics.

2. Les transformations du travail administratif et de la gestion publique

À côté des réformes sectorielles par service public, d'autres transformations modifient le travail administratif et la gestion publique. Cela concerne les méthodes de fonctionnement de l'administration, la gestion des personnels ou l'évaluation des politiques publiques.

a) Vers une administration de responsabilité

En expliquant la politique de renouveau du service public, le Premier ministre de l'époque indiquait qu'il fallait passer d'une administration de procédure à une administration de responsabilité. Il s'agit dans cette hypothèse de changer assez profondément l'état d'esprit des administrations publiques tout en leur permettant toujours d'exercer leur mission.

La vision classique de l'administration repose sur des principes et des méthodes qui ont fait leur preuve à une certaine époque, mais qui semblent maintenant, par leur rigueur, en décalage avec l'évolution des mentalités dans la société, comme dans l'administration. Ces principes sont : la hiérarchie (pyramidale), l'obéissance sans grande discussion, la distinction très nette entre le personnel de direction et le personnel d'exécution. Ce modèle d'administration d'inspiration militaire a ses vertus, mais aussi des limites, dans l'armée elle-même. Ces principes demeurent utiles, dans la mesure où il faut toujours distinguer les responsabilités et définir des autorités, mais leur pratique trop étriquée est moins performante pour l'efficacité administrative.

Il semble plus utile aujourd'hui de pratiquer la délégation des compétences et des responsabilités, de diffuser la confiance aux agents malgré la hiérarchie, de libérer leurs capacités d'initiatives. Cela permet alors par un changement culturel de passer à une administration de responsabilité. Ce changement est plus facile à concevoir qu'à réaliser.

Cette évolution intellectuelle a donné naissance à de nouvelles modalités d'organisation du travail administratif comme les projets de service et les centres de responsabilité. Ces nouvelles méthodes ont été initiées par la circulaire du 23 février 1989 sur le renouveau du service public et reprise, au moins dans l'esprit, par celle du 26 juillet 1995 sur la réforme de l'État.

Le projet de service est une démarche qui consiste à « mettre en évidence les valeurs essentielles du service, clarifier ses missions, fédérer les imaginations et les énergies autour de quelques ambitions ». Il résulte « d'une démarche collective animée par les responsables du service et ouverte sur son environnement, ses partenaires et ses usagers » (Circ. 1989). Il peut concerner différents types d'administration. Il constitue, à la fois, un bilan, à un moment donné, du service et une ambition de son développement. Il est conçu comme lié à une évaluation des résultats obtenus par rapport aux objectifs fixés. Cette démarche a été mise en place pour plus de six cents projets de services au début des années 1990. Elle semble avoir porté des fruits pour mobiliser des administrations centrales ou déconcentrées.

Le centre de responsabilité est une méthode complémentaire du projet de service (Circ. Prem. min. 25 janv. 1990 relative aux centres de responsabilité, *JO* 1er févr. 1990, p. 1346). Il permet une plus étroite association du personnel au projet. Il repose sur une procédure volontaire et contractuelle pour le service concerné. Le service demande à être érigé en centre de responsabilité de manière volontaire. Cela entraîne la mise en place de deux contrats pour sa réalisation. Un contrat est passé entre le centre et le ministère de rattachement qui prévoit, d'un côté des assouplissements de gestion (en terme de gestion de personnel et de gestion des crédits) et des retours des gains d'efficacité sociale, de l'autre des engagements du centre de responsabilité pour atteindre ses objectifs et maîtriser ses coûts. Un autre contrat est passé entre le ministère de rattachement, le ministère chargé du budget et le ministère chargé de la fonction publique pour prévoir des assouplissements de gestion indispensables à la réussite de la démarche.

Depuis le démarrage de ces initiatives, plus de 200 services ont été érigés en centres de responsabilité. Liée aux projets de service, cette expérience a porté aussi des fruits comme l'atteste un rapport du commissariat général au Plan (Rapport H. Serieyx et R. Fraisse, *L'État dans tous ses projets, un bilan des projets de service dans l'administration,* Doc. fr., 1994). Le Premier ministre, en 1995, souhaite leur généralisation à l'ensemble des administrations et enrichit la démarche par des contrats de service qui représente la contractualisation du projet de service (Circ. 1995). Évidemment, ce type d'évolution suppose de la continuité dans la démarche qui ne survit jamais à une expérience si elle relève d'un simple effet de mode. C'est toujours le risque des méthodes novatrices, si elles sont trop décalées par rapport à la culture administrative à faire évoluer.

Même si la démarche n'est pas identique, la valorisation, souhaitée en 2002 par le Premier ministre, Jean Pierre Raffarin, « de l'administration de services impliquant les fonctionnaires dans la réussite des réformes qu'ils souhaitent eux-mêmes » trouve une résonance avec le concept d'administration de responsabilité.

b) La gestion des ressources humaines

L'approche de la fonction publique est souvent faite par son volet statutaire et donc juridique, beaucoup moins par sa dimension de gestion. Or, il apparaît très important, pour moderniser l'administration, de se soucier autant de la gestion des ressources humaines que des strictes questions statutaires. Les tenants d'une philosophie libérale ont parfois eu la tentation de considérer le statut de la fonction publique, en tant que tel, comme un obstacle à la modernisation administrative. Le choix des gouvernements successifs, depuis qu'existe un statut général des fonctionnaires, a toujours été de maintenir et de moderniser le statut pour qu'il puisse à la fois garantir les droits et les obligations des fonctionnaires et qu'il donne à l'administration les moyens de les diriger.

Au début des années 1980, une refonte partielle de la fonction publique est intervenue avec la loi du 13 juillet 1983 portant droits et obligations des fonctionnaires. Sans remettre en cause les principes de 1946 et 1959, les droits et les obligations des fonctionnaires ont été actualisés et modernisés. Cela permet de mieux tenir compte de la place, à part entière, tenue par les fonctionnaires dans la société, même s'ils bénéficient d'une certaine spécificité (E. Pisier, P. Bouretz, *Le paradoxe du fonctionnaire*, Calmann-Lévy, 1988). Par ailleurs, le principe même d'un statut général est étendu et généralisé à l'ensemble des agents publics qu'ils servent l'État (loi de 1984), les collectivités territoriales (L. 1984) ou les hôpitaux publics (L. 1986). Il s'agit d'une fonction publique fermée reposant sur un système de recrutement par concours et une carrière avec un lien étroit entre fonction publique et service public.

L'agent public par excellence est un fonctionnaire titulaire exerçant une fonction en relation avec son grade bénéficiant d'un traitement dont le montant est fixé par rapport à une échelle indiciaire commune à l'ensemble des fonctionnaires. Ce fonctionnaire a une carrière qu'il consacre exclusivement à l'administration jusqu'à sa retraite.

La politique de renouveau du service public, entreprise en 1989, ne remet pas en cause le statut général ni l'échelle indiciaire. Mais elle introduit une vision plus managériale de la fonction publique. De ce point de vue, elle reprend une position déjà adoptée quelques années auparavant avec la gestion des ressources humaines dans l'administration (Circ. Prem. min. 20 avr. 1988 relative à la modernisation de la gestion des ressources humaines dans l'administration, *JO* 6 mai 1988, p. 6233 ; v. aussi le chapitre sur la gestion des ressources humaines dans le *Rapport annuel sur la fonction publique et la réforme de l'État*, Doc. fr., 1999, p. 69). Cette politique souhaite une gestion plus dynamique des personnels. Une approche plus gestionnaire doit compléter la démarche juridique habituelle. Elle est partagée assez largement sur le plan politique et syndical, même si elle suscite parfois le scepticisme des agents.

En effet, une vision trop strictement juridique peut se révéler un carcan encombrant pour la modernisation de l'administration. La sécurité de l'emploi peut se transformer en une irresponsabilité de l'agent. L'uniformité de traitement, forme de garantie égalitaire, peut se révéler peu dynamisante pour les agents. La reconnaissance insuffisante du travail effectué peut inciter à l'indolence ou à une absence de motivation. La gestion purement administrative est contraire à une utilisation rationnelle des ressources humaines.

Cette nouvelle philosophie se décline en un certain nombre d'orientations comme : la valorisation de la fonction de gestion du personnel, la gestion prévisionnelle des emplois et des carrières, les évolutions des modes de recrutement des fonctionnaires (L. 3 janv. 2001 relative à la résorption de l'emploi précaire et à la modernisation du recrutement dans la fonction publique, Décr. 31 janv. 2002 relatif au recrutement sans concours dans certains corps de fonctionnaires de catégorie C de la fonction publique d'État), la préparation à la fonction d'encadrement, le souci de la formation continue des agents et sa prise en compte dans sa carrière ; la reconnaissance des métiers de l'administration, l'adéquation des rémunérations, y compris complémentaires, aux difficultés des conditions de travail (v. Circ. 10 déc. 1996 relative à la priorité de mutation et avantage spécifique d'ancienneté accordés à certains agents de l'État affectés dans les quartiers urbains particulièrement difficiles, *JO* 4 févr. 1997, p. 1891), la modernisation des pratiques de notation et d'évaluation des agents (Décr. 29 avr. 2002 relatif aux conditions générales d'évaluation, de notation et d'avancement des fonctionnaires de l'État), la gestion concertée des personnels, la création de plus de mobilité au sein de la fonction publique au service de la déconcentration (Circ. Prem. min. 26 août 1994 relative à l'adaptation des règles de gestion des personnels de l'État au service de la déconcentration, *JO* 21 sept. 1994, p. 13479).

Cet ensemble de préoccupations a été progressivement, pris en compte à la fois dans de nouvelles pratiques de gestion des personnels dans l'administration, mais aussi par des textes législatifs, réglementaires ou des circulaires (v. les travaux du Comité interministériel pour la réforme de l'État du 15 novembre 2001 disponible sur le site Internet du ministère de la Fonction publique). Un Observatoire de l'emploi public, crée par le décret du 13 juillet 2000, est dorénavant chargé de réaliser des études statistiques et prospectives relatives à l'emploi dans les trois fonctions publiques. Il doit permettre une meilleure connaissance de l'emploi public et favoriser ainsi une gestion prévisionnelle des emplois dans la fonction publique.

c) L'évaluation des politiques publiques

L'évaluation des politiques publiques est un nouveau concept introduit relativement récemment dans l'administration française (CURAPP, *L'évaluation dans l'administration,* PUF, 1993). Inspirée de pratiques américaines, l'évaluation est naturellement liée à la recherche d'une meilleure efficacité des services publics. De manière globale, l'évaluation est introduite à l'occasion de la politique de renouveau du service public de 1989 (circulaire déjà citée), alors qu'elle est déjà officiellement pratiquée, par exemple dans l'enseignement supérieur ou dans le secteur de la santé. Ce concept a été particulièrement travaillé et étudié dans un lors un rapport au Premier ministre (P. Viveret, *L'évaluation des politiques publiques*, Doc. fr., 1989). Ce rapport pose l'évaluation comme un enjeu démocratique pour rendre l'État plus efficace. Il propose des modes d'évaluation dont les maîtres mots sont : la compétence et l'indépendance des évaluateurs et la transparence de la procédure de l'évaluation. La circulaire de 1989 définit d'ailleurs un véritable devoir d'évaluation des politiques publiques.

L'évaluation est aujourd'hui organisée par le décret du 18 novembre 1998 relatif à l'évaluation des politiques publiques qui remplace celui du 22 janvier 1990. Il en définit la fonction : « L'évaluation d'une politique publique a pour objet d'apprécier, dans un cadre interministériel, l'efficacité de cette politique en comparant ses résultats aux objectifs assignés et aux moyens mis en œuvre » (art. 1er).

Plusieurs structures contribuent à cette démarche d'évaluation comme le Conseil national de l'évaluation et le commissariat général au plan. Elles concourent à l'évaluation des politiques publiques conduites par l'État, les collectivités territoriales et leurs établissements publics respectifs. Le décret organise aussi une procédure permettant d'aboutir à la réalisation d'évaluations de politiques publiques. Un fonds national de développement de l'innovation permet de dégager des moyens spécifiques pour leur réalisation. Comme d'autres innovations administratives, l'évaluation subit les aléas d'un engouement pour une méthode qui s'avère en pratique beaucoup plus difficile, à la fois, à mettre en œuvre, comme pour à organiser des suites aux évaluations réalisées.

Ce dispositif général n'est pas le seul qui soit consacré à l'évaluation dans l'administration française. En effet, d'autres peuvent être évoqués. Par exemple, le comité national d'évaluation des établissements à caractère scientifique, culturel et professionnel, créé par la loi du 26 janvier 1984 relative à l'enseignement supérieur, et érigé en autorité administrative indépendante par la loi du 10 juillet 1989 relative à l'enseignement, a en charge l'évaluation des universités et des établissements d'enseignement supérieur, aussi bien de leur gouvernement que de leurs politiques. Cette évaluation aboutit à un rapport à destination des établissements concernés et de l'administration de l'éducation nationale. Ce rapport est à la fois un arrêt sur image de l'établissement évalué et une série de recommandations d'évolution. L'examen des travaux de ce comité, composé afin de garantir sa compétence et son indépendance, montre les difficultés de l'exercice qui n'est ni un contrôle scientifique, ni un contrôle administratif. Cela permet aussi d'apprécier les obstacles à l'introduction de la culture de l'évaluation dans l'administration.

Avec la politique de réforme de l'État, à partir de 1995, on peut constater que l'évaluation est aussi introduite dans les procédures d'élaboration des lois et règlements et au sein du Parlement. Conçue d'abord comme une expérimentation (Circ. Prem. min. 21 nov. 1995 relative à l'expérimentation d'une étude d'impact accompagnant les projets de loi et de décret en Conseil d'État, *JO* 1er déc. 1995, p. 17566), pérennisée ensuite (Circ. Prem. min. 26 janv. 1998 relative à l'étude d'impact des projets de loi et de décret en Conseil d'État, *JO* 6 févr. 1998, p. 1912), l'étude d'impact vise à permettre au Parlement et au gouvernement de légiférer et réglementer à bon escient, en les éclairant sur la portée et les incidences des projets. Cette étude participe du même souci d'évaluation des politiques publiques.

À la suite de l'Office parlementaire des choix scientifiques et technologiques, créé par la loi du 8 juillet 1983, le Parlement a été doté de deux nouveaux instruments d'évaluation par deux lois du 14 juin 1996 : l'Office parlementaire d'évaluation de la législation et l'Office parlementaire d'évaluation des politiques publiques. Ces deux offices contribuent à renforcer et à étendre, sous une forme plus scientifique, le contrôle parlementaire (v. A. Delcamp, J.-L. Bergel et A. Dupas, *Contrôle parlementaire et évaluation*, Doc. fr., 1995). Une fabrication plus professionnelle de la loi est à l'œuvre, évidemment sans remettre en cause les principes démocratiques.

3. Les mutations des relations administration-administrés

Les relations administration-administrés n'ont plus, sauf dans des hypothèses restreintes, l'allure d'une simple soumission de l'administré aux décisions impératives, donc exécutoires de l'administration. Ces relations, dont la base reste très imprégnée de droit, se sont en quelque sorte progressivement humanisées à la fois en reconnaissant aux administrés de nombreux nouveaux droits, par une plus grande citoyenneté administrative et en l'associant à une forme de démocratie administrative, complémentaire des autres facettes de la démocratie (v. la synthèse de B. Delaunay, *L'amélioration des rapports entre l'administration et les administrés, Contribution à l'étude des réformes administratives entreprises depuis 1945,* LGDJ, 1993 ; IFSA, *Administration : droits et attentes des citoyens,* Doc. fr., 1998, D. Maillard Desgrées du Loû, *Droit des relations de l'administration avec les usagers,* PUF, 2000). La loi du 12 avril 2000 précise, de manière synthétique les droits des citoyens face aux administrations.

a) L'émergence d'une citoyenneté administrative

Le terme de citoyenneté administrative est préféré à d'autres pour sa dimension symbolique, même si l'administré n'est incontestablement pas toujours un citoyen. On peut en effet ramasser, comme dans une gerbe, l'ensemble des contributions à l'amélioration des relations administration -administrés sous l'idée de la reconnaissance d'une citoyenneté administrative liée à celle de droits spécifiques. À cet égard, le droit administratif français peut apparaître comme un système de protection des administrés contre l'administration (G. Vedel, P. Delvolvé, *Le système français de protection des administrés contre l'administration,* LGDJ, 1991).

Il est possible de regrouper ces différents droits des administrés dont certains sont relativement techniques autour de deux idées-forces : le droit de comprendre et le droit au service public. Certaines des composantes de ces droits ont déjà fait l'objet de développements spécifiques consacrés aux institutions qui les administrent ou les régulent. Il s'agit donc ici d'opérer une synthèse générale des transformations intervenues.

Plusieurs réformes ou modernisations de l'administration contribuent à faire émerger, pour l'administré, ce qu'on peut qualifier, en cédant un peu à une mode des droits de la troisième génération, un droit de comprendre l'administration (H. Oberdorff, « L'émergence d'un droit de comprendre l'administration et le droit », *EDCE*, n° 43, Doc. fr., 1992).

En faisant progresser la transparence administrative, ces réformes concernent : le droit d'accès aux documents administratifs (L. modifiée de 1978) ; l'obligation de motiver les décisions individuelles défavorables (loi de 1979) ; les droits des administrés à l'égard des traitements automatisés de données nominatives (L. 1978) ; l'aide juridique prévue par la loi du 10 juillet 1991 et modifiée par la loi du 18 décembre 1998 relative à l'accès au droit et à la résolution amiable des conflits ; l'amélioration de la transparence administrative et financière, comme des procédures administratives par la loi du 12 avril 2000 relative aux droits des citoyens dans leurs relations avec les administrations.

La meilleure compréhension de l'administration passe aussi par le développement de politique d'information et de communication de la part des administrations, soit par des moyens traditionnels (v. CURAPP, *La Communication administration-administrés*, PUF, 1988 ; P. Zemor, *Rapport sur le sens de la relation, organisation de la communication de service public*, Doc. fr., 1992 ; *La communication publique*, PUF, 1995 ; M. Le Net, *Communication publique*, Doc. fr., 1993), soit par l'intermédiaire des nouvelles technologies de l'information. Pour se faire mieux comprendre, l'administration se doit d'employer une terminologie claire et de simplifier ses procédures, elle s'y emploie. « Les autorités administratives sont tenues d'organiser un accès simple aux règles de droit qu'elles édictent. La mise à disposition et la diffusion des textes juridiques constituent une mission de service public au bon accomplissement de laquelle il appartient aux autorités administratives de veiller. » (art. 2, L. 12 avr. 2000). Par tous ces nouveaux moyens dont certains sont des droits, l'administré est plus instruit de la chose publique et peut donc mieux se faire entendre par l'administration.

Le droit du service public s'est aussi transformé ces dernières années grâce au développement de chartes des services publics. Inspiré de démarches britanniques, ces chartes contiennent non seulement les droits traditionnels des usagers, mais aussi des droits et des garanties complémentaires, comme celles de qualité du service, d'accessibilité, de simplicité, de rapidité, de transparence, de médiation, de participation ou de responsabilité, (v. Circ. Prem. min. 26 juill. 1995 relative à la préparation et à la mise en œuvre de la réforme de l'État et des services publics, *JO* 28 juill. 1995, p. 11217). Pour améliorer l'accès aux services publics, il est prévu de créer des maisons des services publics. « Afin de faciliter les démarches des usagers et d'améliorer la proximité des services publics sur le territoire en milieu urbain et rural, une maison des services publics réunit des services publics relevant de l'État et de ses établissements publics, des collectivités territoriales ou de leurs établissements publics, des organismes de sécurité sociale, ou d'autres organismes chargés d'une mission de service public parmi lesquelles figure au moins une personne morale de droit public » (art. 27, L. 12 avr. 2000). Par ailleurs l'État s'est doté d'outils stratégiques pour le développement des services publics sur le territoire. Il s'agit des schémas de services collectifs qui déclinent les objectifs que se donnent l'État pour l'organisation et l'accessibilité des services collectifs propres à neuf politiques publiques structurantes ; l'enseignement supérieur et la recherche, la culture, la santé, l'information et la communication, les transports de marchandises et de voyageurs, l'énergie, les espaces naturels et ruraux et le sport (Décr. 18 avr. 2002 approuvant les schémas de services collectifs et le rapport au Premier ministre).

Le droit au service public semble prendre corps, dans certaines conditions, par exemple pour celui des télécommunications défini par la loi du 26 juillet 1996 qui suppose « un service téléphonique de qualité à un prix abordable pour l'ensemble des usagers du territoire ». Le secteur de l'électricité connaît une évolution similaire : « Matérialisant le droit à l'électricité pour tous, produit de première nécessité, le service public de l'électricité est géré dans le respect des principes d'égalité, de continuité et d'adaptabilité, et dans les meilleures conditions de sécurité, de qualité, de coûts, de prix et d'efficacité économique, sociale et énergétique » (art. 1er, L. 10 févr. 2000 relative à la modernisation et au développement du service public de l'électricité).

b) La démocratie administrative

Un citoyen ou un administré éclairé est dans la position de pouvoir participer au processus décisionnel. Néanmoins, la problématique de la démocratie administrative n'est pas évidente à mettre en œuvre, surtout dans la tradition administrative française qui repose largement sur l'obéissance à un ordre ou à un acte. Pourtant, l'administré ne souhaite plus forcément être traité en soumis obéissant, mais aspire à être considéré comme un citoyen ou usager responsable.

Le droit à la participation s'est aussi développé. Il change assez profondément, lorsqu'il est exercé, les rapports administration-administrés. Il contribue à donner corps à l'idée, assez révolutionnaire, de démocratie administrative. La participation peut revêtir des formes diverses. Elle est contenue normalement dans des procédures juridiques classiques, comme la mise en œuvre du respect des droits de la défense ou dans les mécanismes du contradictoire. L'administré est dans l'obligation de participer à une procédure qui le concerne directement. Elle se développe aussi dans les institutions publiques dont les organes de gestion, comme les conseils d'administration, comprennent des usagers élus, par exemple les conseils des universités composés de membres élus de l'ensemble de la communauté universitaire.

La participation apparaît lors des procédures de consultation ou de concertation. Ces procédures sont particulièrement développées dans les domaines de l'urbanisme ou de l'environnement. Les exemples ne manquent pas : les enquêtes publiques de la loi du 13 juillet 1983 ; la concertation de la loi d'orientation pour la ville de 1991 ; le droit à la participation du public et des associations en matière d'environnement de la loi du 2 février 1995 relative au renforcement de la protection de l'environnement qui met en place la Commission nationale du débat public.

Au niveau des administrations décentralisées, il existe une participation des habitants à la vie locale sous la forme de la consultation référendaire (CGCT, art. L. 2142-1 à L. 2142-8). La démocratie de proximité a été renforcée par la loi du 27 janvier 2002. De son côté, la loi sur l'aménagement et le développement du territoire permet aussi aux communes d'organiser une consultation de cette nature sur des opérations d'aménagement relevant des autorités municipales.

Ces différents dispositifs permettent ainsi d'associer les administrés ou les citoyens au processus décisionnel, ce qui contribue à créer une forme de démocratie administrative.

C. L'introduction des nouvelles technologies de l'information

L'administration s'est aussi très fortement modernisée, ces dernières années, par le développement de l'usage des technologies de l'information. La culture administrative se nourrit progressivement de celle de l'information. Elle intègre des matériels informatiques, de nouveaux logiciels spécifiques à son fonctionnement et pratique les systèmes d'aide à la décision.

En 1996, le Premier ministre demande à chaque ministère de se doter d'un site Internet afin de poursuivre leur avance en télématique. En 1997, le Premier ministre souhaite que la France soit plus présente sur les autoroutes de l'information, y compris les administrations. Le comité interministériel pour la société de l'information adopte en 1998 un programme d'action gouvernemental pour préparer l'entrée de la France dans la société de l'information (PAGSI). On évoque *« l'administration sans papier », « l'administration électronique » ou « la cyber-administration »*. Les rapports se succèdent sur cette problématique. On peut citer les suivants : Conseil d'État, *Administration et nouvelles technologies de l'information, une nécessaire adaptation du droit,* Doc. fr., 1988, *Internet et les réseaux numériques*, Doc. fr., 1998 ; Commissariat général du plan, L'État *et les technologies de l'information, vers une administration à accès pluriel*, rapport B. Lasserre, Doc. fr., 2000 ; T. Carcenac, *Pour une administration électronique citoyenne,* Doc. fr., 2001.

Il est vrai que le passage de la machine à écrire au micro-ordinateur s'est généralisé et a introduit des changements qualitatifs dans les méthodes de travail et la communication de l'administration. Les usages des technologies de l'information se développent rapidement, l'administration doit en maîtriser le développement. La délégation interministérielle à la réforme de l'État, le comité interministériel pour la réforme de l'État et le comité interministériel pour la société de l'information, ont aujourd'hui la charge de développer cette modernisation technologique. Cela montre l'importance de ces technologies dans la modernisation de l'administration. Lors de ses travaux de 2001, le Comité interministériel pour la réforme de l'État retrace déjà les grandes étapes de ces évolutions de l'administration : 1997-2001, la première étape de l'Internet public qui facilite les relations entre l'administration et les usagers ; 2001-2005, la deuxième étape de l'administration électronique visant à ce que chaque usager puisse, s'il le souhaite, effectuer en ligne tout ou partie de ses démarches et contacts avec les services publics (rapport déjà cité, 2001).

1. Le développement des usages des technologies de l'information

On peut classer les usages actuels de ces nouvelles technologies autour de trois types de modernisation, comme celle de la gestion, de la communication et de l'information.

a) La modernisation de la gestion des services publics

Les nouvelles technologies de l'information permettent de mieux gérer les services publics. Elles participent évidemment à la réforme de l'État et de l'administration.

Il s'agit de mieux absorber la gestion des services publics de masse par l'automatisation de certaines de leurs tâches, comme c'est le cas pour les services fiscaux ou sociaux, pour les services du personnel ou pour bien d'autres grands services publics. Ces technologies améliorent le travail quotidien des agents, d'une part par les usages du traitement de texte qui modifie le rôle et la place des services traditionnels de secrétariat, d'autre part en facilitant le recours aux réseaux et aux services proposés ou en rendant possible le télétravail. Enfin, elles permettent de rationaliser la décision publique par le recours plus fréquent aux systèmes d'aide à la décision, sans que la décision devienne totalement automatisée ce qui serait contraire aux principes du droit administratif et aux libertés fondamentales (v. D. Bourcier, *La décision artificielle*, PUF, 1995 ; D. Bourcier, C. Thomasset, *L'écriture du droit face aux technologies de l'information*, Éd. Diderot, 1996 ; D. Bourcier, J.-P. Costa, *L'administration et les nouveaux outils d'aide à la décision*, STH, 1992).

b) La transformation de la communication et des relations avec les administrés

Ces nouvelles technologies améliorent la communication. Le dialogue et la communication entre les administrations sont facilités par de nombreux nouveaux moyens. La vidéoconférence allège les déplacements. Le courrier électronique très direct et très rapide, sans formalisme et hiérarchie se généralise. Les services Intranet, comme « le réseau d'information gouvernemental » ouvert en 1996, se développent. La mise en place du réseau « AdER », Administration en réseaux, rend possible l'interconnexion des Intranets ministériels. La généralisation des systèmes d'information territoriale (SIT) est de nature à mieux diffuser les technologies de l'information sur le territoire.

Les relations avec les administrés changent de support. Le recours à l'administration électronique représente un progrès majeur sans se substituer à l'administration de proximité. La publication ou la notification de décisions, l'inscription aux concours, la diffusion des résultats aux concours par Internet améliore la communication avec les administrés. Le développement des télédéclarations, des téléprocédures ou des téléservices constitue le cœur du concept d'administration électronique. L'administration met en œuvre ces nouvelles procédures comme : l'échange de données informatisées dans le domaine fiscal et douanier; la mise à disposition sur le réseau Internet de documents, de formulaires (Décr. 2 févr. 1999 relatif à la mise en ligne des formulaires administratifs), la possibilité de calculer, déclarer et payer l'impôt sur le revenu en ligne (www.impots.gouv.fr); le recours possible aux enchères électroniques dans le cadre des marchés publics (Décr. n° 2001-846 du 18 sept. 2001) ou la dématérialisation des procédures de passation des marchés publics (Décr. n° 2002-692 du 30 avr. 2002).

Les démarches administratives sont facilitées (Circ. Prem. min. 31 déc. 1999 relative à l'aide aux démarches administratives sur l'Internet, *JO* 7 janv. 2000, p. 279). Elles seront de plus simplifiées grâce au recours possible à la signature électronique (L. 13 mars 2000 portant adaptation du droit de la preuve aux technologies de l'information et relative à la signature électronique, Décr. n° 2001-272 du 30 mars 2001 pris pour l'application de l'article 1316-4 du code civil et relatif à la signature électronique). Un site personnalisé « mon. service-public. fr » est envisagé, d'ici 2005, pour chaque usager afin de lui permettre de gérer en ligne l'ensemble de ses relations avec l'administration. Ces évolutions supposent une certaine standardisation des échanges, une formation adéquate des agents de l'administration, mais aussi un équipement plus important des administrés en moyens multimédia. La fracture numérique peut être un obstacle majeur à l'utilisation de ces technologies par les administrés (v. H. Oberdorff, « Cybersociété, libertés et lien social », *Cahiers français* n° 294, Doc. fr., 2000).

c) La mutation de l'information publique

Ces nouvelles technologies apportent aussi des atouts supplémentaires à l'information des administrés. Depuis de nombreuses années, l'administration a développé des services d'information par voie télématique. Elle crée et gère, aujourd'hui, de nouveaux services sous la forme de sites Internet, donc diffusés sur le réseau mondial d'information (Circ. Prem. min. 7 oct. 1999 relative aux sites Internet des services et des établissements publics de l'État, *JO* 12 oct. 1999, p. 15167). Ainsi, de très nombreux sites ont vu le jour, ce qui permet une plus grande circulation de l'information administrative et publique (v. *Le guide Internet des services publics*, Doc. fr., 2000).

De nombreux « portails publics », généralistes ou spécialisés, fonctionnent et permettent d'accéder aux administrations et à leurs services. Le portail généraliste d'accès à l'administration française est aujourd'hui « www.service-public.fr » (Arr. 6 nov. 2000 relatif à la création d'un site Internet « service-public.fr ») On peut citer aussi d'autres sites pour : la documentation française (www.ladocumentationfrancaise.fr), les journaux officiels (www.legifrance.gouv.fr), le ministère de l'Économie et des Finances (www.minefi.gouv.fr).

Les diffusions des données publiques, des données juridiques et des rapports officiels se sont généralisées (Circ. Prem. min. 14 févr. 1994 relative à la diffusion des données publiques ; Circ. Prem. min. 17 déc. 1998 relative à la diffusion des données juridiques sur les sites Internet des administrations ; Circ. Prem. min. 28 janv. 1999 relative à la diffusion gratuite des rapports officiels sur Internet). La documentation française a ouvert, en 2002, un site d'un nouveau type « www.vie-publique.fr » qui donne accès à la bibliothèque numérique des rapports publics, à la collection des discours politiques, aux dossiers parlementaires sur les politiques publiques mais aussi à une découverte des institutions et de la vie publique.

Le développement des sites Internet des administrations engendre des pratiques différentes de la part des nouvelles générations d'administrés. Cette quête d'information ne peut qu'accélérer et accentuer la transparence administrative. En même temps, l'appropriation sociale de ces nouvelles technologies reste encore marginale dans notre pays pour changer fondamentalement les relations administration-administrés.

2. La maîtrise de ces nouvelles technologies

Il ne suffit plus pour l'administration d'acheter du matériel et de succomber aux propositions plus ou moins alléchantes de producteurs d'informatique. Il n'est pas non plus satisfaisant de plaquer une informatisation sur une administration, sans réflexion préalable, surtout au moment ou les matériels évoluent très rapidement. L'administration se doit de maîtriser les nouvelles technologies de l'information. Cette maîtrise a deux facettes, d'une part la nécessité de penser l'informatisation, d'autre part le souci de veiller à la sécurité dans l'usage de ces nouvelles technologies.

a) La conception des systèmes d'information de l'administration

Si les équipements et les matériels informatiques ont fait faire des gains de productivité et permis d'améliorer l'efficacité des administrations par l'automatisation des tâches répétitives, « les administrations ont plutôt privilégié l'information de production et de gestion au quotidien au détriment de systèmes d'information permettant une exploitation optimale des gisements de données en leur possession ». L'informatique administrative doit avoir comme priorité « le renforcement du pilotage des politiques publiques et la modernisation de l'organisation administrative : simplification des procédures, rapprochement des services et des données qu'ils gèrent, meilleure intégration avec l'extérieur (ministères entre eux, services déconcentrés, différentes catégories d'usagers) » (Circ. Prem. min. 16 sept. 1996 relative aux schémas directeurs ministériels des systèmes d'information et des télécommunications, *JO* 21 sept. 1996, p. 14025).

Chaque ministère doit confectionner un schéma directeur ministériel d'information et des télécommunications qui exprime la stratégie du ministère dans ce domaine pour mettre en œuvre des systèmes d'information performants et ouverts, améliorer la qualité et l'efficacité du service public et simplifier les relations avec les usagers. Chaque schéma prévoit un volet conceptuel et stratégique et un volet opérationnel en terme de marché public et de maintenance. Ces systèmes veillent à l'utilisation de la langue française (Circ. Prem. min. 6 mars 1997 relative à l'emploi du français dans les systèmes d'information et de communication des administrations et établissements publics de l'État, *JO* 20 mars 1997, p. 4359). Chaque administration ne peut rester isolée dans son système. Il est indispensable de prévoir un cadre commun d'interopérabilité pour les échanges et la compatibilité des systèmes d'information des administrations (Circ. Prem. min. 21 janv. 2002).

En 1996, un Conseil général des technologies de l'information est créé auprès du ministre en charge des postes et des télécommunications pour accroître la capacité d'expertise de l'État et de son administration en matière de technologies de l'information dans les domaines des télécommunications, des postes, de l'informatique, des techniques audiovisuelles et de l'espace (Décr. 13 déc. 1996). Ce Conseil comprend une section juridique et économique et une section scientifique et technique. Cette prise en compte des technologies de l'information avait aussi donné naissance, auprès du Premier ministre à un Observatoire juridique des technologies de l'information, créé en 1988 (Décr. 26 mai 1988), malheureusement supprimé en 1996 (Décr. 4 avr. 1996).

Aujourd'hui, en dehors du comité interministériel pour la société de l'information, plusieurs instances spécialisées, placées auprès du Premier ministre, aident le gouvernement à définir et à mettre en œuvre les technologies de l'information dans l'administration et au service du public : le conseil stratégique des technologies de l'information (Décr. 7 nov. 2000), la mission interministérielle pour l'accès public à la micro-informatique, à l'Internet et au multimédia (Décr. 1er déc. 2000) et l'Agence pour les technologies de l'information et de la communication dans l'administration (Décr. 22 août 2001).

b) La sécurité des systèmes d'information de l'administration

La maîtrise de ces technologies de l'information passe aussi par la garantie de la sécurité des personnes et de leurs droits, de celle de l'information et de celle des systèmes.

La sécurité des personnes et de leurs droits est essentielle dans un État de droit. En effet, le développement de l'informatique dans l'administration doit se faire dans le respect des droits fondamentaux de la personne. La loi Informatique et Libertés de 1978, dont la mise en œuvre est placée sous la responsabilité de la CNIL, s'applique évidemment aussi aux administrations publiques.

Les nouvelles technologies, souvent non prévues au moment de la conception de cette loi, sont également soumises à ses exigences ou à d'autres suivant leur nature. Il s'agit toujours de respecter les droits de l'homme. Les administrations utilisent une gamme étendue de nouvelles technologies, notamment dans le domaine de la sécurité et de l'ordre public.

La sécurité, ou la protection de l'information, est un nouveau défi pour les administrations. Une administration électronique exige de s'assurer régulièrement de la fiabilité des informations diffusées ou reçues, afin d'éviter les risques de désinformation ou de falsification électronique d'information. Un droit pénal de l'information a été créé pour permettre une meilleure protection des personnes et des données dans le domaine des traitements informatiques face aux intrus malveillants (C. pén., art. 226-16 à 226-25). En plus, comme les administrations disposent d'un nombre considérable de données, la question de leur diffusion, libre ou payante, se pose face au développement de leur diffusion par des moyens électroniques (rapport de P. Gautrat, *La commercialisation des données publiques pour l'observatoire des technologies de l'information*, Doc. fr., 1992 ; H. Maisl, *Le droit des données publiques*, LGDJ, 1996).

« Le déploiement des téléservices, la mise en place d'un compte administratif personnalisé, vont donner lieu à des flux de données personnelles. Il faudra donc garantir, notamment pour les plus sensibles ou les plus confidentielles d'entre elles, que seule la personne (ou le foyer) peut y accéder et réaliser ses démarches. Il faudra aussi codifier, sécuriser les modes d'accès, repenser les systèmes d'identification et d'authentification. Il faudra arbitrer entre la facilité d'emploi, l'ergonomie des modes d'identification et leur niveau de sécurisation » (extrait du rapport P. Truche, J.-P. Faugère et P. Flichy, *Administration électronique et protection des données,* Doc. fr., 2002).

La sécurité des systèmes s'ajoute à celle des informations. Des obligations techniques sont envisageables pour rendre plus sûre les données et les systèmes avec les mécanismes de cryptologie (Décr. 17 mars 1999 relatif aux moyens et prestations de cryptologie). Les administrations d'État recourent, en fonction de leurs besoins de sécurité, à des produits ou des systèmes des technologies de l'information certifiés (Décr. 18 avr. 2002 relatif à l'évaluation et à la certification de la sécurité offerte par les produits et les systèmes des technologies de l'information).

L'entrée des administrations publiques sur les autoroutes de l'information est une contribution majeure à la réforme de l'État. Cela suppose de bien coupler une culture juridique toujours indispensable au bon fonctionnement des services publics avec les potentialités remarquables des technologies de l'information. L'administration électronique ne doit pas remplacer l'administration traditionnelle, elle en représente une forme de modernisation par « un accès pluriel » (rapport B. Lasserre, préc.).

III. L'adaptation de l'administration française à l'Union européenne

L'administration française a dû s'adapter à la participation de la France à l'Union Européenne, et de manière générale aux exigences de la construction communautaire. Les impacts de cette construction sont de plus en plus évidents et compréhensibles. Les États membres en donnant naissance aux Communautés et à l'Union se sont engagés, en vertu de l'article 10 du traité de la Communauté européenne, à prendre toutes les mesures nécessaires pour assurer la réussite de ces entreprises, parmi lesquelles se trouve le loyalisme communautaire qui n'est pas sans rappeler le « loyalisme fédéral ».

« La collaboration de l'État membre à l'application du droit communautaire prend des formes et des dimensions variables : son appareil administratif est mis à la disposition des communautés pour l'exécution de leurs décisions, sa force publique et son organisation judiciaire en assurent le respect, au besoin par la contrainte... » (G. Isaac, *Droit communautaire général*, A. Colin, 7e éd., 1999, p. 204, v. aussi 8e éd., 2001, par M. Blanquet).

Par ailleurs, les États membres n'ont pas doté les Communautés d'une administration fédérale, ce qui entraîne une interpénétration des administrations nationales et communautaires. Il se produit un dialogue naturel d'administrations (« La Communauté, un dialogue d'administration ? », *RFAP*, n° 63, 1992 ; v. aussi F. Chaltiel, *La souveraineté de l'État et l'Union européenne, l'exemple français, recherches sur la souveraineté de l'État membre*, LGDJ, 2000). Cette adaptation est d'autant plus nécessaire que les affaires communautaires ne constituent plus vraiment des affaires internationales qui seraient alors de la seule compétence de l'administration des affaires étrangères, mais des affaires à dimension interne, donc de la responsabilité des administrations internes classiques.

Ces impacts sont multiples. Ils sont juridiques, institutionnels et fonctionnels. Ils ont aussi un effet non négligeable sur la philosophie de l'action publique et les concepts qu'elle met en œuvre. On peut parfois parler d'une européanisation de l'administration. En même temps, ces impacts restent paradoxaux lorsqu'on sait que les États membres disposent aussi d'une autonomie institutionnelle et procédurale pour organiser leurs administrations (H. Oberdorff, « Des incidences de l'Union européenne et des Communautés européennes sur le système administratif français », *RDP*, 1995 ; J. Rideau (s/d) Les *États membres de l'Union européenne, adaptations-mutations-résistances*, LGDJ, 1997).

Depuis quelques années, les gouvernements ont la préoccupation d'adapter l'administration française aux exigences du droit et des politiques communautaires. « La pénétration du droit communautaire et de la dimension européenne dans les administrations doit être pensée, encouragée, coordonnée et accompagnée » (J. de Clausade, *L'adaptation de l'administration française à l'Europe*, Doc. fr., 1991, p. 69 ; v. aussi J.-L Sauron, *L'administration française et l'Union européenne*, Doc. fr., 2000).

A. L'adaptation des structures administratives

Les structures administratives nationales sont dorénavant aussi au service de l'Union européenne et de ses politiques. Elles ont adapté leur organisation et leur fonctionnement pour tenir compte de cette réalité européenne. Cette adaptation concerne aussi bien les administrations centrales que déconcentrées ou décentralisées.

1. L'adaptation des structures administratives centrales et déconcentrées

L'administration de l'État s'est structurée et organisée pour mieux tenir compte de l'Europe communautaire. Il s'est agi d'introduire une plus grande compétence sur les questions communautaires et européennes, mais aussi de veiller à un fonctionnement plus convenable de l'interministérialité indispensable à une définition cohérente de la position de la France sur ces questions.

La spécialisation européenne des administrations centrales s'est réalisée, par des démarches concrètes, en relation avec les différentes cultures des administrations centrales. Il s'agit, soit de services strictement spécialisés pour les questions européennes, soit de l'intégration de préoccupations européennes dans des directions ou des services déjà existants.

L'empirisme administratif a présidé à ces évolutions, alors qu'il aurait peut-être fallu procéder de manière plus rationnelle. On assiste ainsi à une européanisation des administrations nationales. Sur ce point, l'organisation du ministère des Affaires étrangères montre bien la diffusion de la question européenne dans ses structures avec la direction de la coopération européenne, notamment chargée des affaires communautaires et la direction des affaires juridiques (Décr. modifié du 10 déc. 1998 portant organisation de l'administration centrale du ministère des Affaires étrangères). Cette dernière direction, placée sous la responsabilité d'un directeur, jurisconsulte du ministère, a la charge de représenter l'État devant les instances internationales, par exemple devant le tribunal de première instance et la Cour de justice des Communautés Européennes. On peut aussi signaler la délégation aux affaires européennes et internationales au sein du ministère de l'emploi et de la solidarité restructurée en 1999 (Arr. 14 sept. 1999).

Le gouvernement comprend aussi en son sein, de manière régulière, un ministre en charge des questions européennes. Actuellement, il s'agit d'une ministre déléguée, auprès du ministre des Affaires étrangères, chargée des affaires européennes. « À ce titre, la ministre déléguée suit notamment les questions relatives à l'Union européenne et aux Communautés européennes, au Conseil de l'Europe, à l'Espace économique européen ainsi que les relations avec l'Europe centrale et orientale. Elle est associée, en tant que de besoin, à la définition de la politique étrangère et de sécurité commune » (Décr. 3 juill. 2002). Ce ministre dispose, en tant que de besoin, des administrations centrales spécialisées du ministère des Affaires étrangères sans avoir lui-même sa propre administration, notamment de la direction de la coopération européenne, de la direction de l'Europe continentale, de la direction des Français à l'étranger et des étrangers en France et du service de la politique étrangère et de sécurité commune, ainsi que du secrétariat général du comité interministériel pour les questions de coopération économique européenne. Les autres départements ministériels lui assurent, en tant que de besoin, le concours de leurs services. Son efficacité politique et administrative dépend à la fois de sa propre autorité ou notoriété et du duo qu'il forme avec le ministre des Affaires étrangères.

L'adaptation de l'administration centrale concerne la gestion de l'interministérialité pour les questions européennes. Il est en effet indispensable que la France s'exprime de manière cohérente sur les sujets européens quelles que soient les administrations spécialisées concernées. Deux instances, essentielles en la matière, jouent ce rôle. La première est le secrétariat général du Comité interministériel pour les questions de coopération économique européenne, dénommé souvent par facilité fonctionnelle, le SGCI. Institution créée dès 1948 (Décr. 25 juin 1948), aux compétences successivement élargies depuis cette période, placée auprès du Premier ministre, divisée en 18 secteurs de compétences, dotée de près de 160 agents, le SGCI doit vérifier la cohérence des positions des autorités et des administrations françaises sur l'Union européenne, les Communautés et leurs politiques. « S'agissant des questions communautaires, la position que les représentants français expriment dans ses institutions est arrêtée après concertation interministérielle par le SGCI » (Circ. Prem. min. 21 mars 1994 relative aux relations entre les administrations françaises et les institutions de l'UE, *JO* 31 mars 1994). Cette coordination peut s'avérer délicate compte tenu des relations directes qu'entretiennent nécessairement les administrations françaises avec les administrations de la Commission. La deuxième instance est la représentation permanente française auprès des

Communautés européennes. Elle joue un rôle stratégique. Elle est garante du respect des instructions par les délégations françaises lors des réunions des institutions communautaires. Membre du Comité des représentants permanents (COREPER), organe communautaire officialisé par le traité sur l'Union européenne, la représentation permanente est aussi au cœur du circuit décisionnel européen.

Les services déconcentrés de l'État sont aussi concernés par les questions européennes surtout lorsqu'ils ont la mission de mettre en œuvre sur le territoire les politiques communautaires, comme pour les politiques structurelles européennes ou la politique régionale. Par exemple, dans le cadre de la politique de déconcentration administrative, le préfet a la tâche de mettre en œuvre, dans sa circonscription, les politiques nationales et communautaires (L. 6 févr. 1992 et Décr. 1er juill. 1992, préc.). Pour la politique régionale européenne, le préfet de région est le coordonnateur de sa mise en œuvre sur le territoire français. Ainsi, de manière générale, les préfets doivent d'une part, procéder au contrôle de l'application du droit communautaire par les autorités décentralisées, d'autre part coordonner les actions publiques liées par exemple à l'utilisation des fonds structurels de la politique régionale européenne. On peut donc considérer les préfets comme des « administrateurs » du droit communautaire sur le territoire français et des « acteurs » de la mise en œuvre des politiques communautaires (H. Oberdorff, « Les fonctions du préfet à l'heure européenne », in J.-J. Gleizal, *Le retour des préfets*, PUG, 1995). Les administrations déconcentrées spécialisées peuvent être comparées à des « services extérieures » de l'Union européenne.

2. L'influence sur les collectivités territoriales

Les collectivités territoriales sont elles aussi concernées par l'Union et les Communautés européennes. Elles sont soumises aux contraintes du droit communautaire, notamment dans les domaines de l'interventionnisme économique, des marchés publics, des services publics ou de la fonction publique (v. Circ. min. 8 févr. 1999 relative à l'application au plan local des règles communautaires relatives aux aides publiques, *JO* p. 3015). Elles sont l'objet d'une attention particulière en matière d'aménagement du territoire, dans la mesure où « la communauté vise à réduire l'écart entre les diverses régions et le retard des régions les moins favorisées, y compris les zones rurales » (traité CE, art. 158). Il semble que la décentralisation ait plutôt les faveurs de l'Union européenne, d'une part, au nom du fameux principe de subsidiarité (traité UE, art. 2), d'autre part, du fait de la nécessité que les décisions soient prises au plus près possible des citoyens (traité UE, art. 1).

Les collectivités territoriales françaises ont donc incorporé une dimension européenne à leurs actions. Elles ont organisé, lorsque leurs moyens le permettent, leurs structures administratives pour tirer le meilleur parti des politiques et des fonds communautaires. Les communes, les départements et les régions donnent de plus en plus souvent une approche européenne à leurs politiques pour les questions de développement économique, social ou culturel. Les collectivités territoriales font appel au système bancaire européen pour les aider à financer leurs projets. Elles sont aussi en compétition pour attirer vers elles des implantations d'entreprises, notamment étrangères. Elles utilisent souvent le qualificatif d'européen pour démontrer le dynamisme de la cité ou de la région. Ce mouvement d'ouverture européenne et internationale de ces collectivités est complémentaire des actions menées par les partenaires économiques ou socio-économiques comme les entreprises, les chambres de commerce et d'industrie, les organismes professionnels ou les syndicats.

Les collectivités décentralisées sont reconnues comme des acteurs institutionnels dont il faut entendre les souhaits. Cela s'est traduit dans le traité sur l'Union européenne par la création d'un organe de représentation auprès des institutions européennes, le Comité des régions. De leurs côtés, les collectivités territoriales se sont dotées de représentations auprès des institutions communautaires. Pour éviter les confusions des rôles, l'État rappelle régulièrement aux collectivités les limites de ces relations directes qui doivent rester des contacts d'information et non de décisions. Néanmoins, pour la politique régionale européenne, depuis les réformes de 1988 et les suivantes, de nouveaux principes de fonctionnement ont été mis en œuvre, comme le partenariat ou la concertation. Ils permettent un dialogue plus riche entre la Commission européenne et les collectivités territoriales, mais aussi entre elles et l'État, en la personne du préfet de région.

L'impact de l'Europe communautaire sur les collectivités se mesure aussi par une accélération remarquable des relations extérieures de ces collectivités. Tout en admettant l'exclusivité de l'État pour les affaires étrangères de nature politique, les collectivités décentralisées ont aussi des ambitions de nature internationale et européenne. On assiste au développement, soit de la coopération transfrontalière, soit de la coopération décentralisée (Conseil économique et social, *Les relations extérieures des régions et des collectivités locales en vue d'une amélioration des échanges économiques*, rapport J. Billet, *JO* 1992 ; M. Rousset, *L'action internationale des collectivités locales*, LGDJ, 1998). Ce mouvement est accompagné aussi bien par le droit interne (Circ. Prem. min. 12 mai 1987 relative à l'action extérieure des collectivités territoriales, *JO* 16 mai 1987 ; L. 6 févr. 1992, notamment son titre IV sur la coopération décentralisée) que par le droit européen ou communautaire (Convention-cadre européenne sur la coopération transfrontalière des collectivités ou autorités territoriales de 1980). Il est aussi encouragé par des programmes communautaires adaptés comme le programme INTERREG, depuis 1988.

Cette apparition des collectivités décentralisées sur la scène internationale a donné naissance à des institutions spécialisées pour accompagner ce mouvement comme la commission nationale de la coopération décentralisée et le délégué pour l'action extérieure des collectivités locales rattaché au ministère des affaires étrangères.

B. L'adaptation au processus décisionnel communautaire

L'Union et les Communautés européennes disposent d'un système décisionnel leur permettant d'élaborer des normes juridiques (les règlements, les directives) et des politiques. Cet édifice est composé de trois institutions essentielles : le Conseil de l'Union, la Commission européenne et le Parlement européen. L'Acte unique, les traités de Maastricht (1992) et d'Amsterdam (1997) ont créé et valorisé les procédures de coopération et de codécision entre ces institutions. Ces procédures réalisent un subtil compromis entre des exigences politiques, démocratiques et techniques. Le reproche de déficit démocratique de la construction communautaire est parfois injuste et découle souvent d'une analyse erronée du système communautaire. Mais en même temps, le poids des administrations européennes et nationales dans le processus décisionnel est considérable (v. notamment, J.-L. Sauron, *Droit communautaire et décision nationale*, LGDJ, 1998).

Les circuits institutionnels prévus par les traités ont engendré la mise en place de circuits administratifs complémentaires pour plusieurs raisons. Les États membres se sont engagés à prendre « toutes les mesures générales ou particulières propres à assurer l'exécution des obligations découlant du traité ou résultant des actes des institutions de la Communauté » (traité CE, art. 10). Leurs administrations sont au service de l'UE. Les États membres veulent aussi conserver la maîtrise de la construction de l'Europe communautaire et de ses politiques. Ils n'ont pas souhaité doter les institutions communautaires d'une administration « fédérale » comparable à celle des États fédéraux, comme celle des États-Unis. Cela les oblige, non seulement à être présent, par leurs représentants administratifs au sein du processus décisionnel communautaire, mais aussi à participer activement à la mise en œuvre des décisions, des politiques et des contrôles.

Cette dialectique sophistiquée entre l'Union et les États membres ou entre les administrations européennes et nationales peut facilement être qualifiée de co-administration de l'Europe (H. Oberdorff, « Une communauté administrative pour l'Europe ou l'administration en réseau », *Politiques et management public*, sept. 1997, n° 3). Ce concept de co-administration recouvre aussi bien le système politique européen qui a le pouvoir de décision que le réseau administratif européen qui en constitue les coulisses (M. Croisat et J.-L. Quermonne, *L'Europe et le fédéralisme*, Montchrestien, 1999).

L'administration française, comme administration d'un État membre, est associée au processus décisionnel communautaire de plusieurs manières. Elle intervient d'abord dans la phase préparatoire de la décision. À cette occasion, une bonne circulation de l'information entre la Commission européenne et l'administration nationale est indispensable. Elle est d'autant plus nécessaire si la Commission veut arriver à convaincre les États membres de la justesse de ses positions et donc avoir plus de chance d'être suivie lors des délibérations du Conseil de l'Union. L'administration française est présente au sein du COREPER qui doit donner le point de vue des États avant que le Conseil de l'Union n'intervienne, non seulement par le représentant permanent, mais aussi grâce aux comités ou groupe de travail composés de délégués de chaque État membre. Elle intervient dans la détermination de la position du gouvernement français au moment de la phase décisionnelle proprement dite. Cela suppose, d'abord, une bonne coordination interministérielle interne, faite sous la houlette du SGCI pour définir la position française, ensuite, une bonne défense de cette position par la délégation française au Conseil de l'Union et parfois des interventions de l'administration nationale auprès des parlementaires européens français.

De plus, depuis la révision constitutionnelle de 1992, le SGCI doit également tenir compte de la position du Parlement français sur les questions européennes (Circ. Prem. min. 19 juill. 1994 relative à la prise en compte de la position du Parlement français dans l'élaboration des actes communautaires, *JO* 21 juill. 1994, p. 10150). « La négociation communautaire exige, en amont, un travail approfondi de concertation avec les acteurs économiques et sociaux concernés et une connaissance fine des intérêts et des positions des uns et des autres dans les États membres et au sein de la Commission. L'État doit être capable de cet effort partagé » (*Pour un État stratège garant de l'intérêt général,* Doc. fr., 1993, p. 46).

Notre administration adopte alors un comportement de groupe de pression pour convaincre les instances communautaires de la qualité des positions françaises. Elle doit développer ses capacités d'expertise à la dimension de l'Europe, faire l'apprentissage de la négociation communautaire et avoir une force de conviction auprès des institutions communautaires comme des autres États membres (Circ. Prem. min. 21 mars 1994 relative aux relations entre les administrations françaises et les institutions de l'UE, *JO* 31 mars 1994, p. 4783). Cela suppose des adaptations à un système polycentrique de gestion communautaire assez éloigné du modèle hiérarchique classique. De plus en plus, les méthodes de travail de l'administration doivent s'adapter à ce nouveau contexte de négociation communautaire.

L'administration française, sans être placée dans une position de soumission hiérarchique à l'égard des institutions communautaires, doit souvent se comporter comme un service extérieur de l'Union. En effet, la décision prise, la politique adoptée, il faut passer à la mise en œuvre, à l'application et au contrôle. Cela revient aux administrations des États membres. Leur efficacité et leur performance sont primordiales pour le bon fonctionnement de l'Union. L'administration française a la charge de veiller à l'application du droit communautaire, à la bonne compatibilité du droit interne avec le droit communautaire et de procéder à la transposition des directives européennes (Circ. Prem. min. 9 nov. 1998 relative à la procédure de suivi de la transposition des directives communautaires en droit interne, *JO* 10 nov. 1998 p. 16948).

L'exécution administrative des politiques communautaires est aussi à la charge de l'administration nationale. En effet, l'administration de ces politiques est plus fréquemment le fait de l'administration nationale des États membres que celui de l'administration européenne. L'administration indirecte est souvent préférée à l'administration directe. Les prélèvements fiscaux qui alimentent le budget communautaire sont effectués par les administrations nationales. La douane française perçoit les droits de douane aux frontières extérieures de la Communauté ou exerce son contrôle simultanément pour la France et pour la Communauté dans son ensemble. L'administration de l'agriculture contribue très largement à la mise en œuvre de la politique agricole commune, tant au niveau de la gestion de la qualité des produits que de l'organisation commune des marchés agricoles. D'autres politiques supposent une mise en œuvre par les administrations nationales, par exemple la politique régionale européenne. Il en a été de même pour l'avènement de l'euro (Circ. 22 mars 1996 relative à la préparation des administrations publiques et des organismes qui en dépendent à l'introduction de l'euro, *JO* 26 mars 1996, p. 4616 ; Circ. 29 oct. 1996 relative à la préparation des administrations au passage à la monnaie unique, *JO* 31 oct. 1996, p. 15920 ; L. 15 juin 2000 concernant la valeur en euros de certains montants exprimés dans les textes législatifs ; Circ. 2 févr. 2001 relative aux montants monétaires figurant dans les textes législatifs et réglementaires, *JO* 14 févr. 2001, p. 2455).

L'administration française est enfin une administration de contrôle au bénéfice du droit et des politiques communautaires. Là encore le recours à l'administration indirecte est fréquent. On est bien face à une communauté administrative au service du contrôle juridique ou financier du droit et des politiques communautaires. Les mécanismes juridiques nationaux, y compris répressifs, ou les institutions juridictionnelles nationales, générales ou spécialisées, doivent jouer leur rôle au service de l'intégration communautaire. Les contrôles administratifs doivent faire de même (Circ. 12 mai 1998 relative au renforcement du dispositif de gestion, de suivi et de contrôle des programmes cofinancés par les fonds structurels européens, *JO* 15 mai 1998, p. 7372). Des instances spécialisées sont même créées pour cette fonction, comme la Commission interministérielle de coordination des contrôles sur les opérations et les bénéficiaires et redevables relevant de section Garantie du Fonds européen d'orientation et de garantie agricole (Décr. 10 mai 1996). De leur côté, l'Inspection générale des finances et la Cour des comptes exercent leur contrôle dans ce contexte communautaire.

C. La confrontation des concepts nationaux aux exigences communautaires

Au-delà des adaptations institutionnelles et procédurales, on peut constater aussi une forme d'européanisation du modèle administratif français qui découle de la diffusion de concepts ou de modes de pensée éventuellement en contradiction avec les nôtres. Pour bien comprendre cette éventuelle adaptation conceptuelle, il faut rappeler les logiques en présence et leur potentielle confrontation.

L'Union européenne repose sur une certaine philosophie politique et des principes économiques. Elles s'appuient sur le droit communautaire et le marché. Le principe d'une économie ouverte de marché où la concurrence est libre, est l'une des clés d'explication de la construction communautaire. Même si le libéralisme économique de l'Union européenne n'exclut pas l'interventionnisme par les politiques communautaires, il induit un certain retrait de la puissance publique au profit du secteur privé et la levée des obstacles à la libre circulation que peuvent constituer une fonction publique réservée aux nationaux, des marchés publics réservés aux entreprises nationales ou des services publics en situation de monopole.

De son côté, le modèle administratif français repose sur un certain nombre de principes ou de concepts : l'intérêt général défini par les autorités publiques ; le service public comme outil de gestion et d'intervention publiques ; la prééminence de la puissance publique ; une certaine conception de la fonction publique ou le rôle du droit public dans son fonctionnement. Ce modèle découle aussi de la place particulière de l'État, surtout de l'État providence en France.

Il n'est pas possible de passer en revue tous les impacts de nature conceptuelle de l'Europe communautaire sur l'administration française. En laissant de côté, les effets sur l'ordre public, les marchés publics ou la responsabilité administrative, nous traitons plus particulièrement de la fonction publique et du service public.

1. La fonction publique française et l'Europe communautaire

La fonction publique française est établie sur des principes essentiels : une fonction publique fermée reposant sur un recrutement par concours, la distinction du grade et de la fonction exercée, le principe de la carrière, et pendant longtemps des emplois réservés aux nationaux. Ce statut concerne les fonctionnaires de l'État, ceux des collectivités territoriales ou des hôpitaux publics.

La libre circulation des personnes, prévue par le traité de la Communauté européenne, s'applique à l'ensemble des travailleurs, exception faite des emplois de l'administration publique (traité CE, art. 39). Le terme d'administration publique employé par le traité ne recoupe pas celui de fonction publique pour la France, ce qui induit une forme de confrontation conceptuelle.

La CJCE a fait une interprétation restrictive du concept d'administration publique en réservant ce terme aux emplois liés à l'exercice de la puissance publique et non pas à l'ensemble des emplois des administrations publiques (CJCE, n° 149-79, 17 déc. 1980, *Commission c/ Royaume de Belgique*, à propos des employés de chemin de fer; CJCE, n° 307-84, 3 juin 1986, *Commission c/ République française*, à propos des infirmiers; CJCE, n° 225-85, 16 juin 1986, *Commission c/ République italienne* à propos des chercheurs du CNR en Italie). Cette interprétation ne peut effectivement être laissée à la libre appréciation des États membres dans la mesure où ils risqueraient de procéder ainsi à une limitation unilatérale à la libre circulation des personnes. La Commission européenne a indiqué aux États la nécessité de mettre leur législation en accord avec le traité et la jurisprudence de la Cour (communication de la Commission du 5 janv. 1988).

Devant ces exigences européennes, le législateur français, éclairé par le rapport Puissochet (*L'accès des ressortissants des États de la Communauté européenne aux emplois du secteur public en France*, 1988, non publié; v. *La fonction publique de l'État en 1988*, Doc. fr., 1989), a admis des dérogations à la clause de la nationalité au bénéfice des ressortissants communautaires. « Les ressortissants des États membres de la Communauté européenne autres que la France ont accès, dans les conditions prévues au statut général, aux corps, cadres d'emplois et emplois dont les attributions, soit sont séparables de l'exercice de la souveraineté, soit ne comportent aucune participation directe ou indirecte à l'exercice de prérogatives de puissance publique de l'État ou des autres collectivités publiques » (statut général de 1983 issu de la loi du 26 juillet 1991, art. 5 *bis*). Cette évolution a été acceptée par le Conseil constitutionnel qui a insisté sur le principe de l'égal accès de tous aux emplois publics (Décis. n° 91-294 du 23 juill. 1991, *RFDA*, 1991, note L. Dubouis, p. 917). Cette législation a été complétée pour donner les mêmes droits sociaux aux fonctionnaires nationaux et non nationaux et ouvrir les possibilités du détachement entre fonctions publiques des États membres (L. 16 déc. 1996).

Pour tenir compte de la nature de la dérogation introduite pour les ressortissants, le Conseil d'État doit procéder à un classement des corps de fonctionnaires en fonction de leur proximité ou pas de l'exercice de la souveraineté ou des prérogatives de puissance publique. Les décrets se succèdent sur ce sujet. « On estime que ce sont 80 % des emplois de la fonction publique d'État (et 70 % de ceux des trois fonctions publiques réunies) qui sont voués à être ouverts aux ressortissants (non français) des États membres de l'Union européenne » (R. Chapus, *Droit administratif général*, tome 2, Montchrestien, 2001, p. 148).

Cette ouverture logique aux ressortissants des États membres a pour conséquence d'introduire dans la fonction publique française une approche fonctionnelle, un classement des corps de fonctionnaires et donc un jugement sur leur participation ou non à l'exercice de la puissance publique. Le terme d'administration publique contenue dans le traité ne s'applique plus seulement qu'à des catégories d'emplois comme l'armée, la police, la magistrature administrative et judiciaire, les administrations centrales, les préfectures ou la diplomatie. La notion de puissance publique devient alors déterminante pour cerner les contours de l'administration publique au sens communautaire du terme. Le concept de fonction publique est plus relatif. Cela permet d'envisager d'autres mutations dans l'emploi public. Ainsi, la construction européenne entraîne aussi de nouvelles relations entre les administrations des États membres en développant les échanges de fonctionnaires et les actions de formation au sein de l'Union européenne (*Rapport annuel des relations internationales et de la coopération administrative, 1998-1999*, ministère de la Fonction publique, 1999).

2. La conception française du service public et l'Europe communautaire

La France est l'un des pays les plus attachés au service public. Régulièrement les Premiers ministres rappellent cet attachement collectif, comme Lionel Jospin, qui déclare que « les services publics étaient placés au cœur du lien social » (déclaration de politique générale devant le Parlement en juin 1997). Le service public est une notion essentielle du droit administratif et de l'administration française. Cette notion a été l'occasion de célèbres débats doctrinaux où s'opposaient jadis l'école du service public et celle de la puissance publique. La notion de service public est riche de plusieurs significations qui dépassent la simple prise en charge, directement ou indirectement par une personne publique, d'une activité d'intérêt général.

Le service public recouvre à la fois des activités matérielles ou juridiques, des missions, un régime juridique, un mode d'organisation, mais aussi une philosophie, une théorie de l'État ou une éthique de l'action publique.

Le service public, comme nous l'avons indiqué plus haut, connaît ces dernières années de nombreuses évolutions et modernisations aussi bien sur le plan organique que matériel. Les services publics incorporent de plus en plus des préoccupations managériales. Ils sont de plus en plus, notamment lorsqu'ils sont industriels et commerciaux, soumis au droit de la concurrence, comme le prévoit l'ordonnance du 1er décembre 1986 : « Les règles définies à la présente ordonnance s'appliquent à toutes les activités de production, de distribution et de services, y compris celles qui sont le fait des personnes publiques » (art. 53). Pour certains d'entre eux, les exigences technologiques poussent aussi à des transformations et des adaptations.

Le service public est aussi dorénavant confronté au droit communautaire et à la philosophie qu'il représente, surtout lorsqu'il s'agit de services publics industriels et commerciaux. Comme, cela a déjà été évoqué, la logique du marché et de la concurrence dans l'espace communautaire sans frontière intérieure impose des évolutions y compris pour les services publics des États membres (D. Simon, « Les mutations des services publics du fait des contraintes du droit communautaire », in R. Kovar et D. Simon (dir.), *Service public et Communauté européenne : entre intérêt général et le marché*, Doc. fr., 1998, t. 1, p. 65). Cela se traduit par des remises en cause qui touchent à l'organisation des activités publiques, mais aussi à une certaine conception du « service public à la française » (H. Oberdorff, « Signification de la notion de service public à la française », in *Service public et Communauté européenne*, 1998, t. 2, p. 89).

Le droit communautaire contient, notamment dans le traité de la Communauté européenne, un certain nombre d'exigences comme : la disparition des situations de monopole de service public et l'ouverture à la concurrence ; l'application des règles du droit de la concurrence y compris aux activités de services publics ; la séparation des activités de réglementation de celles de la production ; la redéfinition des missions dites de services publics. Cette approche européenne est d'autant plus facile que les traités ne font pas expressément référence à la notion générale de service public, sauf les dispositions concernant les transports en Europe pour lesquels sont évoquées des servitudes inhérentes à la notion de service public (traité CE, art. 73). En général, il est plutôt fait appel à une autre notion, celle de services d'intérêt économique général, notamment dans le cadre des règles relatives à la concurrence (traité CE, art. 86). Ainsi, on peut dire avec le Conseil d'État que « l'Europe n'instruit pas le procès du ou des services publics, elle fait pire; elle ignore largement la notion de service public et l'existence des services publics » (« Rapport 1994 relatif au service public », *Services publics,* Doc. fr., 1995).

Ces dernières années, la confrontation des deux logiques s'est avivée. L'Europe communautaire a été accusée de vouloir détruire les services publics par un excès d'introduction des règles de la concurrence pour des activités protégées. Cette volonté européenne s'est portée sur les services publics de réseaux pour surtout mettre un terme aux situations de monopole (énergie, télécommunications ou transports). Le caractère fortement symbolique de certains de ces services a pu inquiéter les défenseurs des services publics. On s'est alors demandé si le modèle français de service public qui a fait ses preuves dans de nombreux domaines, était dépassé ou archaïque ou s'il fallait partir à sa défense contre l'Europe. Il a même été question de procéder à une meilleure constitutionnalisation des services publics pour les protéger théoriquement plus efficacement. Ces interrogations ont suscité en France un renouvellement des analyses sur le service public.

Cette confrontation découle parfois d'une certaine incompréhension de la logique communautaire, dans la mesure où « la politique communautaire n'est pas attentatoire en soi au service public si l'on veut bien ne pas assimiler cette notion à celle de monopole et où le droit communautaire est indifférent au statut public ou privé des entreprises de service public » (P. Espuglas, *Le service public,* Dalloz, 1998, p. 112). « Il n'y a donc pas d'incompatibilités juridiques de principe entre les conceptions internes et communautaires » (R. Denoix-de-Saint-Marc, *Le service public,* Doc. fr., 1996).

Aujourd'hui, la phase de conciliation passe par l'abandon progressif, mais réel, des situations de monopole de service public. Des mécanismes de dérégulation, souvent préparés par les fameux livres verts de la Commission, ont été mis en place sous l'égide des institutions communautaires au travers de textes de droit communautaire dérivé. Cela a concerné successivement les transports aériens (de 1987 à 1997), les télécommunications avec la commercialisation des matériels et l'ouverture à la concurrence des services (à compter de 1998), les chemins de fer avec la séparation de la gestion des infrastructures des activités de transports (L. 13 févr. 1997 séparant le Réseau ferré de France de la SNCF). On assiste aussi à l'évolution des services publics de l'énergie, notamment de l'électricité (L. 10 févr. 2000 relative à la modernisation et au développement du service public de l'électricité).

La fin des monopoles pour permettre aux usagers des services de disposer de choix n'a, pour l'instant, pas fait disparaître les services publics de réseaux. On peut même dire qu'ils ont acquis une plus grande autonomie par rapport à l'État comme pour France Télécom. De manière complémentaire, de nouvelles institutions spécialisées ont été créées comme par exemple l'Autorité de régulation des télécommunications, le Réseau ferré de France ou la Commission de régulation de l'électricité.

Cette adaptation des grands services publics français confirme que la logique de marché n'est pas en soi exclusive de la logique de service public. « Le service public a aujourd'hui les moyens politiques et juridiques d'adopter une attitude offensive à condition toutefois de prouver son adaptabilité aux exigences de l'intérêt général et d'oublier certains de ces corporatismes » (N. Belloubet-Frier, « Service public et droit communautaire », *AJDA*, 1991, p. 846).

De leur côté, le droit communautaire et l'Union européenne intègrent des préoccupations proches du service public. La CJCE admet la spécificité de certaines activités qui justifient des dérogations aux règles de la concurrence. Elle l'a fait dans l'arrêt Corbeau (19 mai 1993) à propos de la régie des postes belges. Pour la Cour, ce service doit assurer « la collecte, le transport et la distribution du courrier, au profit de tous les usagers, sur l'ensemble du territoire de l'État membre concerné, à des tarifs uniformes et à des conditions de qualité similaires sans égard aux conditions particulières et au degré de rentabilité économique de chaque opération individuelle ». Afin de justifier ces dérogations, la Cour s'appuie sur la théorie de l'équilibre économique du service public en cause. Dans la jurisprudence *Commune d'Almelo* (27 avr. 1994) à propos de la distribution de l'électricité aux Pays-Bas, la Cour admet aussi des restrictions à la concurrence pour permettre à l'entreprise d'exercer sa mission d'intérêt général (v. dans le même sens, l'arrêt *Commission c/ France* du 23 oct. 1997).

Le développement de la notion de service universel est aussi un rapprochement avec la notion de service public, même s'il renvoie à l'idée d'un noyau incompressible du service public (communication de la Commission du 11 sept. 1996). Ce service universel vient d'être incorporé dans le droit français des télécommunications. Le service universel représente le service téléphonique de qualité à un prix abordable pour l'ensemble des usagers sur le territoire, idée d'un service pour tous, y compris pour les personnes en difficulté financière (C. postes et télécom., art. L. 35-1). Le souci pratique de l'usager est valorisé.

De manière plus large, des initiatives françaises, comme le mémorandum du gouvernement français proposant une charte européenne des services publics de 1993 ou la résolution du Parlement de 1995, ont défendu la nécessité de services publics pour équilibrer le marché. Les institutions communautaires, comme le Parlement et la Commission, ont travaillé pour la conception des services d'intérêt économique général. Le traité d'Amsterdam de 1997 incorpore une vision plus précise de ces services qui montre l'influence réciproque des conceptions en jeu : « Eu égard à la place qu'occupent les services d'intérêt économique général parmi les valeurs communes de l'Union ainsi qu'au rôle qu'ils jouent dans la promotion de la cohésion sociale et territoriale de l'Union, la Communauté et ses États membres, chacun dans les limites de leurs compétences respectives et dans les limites du champ d'application du présent traité, veillent à ce que ces services fonctionnent sur la base de principes et dans des conditions qui lui permettent d'accomplir leurs missions » (traité, art. 16). Cela montre que les traités communautaires admettent un rôle de ces services, par forcément si éloigné de la conception française.

BIBLIOGRAPHIE

L'administration et son droit

G. BRAIBANT et B. STIRN, *Le droit administratif français*, FNSP, Dalloz, 5e éd., 1999

R. CHAPUS, *Droit administratif général*, Montchrestien, Tome 1, 15e éd., 2001

G. DUPUIS, M.-J. GUÉDON, P. CHRÉTIEN, *Droit administratif*, A. Colin, coll. U, 8e éd., 2002

P.-L FRIER, *Précis de droit administratif*, Montchrestien, 2001

C. GUETTIER, *Droit administratif*, Montchrestien, 2e éd., 2000

M. LONG, P. WEIL, G. BRAIBANT, P. DELVOLVÉ et B. GENEVOIS, *Les grands arrêts de la jurisprudence administrative*, LGDJ, 13e éd., 2001

A. S. MESCHERIAKOFF, *Droit des services publics*, PUF, coll. Droit fondamental, 2e éd., 1997

J. MOREAU, *Droit administratif*, PUF, coll. Droit Fondamental, 1989

J. RIVERO et J. WALINE, *Droit administratif*, Dalloz, Précis, 18e éd., 2000

G. VEDEL et P. DELVOLVÉ *Droit administratif*, PUF, Thémis, 12e éd., 1992

P. WEIL et D. POUYAUD, *Droit administratif*, PUF, 17e éd., 1997

L'organisation administrative

Ouvrages généraux

F. BURDEAU, *Histoire de l'administration française, du 18e au 20e siècle*, Montchrestien, 2e éd., 1994

D. CHAGNOLLAUD et J.-L. QUERMONNE, *La Ve République, 2 – Le pouvoir exécutif et l'administration*, Flammarion, 2000

F. CHAUVIN, *Administration de l'État*, Dalloz, Mémentos, 5e éd., 2002

F. DREYFUS et F. D'ARCY, *Les institutions politiques et administratives de la France*, Economica, 5e éd., 1997

O. DUGRIP, L. SAÏDJ, *Les établissements publics nationaux*, LGDJ, 1992

J.-M. DE FORGES, *Les institutions administratives françaises*, PUF, 3e éd., 1992

Y. GAUDEMET, *Traité de droit administratif. Organisation administrative*, Tome I, LGDJ, 16e éd., 2001

O. GOHIN, *Institutions administratives*, LGDJ, 4e éd., 2002

B. GOURNAY, *L'administration*, PUF, coll. Que-sais-je ?, 7e éd., 1986

C. Guettier, *Institutions administratives*, Dalloz, Cours, 2000
A. Lanza, *L'expression constitutionnelle de l'administration française*, LGDJ, 1984
J.-L. Quermonne, *L'appareil administratif de l'État*, Seuil, coll. Points, 1991
J.-L. Quermonne, F. de Baecque, *Administration et politique sous la Ve République*, FNSP, 1980
J. Rigaud et X. Delcros, *Les institutions administratives françaises*, FNSP-Dalloz, 2 vol., 1986
P. Rosanvallon, *L'État en France de 1789 à nos jours*, Seuil, 1990
P. Sadran, *Le système administratif français*, Montchrestien, Clefs, 2e éd., 1997

L'administration d'État

Les structures d'impulsion, de direction

F. de Baecque, *L'administration centrale de la France*, A. Colin, 1973
P. Birnbaum, *Les sommets de l'État*, Seuil, coll. Points, 1977
J.-L. Bodiguel et J.-L. Quermonne, *La haute fonction publique sous la Ve République*, PUF, 1983
J. Cabannes, *Le personnel gouvernemental sous la Ve République (1958-1986)*, LGDJ, 1990
A. Claisse, *Le Premier ministre sous la Ve République*, LGDJ, 1972
S. Cohen, *Les conseillers du président*, PUF, 1980 ; *La monarchie nucléaire*, Hachette, 1986
M.-A. Cohendet, *La cohabitation, leçons d'une expérience*, PUF, 1993
F. de Baecque, *Qui gouverne la France ?*, PUF, 1976
ENA, Promotion René Char, *Le travail gouvernemental*, Doc. fr., 2 vol., 1996
J. Fournier, *Le travail gouvernemental*, FNSP-Dalloz, 1986
C. Guettier, *Le Président sous la Ve République*, PUF, 1995
IFSA, *Le secrétariat général du gouvernement*, Economica-Doc. fr., 1986
M. Long, *Les services du Premier ministre*, PU d'Aix-Marseille, 1981
J. Massot *La présidence de la République*, Doc. fr., 1977 ; *Le chef du Gouvernement en France*, Doc. fr., 1979 ; *Chef de l'État et chef du gouvernement, Dyarchie et hiérarchie*, Doc. fr., 1993
M. Morabito, *Le chef de l'État en France*, Montchrestien, Clefs, 2e éd., 1996
R. Py, *Le secrétariat général du gouvernement*, Doc. fr., 1985
R. Remond, A. Coutrot et I. Boussard, *Quarante ans de cabinets ministériels*, FNSP, 1982
Revue française d'administration publique, « Administrer les sommets de l'État », n° 83, 1997

S. Rials, *La présidence de la République*, PUF, 2e éd., 1983 ; *Le Premier ministre*, PUF, 1981
O. Schrameck, *Les cabinets ministériels*, Dalloz, Connaissance du droit, 1995
Sung Nak-In, *Les ministres de la Ve République française*, LGDJ, 1988
G. Thuillier, *Regards sur la haute administration*, Economica, 1979 ; *Les cabinets ministériels*, PUF, 1982

Les institutions de contrôle de l'administration

D. Chabanol, *Le juge administratif*, LGDJ, 1993
CNRS-IFSA, *Le contrôle de l'administration par elle-même*, 1983
J.-P. Costa, *Le Conseil d'État dans la société contemporaine*, Economica, 1993
G. Gardavaud et H. Oberdorff (s/d), *Le juge administratif à l'aube du XXe*, PUG, 1995
M. Gentot et H. Oberdorff, *Les cours administratives d'appel*, PUF, 1991
D. Lochak, *La justice administrative*, Montchrestien, Clefs, 1994
J. Massot, *Le Conseil d'État*, Doc. fr., 1999
P. Millioz, *Les inspections générales ministérielles dans l'administration française*, Economica, 1983
J. Raynaud, *La Cour des comptes*, PUF, 2e éd., 1988 ; *Les chambres régionales des comptes*, PUF, 2e éd., 1992
T.S. Renoux, A. Roux, *L'administration de la justice en France*, PUF, 1994
Y. Robineau et D. Truchet, *Le Conseil d'État*, PUF, 1994
B. Stirn, *Le Conseil d'État, son rôle, sa jurisprudence*, Hachette, 2e éd., 1994

Les administrations de mission et de régulation

C.A. Colliard, G. Timsit, *Les autorités administratives indépendantes*, PUF, 1988
M. Gentot, *Les autorités administratives indépendantes*, Montchrestien, Clefs, 2e éd., 1994
M.-J. Guédon, *Les autorités administratives indépendantes*, LGDJ, coll. Systèmes, 1991
Y. Madiot, R. Le Mestre, *Aménagement du territoire*, A. Colin, coll. U, 4e éd., 2001

Les structures consultatives

J. Frayssinet, *Le Conseil économique et social*, Doc. fr., 1996
Y. Gaudemet, B. Stirn, T. Dal Farra, F. Rolin, *Les grands avis du Conseil d'État*, Dalloz, 2e éd., 2001

Les études du Conseil d'État

Les établissements publics nationaux, Doc. fr., 1985 ; *Sciences de la vie : de l'éthique au droit*, Doc. fr., 1988 ; *L'aide juridique pour un meilleur accès au droit et à la justice*, Doc. fr., 1991 ; *Régler autrement les conflits : conciliation, transaction, arbitrage en matière administrative*, Doc. fr., 1993 ; *Les pouvoirs de l'administration dans le domaine des sanctions*, Doc. fr., 1995 ; *La responsabilité pénale des agents publics en cas d'infractions non-intentionnelles*, Doc. fr., 1996 ; *Le cumul d'activité et de rémunération des fonctionnaires*, Doc. fr., 1999 ; *Les lois de bioéthique : cinq ans après*, Doc. fr., 1999 ; *La norme internationale en droit français*, Doc. fr., 2000 ; *L'influence internationale du droit français*, Doc. fr., 2001 ; *La publication et l'entrée en vigueur des lois et de certains actes administratifs*, Doc. fr., 2001

Les rapports annuels du Conseil d'État (édités par la Documentation française)

De la sécurité juridique, 1992 ; *Le droit communautaire*, 1993 ; *Décentralisation et ordre juridique*, 1994 ; *Service public, services publics, déclin ou renouveau*, 1995 ; *La transparence et le secret*, 1996 ; *Sur le principe d'égalité*, 1997 ; *Sur le droit de la santé*, 1998 ; *L'intérêt général*, 1999 ; *Les associations et la loi de 1901, cent ans après*, 2000 ; *Les autorités administratives indépendantes*, 2001 ; *Collectivités publiques et concurrence*, 2002

L'administration déconcentrée

J.-F. Auby, *Le commissaire de la République*, PUF, 2e éd., 1987

P. Bernard, *L'État et la décentralisation, du préfet au commissaire de la République*, Doc. fr., 1983 ; *Le préfet de la République, le chêne et l'olivier*, Economica, 1992

O. Diederichs et I. Luben, *La déconcentration*, PUF, 1995

J.-J. Gleizal (s/d), *Le retour des préfets*, PUG, Grenoble, 1995

N. Kada, *Le préfet et la déconcentration sous la Ve République*, Presses Universitaires du Septentrion, Lille, 2001

Revue française d'administration publique, « L'institution préfectorale », n° 96, 2000

Les collectivités territoriales

J.-B. Auby et J.-F. Auby, *Droit des collectivités locales*, PUF, 2e éd., 1998

J. Aguenard, *La décentralisation territoriale*, PUF, 1980

P. Bodineau et M. Verpaux, *Histoire de la décentralisation*, PUF, 2e éd., 1997

J. Bourdon, J.-M. Pontier et J.-C. Ricci, *Droit des collectivités territoriales*, PUF, 2e éd., 1998

M. Crozier (s/d), *La décentralisation, Réforme de l'État*, Pouvoirs locaux, 1988
A. Gruber, *La décentralisation et les institutions administratives*, A. Colin, 2e éd., 1996
J.-F. Lachaume, *L'administration communale*, LGDJ, Systèmes, 1994
A. Mabilleau (dir.), *Les pouvoirs locaux à l'épreuve de la décentralisation*, Pédone, 1983 ; *Le système local en France*, Montchrestien, Clefs, 1991
Y. Meny, *Centralisation et décentralisation dans le débat politique français*, LGDJ, 1974
N. Merley, *Conception et administration du territoire en France métropolitaine*, PU d'Aix-Marseille, 1998
D. Miguad et J.-J. Gleizal, *Le département en toutes libertés*, PU de Grenoble, 1988
J. Moreau, *Administration régionale, départementale et municipale*, Dalloz, Mémentos, 13e éd., 2002
B. Rémond et J. Blanc, *Les collectivités locales*, FNSP-Dalloz, 3e éd., 1995
P. Richard et M. Cotten, *Les communes françaises aujourd'hui*, PUF, 1983
O. Schrameck, *La fonction publique territoriale*, Dalloz, Connaissance du droit, 1995
J. Ziller, *Les DOM-TOM*, LGDJ, Systèmes, Paris, 2e éd., 1996

La modernisation de l'administration

Ouvrages généraux

S. Bernard, *La recherche de rentabilité des activités publiques et le droit administratif*, LGDJ, 2001
L. Blum, *Lettres sur la réforme gouvernementale*, Grasset, 1918
Commissariat général au Plan, *Le pari de la responsabilité, rapport de la Commission efficacité de l'État*, 1989 ; *Pour un État garant de l'intérêt général*, rapport de la Commission Blanc, Doc. fr., 1993
J. Chevallier (s/d), *Variations autour de l'idéologie de l'intérêt général*, PUF, 1978-1979 ; *Le service public*, PUF, 3e éd., 1994
J. Chevallier, *Science administrative*, PUF, 3e éd., 2002
M. Crozier, *Le phénomène bureaucratique*, Seuil, 1963 ; *On ne change pas la société par décret*, Grasset, 1979 ; *État moderne, État modeste*, Fayard, 1987, Seuil, 1991 ; *Comment réformer l'État*, Doc. fr., 1988
CURAPP, *L'évaluation dans l'administration*, PUF, 1993
C. Debbasch, *L'administration au pouvoir*, Calmann-Lévy, 1969
R. Denoix-de-Saint-Marc, *Rapport sur le service public*, Doc. fr., 1996

F. Dupuy et J.-C. Thoenig, *L'administration en miettes*, Fayard, 1985
C. Gremion et R. Fraisse, *Le service public en recherche, quelle modernisation?*, Doc. fr., 1996
C. Joint-Lambert (s/d), *L'État moderne et l'administration*, LGDJ, Systèmes, 1994
B. Lasserre, N. Lenoir, B. Stirn, *La transparence administrative*, PUF, 1987
C. Million-Delsol, *L'État subsidiaire*, PUF, coll. Leviathan, 1992
P. Muller (s/d), *L'administration est-elle en crise?*, L'Harmattan, 1992
J. Picq, *L'État en France, servir une nation ouverte sur le monde* (rapport), Doc. fr., 1995; *Il faut aimer l'État*, Flammarion, 1995
Revue française d'administration publique, numéros spéciaux : « La maladministration », n° 45, 1988; « L'avenir de l'État dans une économie de marché », n° 61, 1992; « L'évaluation en question », n° 66, 1994
P. Rosanvallon, *La crise de l'État-providence*, Seuil, coll. Points, 1981
L. Rouban, *Le pouvoir anonyme, les mutations de l'État à la française*, FNSP, 1994
H. Serieys et R. Fraisse, *L'État dans tous ses projets, un bilan des projets de service dans l'administration*, Doc. fr., 1994
L. Sfez, *L'administration prospective*, A. Colin, 1970
C. Stoffaës (s/d), *Services Publics, questions d'avenir*, O. Jacob, Doc. fr., 1996
G. Thuillier, *La bureaucratie en France au XIXe et XXe siècles*, Economica, 1987
P. Warin (s/d), *Quelle modernisation des services publics? Les usagers au cœur de la réforme*, La Découverte, 1997

Les relations administrations-administrés

CURAPP, *La communication administration-administrés*, PUF, 1983; *Information et transparence administratives*, PUF, 1988
B. Delaunay, *L'amélioration des rapports entre l'administration et les administrés, contribution à l'étude des réformes administratives depuis 1945*, LGDJ, 1993
IFSA, *Administration : droits et attentes des citoyens*, Doc. fr., 1998
D. Maillard Désgrées Du Lou, *Droit des relations de l'administration avec les usagers*, PUF, 2000

La gestion des ressources humaines dans l'administration

J.-M. Auby et J.-B. Auby, *Droit de la fonction publique*, Dalloz, Précis, 3e éd., 1997
F. Bloch-Lainé, *Profession : fonctionnaire*, Seuil, 1976

J.-L. BODIGUEL et L. ROUBAN, *Le fonctionnaire détrôné ?,* FNSP, 1991
J.-L BODIGUEL, *L'École nationale d'administration*, FNSP, 1978
F. CHAMBON et O. GASPON, *La déontologie administrative*, LGDJ, Systèmes, 1996
D. CHAGNOLLAUD, *Le Premier des ordres*, Fayard, 1991
J.-M. DE FORGES, *L'École nationale d'administration*, PUF, 1989
Y. GAUDEMET, *Traité de droit administratif, La fonction publique*, Tome 5, LGDJ, 12e éd., 2000
M.-C. KESSLER, *La politique de la haute fonction publique en France*, FNSP, 1978 ; *Les grands corps de l'État*, PUF, 1994
P. MILLOZ, *Le mal administratif : la fonction publique est-elle gouvernable ?,* Dunod, 1987
É. PISIER et P. BOURETZ, *Le paradoxe du fonctionnaire*, Calmann-Lévy, 1988
E. SULEIMAN, *Les Hauts fonctionnaires et la politique*, Seuil, 1976 ; *Les élites en France, grands corps et grandes écoles*, Seuil, 1979
C. VIGOUROUX, *Déontologie des fonctions publiques*, Dalloz, Connaissance du droit, 1995

L'administration et les technologies de l'information et de la communication

D. BOURCIER, *La décision artificielle*, PUF, 1995
D. BOURCIER et J.-P. COSTA, *L'administration et les nouveaux outils d'aide à la décision,* éd. STH, 1992
D. BOURCIER et C. THOMASSET, *L'écriture du droit face aux technologies de l'information*, Éd. Diderot, 1996
T. CARCENAC, *Pour une administration électronique citoyenne*, Doc. fr., 2001
CONSEIL D'ÉTAT, *Administration et nouvelles technologies de l'information, une nécessaire adaptation du droit*, Doc. fr., 1988 ; *Internet et les réseaux numériques*, Doc. fr., 1998
B. LASSERE, *L'État et les technologies de l'information, vers une administration à accès pluriel,* Commissariat général au plan, Doc. fr., 2000
Revue française d'administration publique numéros spéciaux : « Les nouvelles technologies et l'administration », n° 37, 1986 ; « Administration et nouvelles technologies de l'information », n° 81, 1997
P. TRUCHE, J.-P. FAUGÈRE et P. FLICHY, *Administration électronique et protection des données,* Doc. fr., 2002

L'administration et l'Union européenne

AJDA, n° spécial, « Droit administratif et droit communautaire », juin 1996

F. Chaltiel, *La souveraineté de l'État et l'Union européenne, l'exemple français, recherches sur la souveraineté de l'État membre,* LGDJ, 2000

J. de Clausade, *L'adaptation de l'administration française à l'Europe,* rapport off., Doc. fr., 1991

Conseil d'État, *Droit communautaire et droit français,* NED, Doc. fr., 1982 ; Rapport public 1992, *Sur le droit communautaire,* EDCE, n° 44, 1993

C. Debbasch, *Administrations nationales et intégration européenne,* Centres de recherches administratives d'Aix-Marseille, CNRS, 1987

C. Lequesne, *Paris-Bruxelles, Comment se fait la politique européenne de la France ?,* FNSP, 1993

G. Marcou, *Les mutations du droit de l'administration en Europe,* L'Harmattan, 1995

R. Kovar et D. Simon, *Service et droit communautaire, Les grands textes,* Doc. fr., CEDECE, 1996 ; *Service public et Communauté européenne : entre l'intérêt général et le marché,* Doc. fr., CEDECE, 1998

Revue française d'administration publique : « Les administrations en Europe, d'une modernisation à l'autre », n° 75, 1995 ; « L'administration de l'Union européenne », n° 95, 2000

J. Rideau (s/d), *Les États membres de l'Union européenne, adaptations, mutations, résistances,* LGDJ, 1997

J.-L. Sauron, *L'application du droit de l'Union européenne en France,* Doc. fr., coll. Réflexe Europe, 1995 ; *Droit communautaire et décision nationale,* LGDJ, Systèmes, 1998 ; *L'administration française et l'Union européenne,* IIAP, Doc. fr., 2000

Index alphabétique

Table des matières

Photocomposition et mise en pages *CMB* Graphic
44800 Saint-Herblain

IMPRESSION, BROCHAGE
IMPRIMERIE CHIRAT
42540 ST-JUST-LA-PENDUE
SEPTEMBRE 2002
DÉPÔT LÉGAL 2002 N° 6252

704847(I) CSB-G 80g CMB

IMPRIMÉ EN FRANCE